La Fabrique des imposteurs

Roland Gori

LA FABRIQUE DES IMPOSTEURS

Éditions Les Liens qui Libèrent

ISBN : 979-10-209-0029-6

À tous ceux à qui j'ai soustrait ce temps de l'écriture,
au premier rang desquels Marie-José qui m'a offert le sien.

« La norme est porteuse [...] *d'une prétention de pouvoir. La norme, ce n'est pas simplement, ce n'est même pas un principe d'intelligibilité ; c'est un élément à partir duquel un certain exercice du pouvoir se trouve fondé et légitimé. Concept polémique – dit M. Canguilhem. Peut-être pourrait-on dire politique. En tout cas* [...] *la norme porte avec soi à la fois un principe de qualification et un principe de correction. La norme n'a pas pour fonction d'exclure, de rejeter. Elle est au contraire toujours liée à une technique positive d'intervention et de transformation, à une sorte de projet normatif. »*

Michel Foucault, *Les Anormaux. Cours au Collège de France, 1974-1975*, Paris, Gallimard, 1999, p. 46.

« Proposer pour les sociétés humaines, dans leur recherche de toujours plus d'organisation, le modèle de l'organisme, c'est au fond rêver d'un retour non pas même aux sociétés archaïques mais aux sociétés animales. »

Georges Canguilhem, « Essai sur quelques problèmes concernant le normal et le pathologique » (1943) suivi des « Nouvelles Réflexions concernant le normal et le pathologique » (1963-1966), in *Le Normal et le Pathologique*, Paris, Puf, 1979, p. 190.

CHAPITRE I

Normes et impostures

> *« Puisqu'en effet nous sommes le fruit de générations antérieures, nous sommes aussi le fruit de leurs égarements, de leurs passions, de leurs erreurs, voire de leurs crimes : il n'est pas possible de se couper tout à fait de cette chaîne. Nous aurons beau condamner ces égarements et nous en croire affranchis, cela n'empêchera pas que nous en sommes les héritiers*[1]*. »*

Dans son dernier roman, *Les Confessions du chevalier d'industrie Félix Krull*[2], Thomas Mann nous offre le parcours exemplaire d'un imposteur « épris du monde », comme l'indique la quatrième de couverture. Il convient de prendre très au sérieux cette qualification, « épris du monde », pour comprendre à quel point les imposteurs sont des martyrs, au sens étymologique du terme, des témoins de leur

1. Nietzsche, *Considérations inactuelles*, in *Œuvres*, t. I, Paris, Gallimard, « Bibliothèque de la Pléiade », 2000, p. 519.
2. Thomas Mann, *Les Confessions du chevalier d'industrie Félix Krull* (1954), Paris, Albin Michel, 1991, p 30.

temps[1]. Ce sont des martyrs de la civilisation des mœurs qu'ils imitent, cannibalisent, incorporent entre cuir et chair, martyrs de ses «grimaces» dont ils se parent, de ses valeurs dont ils s'emparent, de ses rites, de ses tics, promus *fétiches* désavouant une souffrance intime. Souffrance intime que l'environnement a placée à jamais hors de leur responsabilité subjective, les incitant bien souvent, sans qu'ils en aient conscience, à feindre et à dissimuler. Hypocrites, menteurs, fraudeurs, usurpateurs, les imposteurs ont besoin, plus que d'autres, de faire croire, de trouver un public, des victimes qui consentent à ce que le faux soit authentifié comme vrai, que le «pour rire» soit pris «pour de bon». C'est une question de vie ou de mort pour celui qui ne détient la garantie de son existence que de la crédulité de celui qu'il dupe, crédulité indispensable pour que sa feinte parvienne à berner. Faute de quoi l'imposteur quitte la scène ou détruit le décor et le public devant lequel il paradait[2]. Il y a derrière l'imposture une scène de chasse où le gibier n'est pas celui que l'on croit, où le caméléon ne se dissimule qu'au regard du chasseur qu'il a désigné comme tel.

Phyllis Grenacre[3], dont par ailleurs les travaux sur le fétichisme ont fait date, a proposé un éclairage des plus pertinents sur la personnalité des imposteurs, sur leurs constellations familiales et sur leur «art de la mise en scène». Il convient dès à présent d'insister sur ce point, l'imposteur est un martyr

1. C'est dans une toute autre perspective que celles de Patrick Avrane et d'Andrée Bauduin que je me situe en faisant de l'imposteur moins un cas psychopathologique qu'un martyr du drame social. Voir Patrick Avrane, *Les Imposteurs. Tromper son monde, tromper soi-même*, Paris, Seuil, 2009 et Andrée Bauduin, *Psychanalyse de l'imposture*, Paris, Puf, 2007.

2. Lyasmine Kessaci, «Le "Romand" de l'imposture», *Cliniques méditerranéennes*, 2010, 81, p. 33-46.

3. Phyllis Greenacre, «Les Imposteurs», *in* Bela Grunberger (dir.), *L'identification. L'autre, c'est moi*, Paris, Tchou, 1978, p. 267-285.

de la comédie sociale des mœurs qui, à un moment donné et dans une société donnée, œuvre pour fabriquer les identifications, identifications au champ desquelles les sujets se précipitent pour construire leur singularité, assumer leurs particularités et donner sans trop de conformisme à leur existence la continuité, la consistance, la durée et les repères sur lesquels ils déposent une signature à nulle autre pareille. Tel n'est pas le cas de l'imposteur, virtuose de l'apparence et de l'apparat, qui, par des identifications « immédiates [1] », des pseudo-identifications [2], absorbe, véritable éponge vivante, les traits, les opinions, les valeurs, les discours d'autrui. Il ne s'agit plus pour l'imposteur d'identifications que le sujet digère, métabolise, transforme et, pour tout dire, transcende pour devenir lui-même. Non, la forme chez l'imposteur devient le fond, le ballet des silhouettes et des volutes successives, elle vient masquer ce sentiment de vide profond qu'ils avouent parfois ressentir et qu'éprouvent ceux qui les ont suffisamment approchés. Mais pas toujours car l'imposteur est passé maître dans l'art de l'illusion. Par ses emprunts aux couleurs de l'environnement, l'imposteur témoigne d'une exceptionnelle « adaptation à la réalité [3] » et, nageant dans les faux-semblants comme un poisson dans l'eau, respectueux plus que tout autre des règles, des procédures, des formes, il bénéficie souvent, jusqu'à ce qu'il soit démasqué, de l'estime de tous, ou presque. C'est le prototype de l'adaptation et de l'habileté sociale, le sujet idéal des façonneurs de comportements.

Sentiment paradoxal du clinicien qui le reçoit : le sujet est plus que normal mais il y a quelque chose qui cloche [4]. Malaise

1. Sigmund Freud cité *in* Bela Grunberger, *op. cit.*, p. 90.

2. Ludwig Eidelberg, « Un cas de pseudo-identification » (1936), *in* Bela Grunberger, *op. cit.*, p. 255-265.

3. *Ibid.*, p. 256.

4. Cf. chapitre V de cet ouvrage.

qui saisit parfois le clinicien qui l'écoute, impression de vide, de facticité, de politesse exagérée ou de grossièreté surfaite selon l'identification du jour, mais toujours une vive et alerte capacité à faire ce qu'il faut, dans la situation clinique comme dans l'existence. On dit de lui qu'il est sympathique, mais on ne sait pas à quel point cette opinion est vraie, pas davantage que l'on ne sait à quel point son opinion est vraie.

C'est d'ailleurs un homme qui sait profiter de l'opinion, de son propre pouvoir de convaincre. Du crédit qu'il parvient à obtenir dépend le profit de son entreprise. C'est dire à quel point l'imposteur est un homme qui vit à crédit : sa vie dépend du crédit que les autres lui accordent, de leur appréciation, de leur évaluation et de leur « notation », comme on dirait dans la finance. C'est la figure de notre temps, un « homme *subprime* » ! Avec des actifs aussi pourris que les titres du même nom, mais qui, comme eux, font que la comédie sociale se joue tant que personne ne demande de comptes.

Je voudrais dans cet ouvrage montrer le poids que peuvent prendre, dans la fabrique des imposteurs, la civilisation normative des mœurs d'une société et sa manière de gouverner. Car c'est un point important, il n'y a pas d'imposteur sans public et sans liens sociaux. Pour certains cliniciens, telle Phyllis Greenacre, les « victimes » consentiraient, bien malgré elles, à subir l'imposture. Il n'y a pas d'imposteur sans public, sans ces parades sociales dans lesquelles il se jette à corps perdu, dans le jeu desquelles il quête sa consistance. C'est le désespoir d'une subjectivité naufragée dans les tempêtes du social qui prédisposerait au jeu de l'illusion ceux dont il abuse. Non que les abusés jouissent d'être trompés, mais plus profondément peut-être nouent-ils avec l'abuseur ce pacte inconscient qui conduit le public d'un prestidigitateur à consentir plus ou moins consciemment à la duperie tout en sachant qu'il s'agit d'une illusion ? Le public du prestidigitateur, comme celui de l'imposteur, retrouve les plaisirs de l'enfance, du « faire semblant ». Scène où la part infantile de chacun applaudit avec tous la revanche de l'enfant sur la réalité. Enfant impotent, impuissant, démuni, qui prend ainsi sa revanche par l'omnipotence du jeu, par l'art de feindre en faisant croire que l'illusion est vraie. Parce qu'il est démuni, l'imposteur, souvent mal aimé, trahi, même et surtout quand il est adulé, l'imposteur ne joue pas. Même s'il y joue parfois sa vie et celle des autres, il sait mieux qu'un autre que lorsqu'il séduit, qu'on l'aime et qu'on l'applaudit, ce n'est pas pour lui-même. C'est même ce savoir qui le rend souvent « intraitable » puisqu'il détient au départ la conclusion du trajet d'une psychanalyse : ce n'est pas comme sujet que l'on a été aimé par l'Autre mais comme objet, objet imaginaire [1]. Après ça que faire ? L'imposteur fait le pitre mais « pour de bon », ses scènes de western se déroulent avec de vraies cartouches qu'il peut utiliser contre les autres ou retourner contre lui [2].

Comment se fabrique l'imposteur ? Au champ du social, ai-je dit, de sa comédie, de ses farces et de ses tragédies. Sans devoir préjuger de l'histoire de chacun d'entre eux, sans devoir développer ce que j'aborderai au chapitre V, je voudrais montrer par l'exemple littéraire de Felix Krull que l'imposteur est d'abord un abusé. Abusé, l'imposteur l'est doublement, d'abord parce qu'il croit que c'est dans le semblant du discours social qu'il trouvera sa consistance et sa subsistance, ensuite parce qu'il a été mis sur cette voie par un autre dont il attendait la reconnaissance. Dans le roman de Thomas Mann, Krull, l'imposteur raconte comment vers l'âge de huit ans il

1. Roland Gori, *Logique des passions* (2002), Paris, Flammarion, 2005.
2. Lyasmine Kessaci, 2010, art. cit.

fut conduit par son père à sa première grande imposture mondaine, et comment « ce fut l'un des plus beaux jours de [s]a vie, peut-être le plus absolument beau ».

Lors d'un séjour d'été dans une ville d'eau où son père, sa mère et sa sœur parvenaient fort difficilement à nouer des liens avec les habitants de la région comme avec la population mondaine qui fréquentait les lieux, Felix Krull connut sa plus grande joie tout en se faisant l'instrument d'une imposture paternelle. La principale distraction pour l'enfant de huit ans qu'il était alors consistait à assister aux concerts quotidiens qu'un orchestre composé d'excellents musiciens offrait aux curistes. Ravi par le jeu des musiciens, l'enfant s'évertuait à imiter fidèlement les gestes du premier violon à l'aide de deux baguettes de bois qu'il frottait l'une contre l'autre. La perfection du mime arrachait à son père « des marques d'admiration joyeuse » et le conduisit à « combiner » une comédie : « On m'achète un petit violon bon marché dont l'archet est soigneusement enduit de colophane [1] », puis on l'habille à grands frais, contrairement aux habitudes, et, avec la complicité du chef d'orchestre, on berne le public. Felix ravit un public distingué, jusque-là inaccessible à lui-même et à son entourage, qui le « couvre de louanges, d'épithètes flatteuses, de caresses [2] », et les enfants de noble lignée, qui l'avaient jusque-là dédaigné, le courtisent. Il reçoit baisers et cadeaux après que « le petit chef d'orchestre a mis en sûreté mon violon et mon archet [3] ». Le père refuse que Félix puisse rejouer une nouvelle fois pour éviter que la supercherie soit découverte et feint de n'avoir accepté qu'à titre exceptionnel que l'enfant se produisit en public.

1. *Ibid.*, p. 29.
2. *Ibid.*, p. 30.
3. *Ibid.*, p. 30.

L'imposteur est d'abord ici l'instrument de l'imposture, celle du père qui en est l'instigateur, le complice actif et le premier bénéficiaire. Je considère cette scène comme matricielle dans l'écriture du roman, son thème et sa fine psychologie de l'imposteur. Ce qui aurait pu constituer dans l'autobiographie des souvenirs d'enfance un jeu, une plaisanterie, se révèle par le sens aigu de Thomas Mann comme le levain même de l'imposture, la clé de voûte des escroqueries à venir. C'est de l'Autre dont l'imposteur est *l'imposte*, terme qui désigne en architecture la partie supérieure d'une porte, d'une fenêtre qu'on laisse dormante pour diminuer la hauteur des battants. Quand je dis l'Autre ce n'est pas seulement du père et de la mère dont il est question, mais bien de l'environnement qui inclut le social. C'est aussi la comédie des fréquentations mondaines, de leurs codes et de leurs simagrées qui participe à la duperie de Félix et de son père. Les victimes de l'imposteur pourraient apercevoir leurs images dans le miroir du dispositif qui les dupent. D'une certaine façon l'imposteur les démasque avant d'être lui-même démasqué.

Si l'on veut bien prendre la mesure de la part de l'Autre dans la fabrique des imposteurs, il faut non seulement restituer pour chacun d'eux le trajet subjectif qui a pu les prédisposer à la feinte et au mensonge, à ce mode de fétichisme particulier, mais encore prendre en compte la rhétorique politique et morale qui civilise les mœurs à ce moment-là, dans cette société-là, culture au sein de laquelle vivent ces faussaires. C'est le postulat de l'ouvrage : si l'hystérique a besoin, comme le dit Jacques Lacan, d'un maître qu'il puisse gouverner, l'imposteur a besoin de normes, de codes, de rites sociaux avec lesquels il puisse ruser pour en démasquer, à ses dépens et à ceux des autres, l'imposture, l'artefact, le semblant. À l'aptitude de l'hystérique à mettre en échec la prétention du maître, à « trouer » son arrogance, correspondrait la capacité de l'imposteur à révéler à chacun les jeux de parades et de parures dans lesquels se capture socialement l'existence. Deux versions, distinctes et proches à la fois, d'une dénonciation du discours du maître, permettant à l'une et à l'autre de proclamer comme l'enfant du conte de Grimm que « l'empereur est nu ».

Surgit alors une autre question : celle de savoir si la politique d'une société comme la nôtre ne favorise pas, davantage que d'autres, l'imposture ? Une civilisation des mœurs qui fait reposer le crédit d'un individu, d'un groupe, d'un État sur l'apparence, sur l'opinion n'incite-elle pas à l'imposture ? C'est le projet de cet ouvrage de le montrer.

Qu'est ce qu'une politique qui vend sans cesse à l'opinion publique la « marque de fabrique » d'un gouvernement, évaluant par des sondages constants la pénétration de sa propagande au sein de la population ? La présidence Sarkozy, par exemple, fut ce triomphe d'une culture de l'audimat, l'audimat entendu au sens de ces valeurs sociales analysées par Bourdieu dans son ouvrage *Sur la télévision* : « L'audimat, c'est la sanction du marché, de l'économie, c'est-à-dire d'une légalité externe et purement commerciale, et la soumission aux exigences de cet instrument de marketing est l'exact équivalent en matière de culture de ce qu'est la démagogie orientée par les sondages d'opinion en matière de politique [1]. » Alors s'il convient pour réussir socialement de vendre l'apparence des actes davantage que d'en évaluer les effets et les vertus comment ne pas voir dans l'imposteur un témoin essentiel de notre temps ? L'imposture a existé de tout temps, mais n'y a-t-il pas des systèmes de valeurs qui la favorisent ou la découragent ?

1. Pierre Bourdieu, *Sur la télévision* (1996), Paris, Raisons d'agir, 2008, p. 78.

J'avance dans cet ouvrage que nos systèmes d'évaluation, dont j'ai rendu compte par ailleurs [1], incitent à l'imposture. Ce faisant, de tels systèmes d'évaluation menacent la démocratie en minant les valeurs sur lesquelles elle repose. La réorganisation de l'État ces dernières années n'a fait qu'accroître le risque d'une « vérité » à vendre à l'opinion, à distance des vertus que l'institution prétendait dans sa souveraineté jusque-là garantir. Cette métamorphose des fonctions régaliennes de l'État est d'autant plus essentielle que l'État constitue un « principe d'orthodoxie, de consensus sur le sens du monde », disait Bourdieu [2]. À ce titre, l'État remplit des fonctions qui, étant analogues à celles de la religion, dictent matériellement et symboliquement des conduites sociales, conduites dont les hauts dignitaires de l'Église et de l'État se veulent les exemples.

Depuis plus de trois décennies, toujours plus férocement et plus intensément, le pouvoir néolibéral bafoue l'*Esprit de Philadelphie* [3] pour promouvoir une philosophie politique pragmatique, à distance d'une ambition politique. Cette conversion de l'État à la liturgie et aux sacrements de la « religion du marché [4] » produit de la norme et fabrique de l'imposture au niveau singulier comme au niveau collectif. Une politique qui proclame qu'elle ne fait plus de politique, qu'elle « gère » au mieux les intérêts de tous et de chacun, est dans le « faux », dans l'imposture et dans l'hypocrisie. C'est la version moderne de l'expression traditionnelle : « moi monsieur je ne fais pas de politique », dont on sait pour quelle politique, par ailleurs, votent ceux qui s'en réclament.

1. Alain Abelhauser, Roland Gori, Marie-Jean Sauret, *La Folie évaluation. Les nouvelles fabriques de la servitude*, Paris, Mille et une nuits-Fayard, 2011.

2. Pierre Bourdieu, *Sur l'État. Cours au Collège de France, 1989-1992*, Paris, Seuil, 2012, p. 19.

3. Alain Supiot, *L'Esprit de Philadelphie*, Paris, Seuil, 2010.

4. Pier Paolo Pasolini, *Écrits corsaires* (1975), Paris, Flammarion, 1976.

À partir de ce moment-là, ce discours politique résigné, proclamant paradoxalement la « fin de règne[1] » du politique, fait bon ménage avec cette révolution conservatrice qui a mis un terme à plus de trente années d'État-providence, de souci de justice et de solidarité nationales avec ses protections sociales diverses et variées, issues de l'esprit de Philadelphie. Cette philosophie sociale de l'esprit de Philadelphie, née à la fin de la Deuxième Guerre mondiale, s'est trouvée progressivement effacée au profit d'une conception libérale des mœurs et de la promotion d'un sujet « entrepreneur de lui-même[2] ». L'imposteur aussi se fait lui-même, et il est souvent bien plus doué pour se fabriquer lui-même que ne le sont les classiques self-made-men de l'industrie et du commerce. Ce discours du pragmatisme, de la compétitivité nationale, de l'utilitarisme social est un vrai discours au sens foucaldien du terme, une *vraie pratique discursive* : « Les pratiques discursives ne sont pas purement et simplement des modes de fabrication de discours. Elles prennent corps dans des ensembles techniques, dans des institutions, dans des schémas de comportement, dans des types de transmission et de diffusion, dans des formes pédagogiques qui à la fois les imposent et les maintiennent[3]. » Ce discours du pragmatisme et de l'utilitarisme incite les sujets à se vendre dans tous les domaines de l'existence comme on présente un CV, dans leur vie amoureuse comme dans les pratiques politiques, à la maison comme au travail, dans les villes comme à la campagne. À condition de

1. Pour reprendre la pertinente expression de Daniel Le Scornet. Voir *Le Politique, fin de règne*, Paris, L'Atelier, 2010.

2. Michel Foucault, *Naissance de la biopolitique. Cours au Collège de France, 1978-1979*, Paris, Gallimard, 2004.

3. Michel Foucault, *Dits et Écrits, 1954-1988,* t. II, *1970-1975*, Paris, Gallimard, coll. « Quarto », 1994, p. 241.

devoir respecter certaines formes, certaines normes pour éviter « la guerre de tous contre tous ». Mais respecter *les formes*, respecter les normes, c'est le b. a.-ba de tout imposteur.

Dès lors que le discours politique est révolu, une police des normes a le champ libre. Le pouvoir a alors toutes les facilités pour conduire les populations à se résigner à l'inévitable et si naturel néolibéralisme. Là où finit le royaume du politique commence l'empire de la norme.

Au sein de cet empire, l'imposture règne en maître dès lors que l'on peut faire feu de tous bois, pourvu que l'on ait des résultats. N'est ce pas ce qui fait l'art de l'imposteur, au moins jusqu'à ce qu'il se fasse prendre, lui qui mieux qu'un autre possède le talent du conformisme et de l'opportunisme ? Aujourd'hui la vie publique elle-même « prend l'allure d'un serment de fidélité tacite au conformisme. Il y a dans le regard quelque chose de maniaque et de froid : quelque chose de préhensile, d'affamé et de prédateur. [1] » Les dispositifs normatifs contemporains inspirent un conformisme dont je souhaite montrer qu'il contient le germe de l'imposture et participe à la faillite de la démocratie. La tendance à la conformité des opinions et des positions, en politique comme dans le champ de la connaissance, est le malheur de la démocratie comme de la recherche. Cette tendance des individus à se ranger sans réflexion critique aux normes du groupe majoritaire a été appelée paradigme de Asch, du nom du psychologue social qui l'a identifiée. Dans une situation expérimentale, Salomon Asch [2] organise des réunions

1. Theodor W. Adorno, *Minima Moralia. Réflexions sur la vie mutilée* (1951), Paris, Payot, 2003, p. 38.

2. Germaine de Montmollin, « L'interaction sociale dans les petits groupes », in *Traité de psychologie expérimentale,* t. IX, Paris, Puf, 1965, p. 1-53. ; Alfred Binet, *La Suggestibilité*, Paris, Schleicher, 1900 ; Nicole Dubois, *La Norme d'internalité et le libéralisme*, Grenoble, Presses universitaires de Grenoble, 2009.

de groupes dans lesquelles un participant naïf est placé au milieu de comparses de l'expérimentateur. On demande aux sept personnes présentes (parfois neuf) de désigner, parmi des droites figurant sur un carte, celle qui est égale à une ligne étalon, le sujet naïf parlant toujours l'avant-dernier. Tous les autres sujets donnent tantôt la bonne réponse (pour accroître la vraisemblance), tantôt la même réponse incorrecte. L'influence normative d'une majorité unanime donnant une réponse contraire à l'évidence et au bon sens affecte les individus isolés face à cette opinion compacte. Lorsque le groupe de complices feint de ne pas être unanime, que certains des participants montrent des doutes et des désaccords, la tendance à la conformité s'atténue et les individus se fient davantage à ce qu'ils voient. Ces effets de séduction de la pensée critique par l'influence sociale sont au cœur de la problématique de l'imposture. La tendance au conformisme social, à l'adhésion aux rites et préjugés normatifs de l'époque, qui suspend toute pensée critique, est le plus sûr allié de l'imposteur. En psychopathologie comme en politique, cela se nomme l'*apathie*, résultat direct de pressions normatives des influences sociales auxquelles le sujet se soumet.

Les processus en jeu dans la fabrique des impostures pourraient bénéficier d'un éclairage réciproque de l'analyse politique des mœurs, de leur caractère factice, et de la clinique psychopathologique de l'art de tromper des structures subjectives, sans pour autant devoir confondre ces deux champs.

Depuis ses origines, les principes moraux du libéralisme sont l'économie et l'opinion, principes que l'art néolibéral de gouverner a radicalisés jusqu'aux confins de nos existences sociales et dans les recoins les plus intimes de chaque individu. Économie et opinion deviennent les seules matrices de normalisation des comportements et des visions du monde, les seuls dispositifs par lesquels les objets, les vivants et le monde peuvent se faire reconnaître et admettre socialement. C'est par le biais de la norme que l'on va toujours plus soumettre « librement » les individus et les populations pour obtenir l'adhésion de l'opinion et les comportements économiques qu'on souhaite voir adopter.

La crise économique et l'affaiblissement de l'autorité politique construisent ensemble une légitimité des discours de résignation, résignation à l'inévitable globalisation marchande et financière du village planétaire. On parvient alors à transformer un rapport de forces politiques en fatalité économique et sociale, et à donner aux normes de comportements que cette civilisation impose l'apparence de la nature et de l'évidence. C'est « au nom de la norme », comme on disait naguère « au nom de la loi », que l'on calibre les comportements des individus comme on calibre les tomates, suçant la chair des unes pour écarter la vie des autres, les rejetant dans le lot des précaires souvent, des surnuméraires parfois et des « étrangers dans la puissance humaine [1] » presque toujours. Tout cela « au nom de la norme »...

En même temps que les dispositifs de pouvoir s'insèrent dans la manière de vivre de chacun, dans le grain le plus ténu de son existence, l'autorité politique devient banale, simple et simplifiée, bien à distance des tyrans du passé ou du présent, bien éloignée des leaders charismatiques des systèmes totalitaires. Tout se passe comme si le pouvoir était moins détenu

1. « Ils n'ont dans ces usines, dans ces ateliers, aucun droit ; ils peuvent en être chassés demain. Ils n'ont aucun droit non plus sur la machine qu'ils servent, aucune part de propriété dans l'immense outillage que l'humanité s'est créée pièce à pièce : ils sont des étrangers dans la puissance humaine ; ils sont presque des étrangers dans la civilisation humaine. » Jean Jaurès, *Rallumer tous les soleils*, Paris, Omnibus, 2006, p 96.

par un maître identifié et identifiable que confisqué par des réseaux de maîtrise qui conditionnent une existence, assurent une domination toujours plus infiltrée, diluant bien souvent ses exigences à l'extrémité des institutions comme l'école, l'hôpital ou l'université, là où l'on s'attendrait le moins à les trouver. Le désir de domination du maître a cédé la place à un désir de maîtrise anonyme [1], plus insidieusement contraignant puisque mal identifié. Mais la nature de ce désir de maîtrise, massifié et fragmenté à la fois dans son expression, demeure identique dans sa structure à celui du maître, de l'ancien maître ; ce maître dont Lacan nous dit qu'il « ne désire rien savoir du tout – il désire que ça marche [2] ». Si ce pouvoir du maître qui soustrait à l'esclave son savoir, pour accroître son propre profit, s'appuie à l'époque moderne sur les sciences et les techniques, c'est moins pour faire avancer le curseur du savoir que pour mieux arraisonner la nature et l'humain comme fonds énergétique à exploiter à l'infini. Ce désir n'est pas porté par une demande d'amour ou une soif de savoir, il est simplement désir que cela fonctionne, désir fonctionnel ! Dans l'art de ce type de cérémonie l'imposteur est passé… maître. L'imposteur est ce maître de la liturgie, des formes déployées, déployées sur le vide, le néant.

Disséminé dans de multiples dispositifs réticulaires et capillaires, le nouveau maître anonyme impose à l'humain de se transformer en ressources pour faire fructifier le capital en ingurgitant de nouvelles règles, une nouvelle langue technique et de nouvelles valeurs morales. Souvent installées au nom même de la liberté et de la transparence démocratique,

1. Yves Charles Zarka et les Intempestifs, *Critique des nouvelles servitudes*, Paris, Puf, 2007.

2. Jacques Lacan, *Le Séminaire, Livre XVII, L'Envers de la psychanalyse, 1969-1970,* Paris, Seuil, 1991, p. 24.

ces nouvelles servitudes [1] exigent un consentement volontaire des sujets. Des « experts » nous disent comment nous devons nous comporter dans notre manière d'exister intimement et professionnellement ; nouvelle incarnation des dispositifs de censure sociale, nouveaux scribes de nos normes morales, ces experts participent à cet « art libéral de gouverner » dont Michel Foucault a su faire la « généalogie [2] ». Ce nouvel art libéral de gouverner prononce la perte du monde partagé, du monde commun, du monde du désir érotique, du désir autre que celui que ça marche.

Que ça marche mais pour aller où ? Sur la route de nos servitudes, que l'on a pu nommer cyniquement « route de la liberté [3] ». Cette route sur laquelle certains profits s'amassent un temps et pour une poignée d'hommes dont nous ne sommes pas certains qu'ils soient encore pleinement conscients de notre humanité. C'est ainsi que, « par le plus déplorable enchaînement, des hommes de travail sont engagés, malgré eux et à leur insu, dans des péripéties de spéculations qui ne les enrichiront pas si elles réussissent, qui les ruineront si elles échouent [4]. »

À distance d'une politique « volontariste », les gouvernements européens se sont mis à l'heure de la « mondialisation [5] » et de ses exigences. Dans une spirale infernale, telle la belle âme hégélienne, les gouvernements européens successifs se sont plaints hypocritement des désordres du monde, désordres qu'ils

1. Yves Charles Zarka et Les Intempestifs, 2007, *op. cit.* ; Roland Gori, « Les Scribes de nos nouvelles servitudes », *Cités*, 2009, 37, p. 65-76.

2. Michel Foucault, 2004, *op. cit.* ; Michel Foucault, *Sécurité, territoire, population. Cours au Collège de France, 1977-1978*, Paris, Gallimard, 2004.

3. Friedrich A. Hayek (1946), *La Route de la servitude*, Paris, Puf, 2005.

4. Jean Jaurès, *Rallumer tous les soleils*, *op. cit.*, p. 86.

5. Pierre-Noël Giraud, *La Mondialisation : émergence et fragmentations*, Paris, Sciences humaines, 2012 (éd. revue et augmentée).

ont produits de bout en bout, dans leur structure culturelle, par leurs politiques. Aujourd'hui encore, ils ne cessent plus ou moins sincèrement de s'en désoler. Je voudrais souligner, encore et encore, le rôle essentiel des normes dans cette prolétarisation généralisée de nos existences. C'est en étant calibrés et dissous dans les masses anonymes et aveugles des populations et des statistiques, c'est en étant dépouillés de leur histoire, de leur volonté, de leur culture et de leur nation, que les peuples européens furent transformés en masses flottantes de main-d'œuvre disponible. La norme idéale pour ce capitalisme-là c'est un travailleur intermittent, disponible en permanence, taillable et corvéable à merci, auquel on garantit un minimum de subsistance, bref une sorte de nouveau serf, sans attache nationale, culturelle, linguistique, sans histoire, sans subjectivité. Le travailleur idéal, c'est celui qui fait corps avec les exigences du marché, sans prétention à la citoyenneté, sans trop d'états d'âme autres que ceux que lui procurent les médias. Le travailleur idéal, c'est celui qui parvient à cet univers « normal », naguère décrit par Simone Weil où « les machines ne fonctionnent pas pour permettre aux hommes de vivre, mais [où] on se résigne à nourrir les hommes afin qu'ils servent les machines [1]. » Le travailleur idéal pour ce capitalisme mondialisé, c'est un travailleur qui aurait renoncé aux protections du « collectif » pour entrer dans l'arène d'une « société du risque [2] » qui transfère à l'individu la charge de ses protections sociales et les responsabilités de ses conduites de vie et des aléas de l'existence. Cette civilisation technique a pour idéal l'apathie du travailleur.

L'État social perd son droit inconditionnel de protection des plus vulnérables pour en transférer à chacun la charge,

1. Simone Weil, *Réflexions sur les causes de la liberté et de l'oppression sociale.* Paris, Gallimard, 1955, p. 130.

2. Ulrich Beck (1986), *La Société du risque*, Paris, Flammarion, 2001.

avec l'idée, plus ou moins explicite mais constante dans toutes les politiques néolibérales, d'offrir en début de vie un petit « pécule » que chaque individu ferait fructifier à sa guise pour l'« entreprise » de son existence. L'effritement de la « société salariale [1] » est en marche. Le triomphe des normes néolibérales atteste la victoire de la liberté du travail et de son marché sur la servitude du droit. « L'inflation des normes » permet aux standards du marché de prévaloir progressivement sur les exigences régulières des lois sociales. Les normes comme « instruments de tracé et de mesure [2] » entrent en interaction avec les règles de droit et participent progressivement à atténuer les contraintes et les protections des lois sociales. En effet, bien que non juridiques au départ, les normes acquièrent progressivement une normativité juridique qui rejaillit sur le fonctionnement des règles de droit. Ce faisant, c'est toute une société, sa culture, la civilisation de ses mœurs [3], qui est en train de changer, modifiant profondément la fonction du droit, droit du travail autant que droit du citoyen. Comme le remarque Robert Castel, le travail a toujours été dans notre histoire « support de droits » et, dans une société salariale, « le travail est pris dans un système de droits et de devoirs régis par leur utilité collective, et non plus seulement par l'utilité économique des échanges marchands. C'est à partir de ces caractéristiques sociales, publiques, collectives, que l'on peut comprendre *que le travail devienne le fondement d'une*

1. Robert Castel, *La Montée des incertitudes*, Paris, Seuil, 2009.

2. Sur les rapports entre normes et règles de droit, on se reportera à l'article de Catherine Thibierge, « Au cœur de la norme : le tracé et la mesure. Pour une distinction entre normes et règles de droit », *Archives de philosophie du droit*, 2008, 51, p. 251-281. Voir aussi Catherine Thibierge *et alii*, *La Force normative. Naissance d'un concept,* Paris, LGDJ-Lextenso éditions, 2009.

3. Norbert Elias (1939), *La Civilisation des mœurs*, Paris, Calmann-Lévy, 1973.

*citoyenneté sociale**[1]. » Les normes deviennent ainsi le cheval de Troie par lequel les logiques et les exigences du marché parviennent progressivement à contourner ou à atténuer les contraintes de la loi en général, des lois sociales en particulier.

Comment ce travailleur exposé, vulnérable, contraint au maximum du supportable ne pourrait-il pas être tenté par le *semblant*, le fétiche, de l'imposture politique, morale, culturelle ? Moyen comme un autre de s'adapter à tout prix. Ce danger de l'imposture n'est pas inéluctable, pas davantage pour chacun que pour tous, mais il existe. Il existe à des degrés divers, bien évidemment. Mais comme le fétichisme, comme le mensonge, comme l'hypocrisie, l'imposture constitue une tentative de parer à une réalité blessante et douloureuse. Sans en arriver à confondre la fabrique des pathologies collectives et celle des pathologies individuelles, je voulais simplement souligner ce « terrorisme de la souffrance » qui exproprie un sujet et l'incite à toutes formes de parades, à toutes sortes de parures, toutes coûteuses pour sa vérité et sa liberté.

C'est cette nouvelle forme d'« hypocrisie » sociale que favorisent les systèmes normatifs de nos sociétés que je souhaite analyser ici. Parce que nous avons connu d'autres idéaux, la société actuelle nous fait plus que cruellement ressentir l'intensité d'une désillusion, la pression toujours plus grande d'une adaptation fermement exigée, d'une assignation à une fonction dont la responsabilité nous échapperait toujours davantage. Sans devoir développer plus avant, les conditions sont réunies pour produire trucages, impostures, feintes à même d'échapper à un environnement qui fait vivre le sujet au-dessus de ses moyens psychiques et sociaux, le confronte à une situation à laquelle il n'est préparé ni par son expérience,

1. Robert Castel, 2009, *op. cit.*, p. 82 (dans les citations, les expressions que l'auteur souhaite mettre en évidence sont en italique et suivies d'un astérisque).

ni par celle des générations qui l'ont précédé. Ce dernier point est essentiel pour comprendre en quoi l'absence ou l'insuffisance de transmission d'une expérience peut rendre « traumatiques » des événements qui par ailleurs, dans le temps et l'espace, n'ont pas forcément eu cet effet. Peut-être aussi parce que de tels événements, comme la précarité et la violence matérielle de l'exploitation économique, ne s'intégraient pas dans le même tissu social et culturel. Il y a des civilisations et des sociétés où l'on danse et on chante pendant les guerres et les tragédies, mais on le fait *ensemble.* La grande pauvreté aujourd'hui se vit dans l'extrême solitude, ce qui redouble les effets du malheur. Les équilibres sociaux antérieurs ont été bouleversés et aujourd'hui à la régression sociale matérielle s'ajoute une régression symbolique du fait de l'expérience accrue de la solitude et du délitement des liens traditionnels.

Enfin, que devient une société dans laquelle la condition salariale du travailleur tend, au nom de la crise et de la mondialisation, à se précariser, à substituer à la force de la loi l'assentiment du contrat ? Elle devient une société de la « norme » qui extrait ce qui est « normal » sur un marché à un moment donné et dans une population donnée. Tout devient « normal » au fur et à mesure que la « globalisation » s'installe dans nos mœurs, dans nos têtes, et détermine toujours plus les décisions à venir en les inscrivant dans les mécanismes des marchés financiers et industriels. Aujourd'hui les médias nous informent que, en conséquence de la crise en Italie et au Portugal, entre autres pays européens, une violente régression sociale conduit des enfants de dix ans, voire moins, à quitter l'école pour travailler au noir pour 1 euro de l'heure. À Naples, « dans cette ville parmi les plus pauvres d'Europe, des milliers d'enfants quittent l'école pour aider leurs parents à joindre les deux bouts. Ils font des petits boulots au noir ou sont recrutés par la mafia pour ses basses œuvres. Un phénomène que la crise a accentué [1]. » Aujourd'hui, alors que je mets un point final à mon manuscrit, *L'Humanité* [2] nous informe que les deux constructeurs phares de téléphones mobiles, Samsung et Apple, qui se livrent une guerre commerciale sans merci pour dominer ce secteur de l'industrie, feraient assembler leurs appareils par des villes-usines chinoises qui emploieraient « de force » des étudiants, des adolescents, voire des enfants. Selon l'ONG *China Labour Watch* ils seraient 32 000 étudiants à être obligés de travailler à l'usine, douze heures par jour, six jours par semaine, pour moins de deux cents euros par mois. L'enquête mentionne que des écoles auraient interrompu ou retardé les cours pour répondre aux exigences des entreprises, ou encore évoque des châtiments corporels, des arrêts maladie assimilés à des absences au travail avec retenue de salaire.

C'est le retour à des pratiques du XIXe siècle dont on peut craindre qu'elles se généralisent toujours plus, sans pour autant que soit traitée radicalement, de manière politique et anthropologique, la maladie dont elles sont le symptôme. Maladie de la misère, maladie de la « mondialisation » qui aligne la protection sociale des enfants européens sur celle des enfants pauvres des autres continents exposés [3]. L'ultralibéralisme

1. http://www.presseurop.eu/fr/content/article/1719421-naples-l-enfance-est-au-travail

2. « Dans la guerre entre Samsung et Apple, ce sont les travailleurs qui trinquent », *L'Humanité*, 11 septembre 2012.

3. Dans un article intitulé « La crise met à mal l'objectif d'une école pour tous », *Le Monde* du 17 octobre 2012 rapporte que « le nombre des enfants scolarisés dans le monde ne progresse plus, selon le Rapport 2012 de l'Unesco sur l'éducation » et que, « pour la première fois depuis l'an 2000, la scolarisation plafonne ». Car « aujourd'hui l'argent manque. Le mouvement vers l'école pour tous s'est grippé sous le coup de la crise planétaire. Si la scolari-

réussirait alors ce que le communisme ne serait pas parvenu à réaliser : l'Internationale, oui, mais de la pauvreté, l'universel, oui, mais de la misère ! Alors, bien sûr, dans nos démocraties, encore un peu compassionnelles, avec des vestiges d'humanisme en ruines, des normes techniques ou déontologiques pourraient parvenir, peut-être, à atténuer la cruauté de telles « situations limites ». Mais sans les fondements politiques que procurent les lois, les réflexions et les actions citoyennes sur la place de l'enfance, sur la promesse qu'elle contient, sur ce « levain de l'inachevé » dont parlait Walter Benjamin, sur cette misère qui la meurtrit, sur ces protections sociales qu'elle exige, la sauvegarde de l'humanité dans l'homme ne sera pas assurée. Il ne faut pas s'y tromper. La sauvegarde de cette humanité dans l'homme c'est le pari de l'humanisme. Il n'a jamais été évident, facile ou naturel. C'est un pari sur l'avenir qui, dans l'esprit de Philadelphie et de la Résistance, a été fait, par exemple, après la Deuxième Guerre mondiale, un pari sur des principes philosophiques essentiels : l'Europe en ruines ne pouvait se permettre le luxe de laisser à l'abandon toute une jeunesse dont elle avait besoin pour sa reconstruction. Il fallait aussi une foi et une volonté politique à même de réaffirmer le principe selon lequel la paix ne pouvait durablement être établie que sur des bases solides, celles que procurent la justice sociale, la santé et l'éducation.

La promesse d'émancipation sociale ne fait pas « bon ménage » avec l'imposture, elles ne s'inscrivent pas dans le même champ de l'illusion. À l'illusion du rêve de l'émancipation créant de

sation ne redémarre pas très vite, c'est une génération qui va voir son avenir gâché, s'alarme l'Unesco. "Sur 100 enfants non scolarisés, 47 n'entreront jamais à l'école", si d'autres fonds n'arrivent pas. Il faut aussi prendre en compte les millions d'enfants qui n'y restent pas assez longtemps pour acquérir des savoirs solides. »

nouveaux paysages, bousculant les normes du vieux monde, l'imposture oppose le « conformisme » de ceux qui veulent tirer profit des règles et des procédures en cours, codes qu'ils ont incorporés entre cuir et chair, et par la feinte desquels ils font illusion.

Aujourd'hui, l'État s'est converti à ces valeurs « normales » du marché, en organise le champ des croyances et en produit les cérémonials. La loi n'est plus garantie par l'État qui lui préfère le champ normatif, l'ensemble des normes (par exemple européennes) ou, si l'on veut, qui, comme nous le verrons ultérieurement, prescrit des lois de telle façon qu'elles ne détiennent leur force que de la norme, de l'interprétation normative qu'en feront les acteurs, en particulier de son calibrage marchand et du pouvoir d'obéissance qu'il convoque. L'affaiblissement de la fonction de la loi au profit des normes est une vraie menace sur la citoyenneté comme sur la subjectivité. Précisons.

Depuis la Révolution française, la liberté de travail, nécessaire au capitalisme émergeant comme aux revendications de l'émancipation politique nouvelle des Lumières, implique une négociation entre des individus *égaux*. Mais derrière cette illusion de réciprocité, d'égalité se cache un rapport de forces qui permet la création d'un prolétariat soumis à l'exploitation sans frein qu'autorise, par exemple, le « contrat de louage » du Code napoléonien. Ce libre contrat de travail « produit des sujets sociaux poussés aux marges de la société jusqu'à souvent devenir des *outlaws* [...], aux lisières du travail et de la criminalité [1]. » Seul le droit, par la médiation collective qu'il institue, protège le travailleur isolé en conférant à sa force de travail un « régime statutaire », c'est-à-dire collectif. Par le cadre régulateur de la loi et de sa valeur collective, le travail devient

1. Robert Castel, 2009, *op. cit.*, p. 80.

véritablement un acte social et ne se confond plus avec une activité privée, une négociation privée. Le droit social porte les traces des luttes sociales dans son écriture même, et ses modifications témoignent du progrès ou de la régression de la dignité citoyenne. Aujourd'hui, on assiste au retour des « nouveaux pauvres », des « travailleurs précaires », des « travailleurs pauvres ». On mesure là ce que la mondialisation a apporté à la démocratie : la liberté de se vendre au meilleur prix, en l'occurrence le plus bas ! Ce sont les normes du marché du travail qui prévalent sur les lois ou les conventions collectives.

Il semblerait que l'ordre contractuel, qui individualise le travail davantage que la loi, réapparaisse par l'inflation des normes et la puissance réglementaire qu'elles tendent à prendre pour réguler les rapports sociaux. Par un paradoxe purement apparent, cette déflation de la loi au profit des normes accroît le caractère de plus en plus formel et judiciarisé de ces mêmes rapports sociaux. Les règles deviennent obsessionnellement tatillonnes et contraignantes lorsque le sens de la loi est perdu. Précisément, comme le remarque la juriste Catherine Thibierge, les normes deviennent une catégorie « englobante », bien au-delà des règles de droit, des lois, avec lesquelles elles entrent en interaction et peuvent parvenir à leurs modifications. Ce qui conduit, comme elle le dit, à ce que « plus qu'un ensemble de règles, le droit recouvre ainsi un ensemble de normes [1]. » Elle note que cet élargissement de la teneur du droit est conforme à une évolution historique qui tend à diversifier les sources des règles juridiques. À une époque où la loi était considérée comme la source principale du droit, il était normal que ce soit les règles légales qui en soient l'objet. Depuis le XXe siècle et encore aujourd'hui, alors

1. Catherine Thibierge, 2008, *op. cit.*, p. 281.

que les sources des règles sociales tendent à se diversifier par le jeu des normes, des recommandations, des déclarations et des standardisations, le droit tend à prendre pour objet l'ensemble des normes. Mais l'autorité qui décrète une loi et l'autorité qui édicte une norme n'ont pas la même origine. C'est ce point que je souhaite souligner : l'évolution constante qui conduit les normes à englober les lois permet leur modification sans véritable débat politique et réflexion sur les principes philosophiques qui les fondent. C'est ainsi que les *standards* tendent à remplacer l'autorité du politique jusqu'à pouvoir constituer le cheval de Troie d'une logique du marché qui le dépossède de son pouvoir, à l'exception du pouvoir de renoncer au pouvoir sur les marchés.

Il convient de le rappeler encore et encore, lorsque l'autorité est en crise, lorsque le pouvoir normatif s'accroît, lorsque la vulnérabilité sociale et psychique grandit, il faut survivre et, pour survivre il faut parfois, tricher, frauder, mentir et usurper toutes sortes de rôles et de fonctions, en s'affublant des masques, de pseudo-identifications que ne désavoueraient pas les plus fieffés imposteurs. Car il faut aussi insister dès cette introduction, la « crise de l'autorité », la mise en cause de sa légitimité, les exigences normatives aberrantes et la pression qu'elles font peser sur l'individu ou sur un peuple favorisent l'imposture, l'émergence de *fétiches* pour protéger sa vulnérabilité. Et que constatons-nous au niveau de l'autorité politique elle-même, si ce n'est que le temps des idéaux républicains pourrait être révolu ?

Dans ce monde néolibéral, les principes, les thèmes de campagnes électorales deviennent des produits comme les autres, des marchandises aux effets publicitaires et journalistiques comme les autres, des denrées hautement périssables à durée de vie pathétique limitée à la lumière des néons des émissions de télévision. Dans une économie matérielle et symbolique, orpheline des grands principes républicains, tout se vaut pour produire l'opinion, seule prévaut la logique d'entreprise de l'opinion avec ses pertes et profits. Les mots eux-mêmes perdent leur stabilité sémantique. On peut faire l'éloge du néolibéralisme américain un jour et fustiger le capitalisme financier le lendemain, promouvoir l'Europe le lundi et menacer de fermer les frontières nationales le mardi. Le mot n'est pas là pour expliquer, comprendre, affirmer des valeurs ou défendre des principes, il est là pour plaire, pour jeter en pâture aux masses médiatiques la denrée de spectacle nécessaire à leur séduction, pour appâter le consommateur de produits politiques sans devoir mobiliser le citoyen. Quand on perd le sens des mots, on perd le monde commun, et quand on perd le monde commun, on perd les valeurs partagées et on devient fou. Lâcher la démocratie pour l'ombre de l'opinion, c'est s'inscrire dans une logique d'audimat où sombrent les valeurs d'engagement et de responsabilité. Il n'y aura de renouveau démocratique que si l'on place les valeurs au centre des dispositifs de la société, que si l'on place la culture, l'éducation, la justice au centre du vivre-ensemble, en évitant la prolétarisation de la parole publique comme celle du citoyen ordinaire.

La culture ne fabrique pas des « hommes normaux », « conformes ». La culture produit des hommes et des femmes qui, dans le moindre geste de leurs existences, en construisant un mur ou un poème, en lisant un livre ou dans un dialogue d'amour, en défendant une cause ou en livrant du courrier, en soignant un malade ou en apprenant à lire à un enfant, en prenant les armes ou en prenant les mots, sortent forcément des exigences de la norme, norme dont le concept est le plus petit commun dénominateur que l'homme partage avec les autres espèces animales, et dont seule la transgression lui permet de rejoindre son humanité. La culture est cet espace de « jeu » où l'humain peut créer sans tomber dans les « faux-semblants » des fétiches et des impostures, une aire de repos et d'invention que peut offrir une politique « suffisamment bonne » à des sujets « matures », pour parler comme Winnicott. Ce sont ces sujets matures qui peuvent soutenir le défi de la démocratie, sa véritable culture d'émancipation économique, morale et intellectuelle. Alors même qu'aujourd'hui, les dispositifs de normalisation prescrivent sans débat démocratique les manières de se comporter, de vivre et de sentir, au contraire des lois qui sont discutées et votées. Faute d'une nouvelle politique, faute d'une nouvelle culture, la norme [1], qui est d'abord et avant tout cette façon bien moderne, chère au capitalisme depuis ses origines, d'imposer « une exigence à une existence » finira par nous conduire au conformisme généralisé, à moins que par les jeux de scène et d'apparences nous ne nous transformions tous en imposteurs !

Notre monde est « indéterminé », les sciences ne cessent d'insister sur cette importance fondamentale du hasard, de la contingence et de l'aléatoire dans l'apparition des événements. Dans de nombreux domaines de notre existence, les « décisions absurdes [2] » et les catastrophes proviennent de l'application trop stricte de règles de procédures, de la soumission

1. Max Weber a montré comment l'émergence du rationalisme économique en Occident se trouvait tributaire de la capacité et de la disposition des individus « à adopter des formes spécifiques de *conduite de vie* pratique et rationnelle ». C'est à dire « normées ». (Max Weber, *L'Éthique protestante et l'Esprit du capitalisme* (1904-1905), Paris, Flammarion, 2002).

2. Dans l'ouvrage tout récent, *Les Décisions absurdes*, certains témoignages recoupent mes propres analyses et montrent que le respect trop conformiste de la procédure peut être source d'insécurité, incite à des décisions absurdes et peut produire des catastrophes. (Christian Morel, *Les décisions absurdes II. Comment les éviter*, Paris, Gallimard, 2012).

conformiste aux protocoles et aux modes d'emploi qui ne respectent pas l'expérience de terrain, et ne font pas suffisamment confiance au potentiel humain. Pourtant notre époque ne cesse de confier aux machines et aux ordinateurs le soin de penser à notre place et de guider notre vie. Les normes qui se déduisent de cette culture, pour aberrantes qu'elles puissent être, n'ont qu'un objectif : faire du fric. Mais pour qui ? Pourquoi ? Pour quoi faire ? L'humain est devenu le moyen pour l'argent de se reproduire. L'argent devient « une espèce » à part entière, l'espèce dominante. Et pourtant cette « espèce » ne possède en elle-même aucune signification, aucune référence, aucune spécificité, aucune substance ; elle est constituée de « signifiants sans signification ». Ce sont les hommes qui donnent une signification à la monnaie réelle ou virtuelle, en elle-même elle n'en détient aucune. Ce sont leurs décisions qui déterminent la valeur de ce fétiche qui voile le néant, l'horizon de leur être-pour-la-mort. C'est cette inconsistance de l'argent, des mascarades qu'il fabrique, des signes qu'il ordonne, des drames qu'il organise, dont l'imposteur est le martyr autant que l'analyseur, qui permet à la finance de régner sur le monde. Elle n'est signe de rien, indice du néant, trace d'une absence dont le mythe de la petite souris qui vient échanger une dent tombée contre une pièce de monnaie, est la métaphore la plus authentique[1]. C'est à ce jeu que l'imposteur se prend et nous prend. Il est le martyr d'une décision absurde, celle qui consiste à prendre l'ombre pour la proie, à tarir la source de l'humain pour alimenter le mirage, à préférer le signifiant de la mort à la chair de la vie, à laisser le politique se prendre dans le miroir des alouettes de l'actionnaire.

1. Cf. *Cliniques méditerranéennes*, 1992, 33-34, *De l'argent à la dette. Clinique de la dette.*

Peut-être vaudrait-il mieux aujourd'hui que nos hommes et femmes politiques relisent l'œuvre de Shakespeare plutôt qu'ils ne consultent les manuels d'économie de l'école de Chicago pour trouver une solution à la crise ? Peut-être trouveraient-ils dans le personnage de la délicieuse Portia du *Marchand de Venise* [1] la posture la plus juste, la plus ludique, la plus astucieuse et la plus pertinente qui permettrait, sans violence, de remettre l'argent à sa place dans un monde humain. Dans cette pièce de Shakespeare, l'amitié et l'amour [2] triomphent de la cupidité et de l'envie de l'usurier Shylock. Ce personnage monstrueux, pitoyable et haïssable tout à la fois, exige une livre de chair du naïf Antonio qui a garanti sur sa vie la dette nécessaire à sauver de la faillite son ami Bassanio. L'histoire de la livre de chair destinée à s'acquitter d'une dette qu'on ne peut rembourser est un vieux conte oriental. Shakespeare y ajoute l'émancipation par les ruses de l'amour et de l'amitié. Seuls l'amour et l'amitié, qui en est l'autre nom, inspirent la ruse, la *mètis* d'Ulysse, qui permet à Portia, si habile, si assurée, si joyeuse, si amoureuse de prendre l'usurier à sa propre démesure. Déguisée en magistrate, elle décrète : « Tu as droit à une livre de la chair de ce marchand. La Cour te l'adjuge et la loi te la donne. [...] Ce billet-ci ne t'accorde pas

1. Shakespeare, *Le Marchand de Venise*, Paris, Flammarion, 1964, p. 19-109.

2. Tel est le message de La Boétie : C'est l'amitié qui vient faire objection à la pensée conformiste des « tyranneaux ». Ce qui est aussi bien l'autre nom de l'amour. C'est par l'amitié et l'amour, éprouvés dans la « fraternité mélancolique » des humains que nous sommes conduit à l'inservitude volontaire ; ainsi, « le mal qui éprouvait un seul homme devient peste collective. Dans l'épreuve quotidienne qui est la nôtre, la révolte joue le même rôle que le "cogito" dans l'ordre de la pensée : elle est la première évidence. Mais cette évidence tire l'individu de sa solitude. Elle est un lieu commun qui fonde sur tous les hommes la première valeur. Je me révolte, donc nous sommes. » Albert Camus, *L'Homme révolté*, Paris, Gallimard, 1951, p. 38.

une goutte de sang. Les termes exprès sont : une livre de chair. Prends donc ce qui t'est dû, prends ta livre de chair, mais si, en la coupant tu verses une seule goutte de sang chrétien, tes terres et tes biens sont, de par les lois de Venise, confisqués au profit de l'État de Venise [1]. »

Le jeu ici démasque l'imposture, la vraie, celle qui consiste à aliéner l'humain, à gager le corps, à chosifier la vie pour satisfaire la cupidité haineuse de l'usurier. Là est la grande imposture morale dont l'imposteur social n'est que le martyr et l'analyseur. Il fut un temps pas si lointain où les États promulguaient des lois sur l'usure, limitaient ses taux et faisaient prévaloir la justice sur l'intérêt. Il fut un temps pas si lointain où l'usure était méprisée. Il fut un temps pas si lointain où les humains avaient des idéaux. Il fut un temps pas si lointain où la démesure était reconnue comme la menace la plus sérieuse pour la vie en société.

Il y a eu dans l'histoire de l'humanité des hommes politiques qui ont eu le courage de démasquer la puissance de l'argent, la mascarade des « signifiants sans significations » et de prendre des décisions authentiquement politiques. Il nous faut choisir entre la soumission aux normes, aux procédures, aux rationalités formelles, aux spectres des mathématiques et des réglementations. Il y a dans le monde de la politique, comme dans celui de l'aéronautique, les pilotes qui, pour atterrir, font confiance aux seuls calculs et ceux qui regardent *aussi* la piste. Il ne faut plus se laisser abuser par le « romantisme des chiffres » dont parlait Marcel Mauss, il ne faut plus se complaire à courir après les « notations », il ne faut plus se polariser sur des indices, des marques et des traces de néant. Il faut au travail-mort de l'argent préférer l'œuvre des humains,

1. Shakespeare, *Le Marchand de Venise*, *op. cit*, p. 92.

leur production matérielle et symbolique. Il faut remettre l'argent à sa place, s'en servir mais non le servir. Il nous faut préférer l'intelligence collective et délibérative aux automatismes sociaux, il nous faut privilégier le vif de la parole aux règles et normes formelles de la nouvelle bureaucratie, et apprendre à nous méfier de leurs effets pervers.

Il nous faut aujourd'hui le courage d'un Jaurès [1] qui refusait la stupidité des évaluations scolaires mais croyait dans la valeur émancipatrice du savoir, conciliait l'idéalisme et le matérialisme, la passion et la raison, la force du rêve [2] et les exigences du réel, et réaffirmait sans cesse : « Nous ne sommes pas séduits par un idéal de réglementation tracassière et étouffante. [...] et si dans l'ordre social rêvé par nous, nous ne rencontrions pas d'emblée la liberté, la vraie, la pleine, la vivante liberté, si nous ne pouvions pas marcher et chanter et délirer même sous les cieux, respirer les larges souffles et cueillir les fleurs du hasard, nous reculerions vers la société actuelle [3] [...] »

1. Jean Jaurès, *Rallumer tous les soleils*, *op. cit.*
2. *Ibid.*, p. 55 : « Nous faisions un beau rêve. »
3. *Ibid.*, p. 293.

CHAPITRE II

Au nom de la norme

« S'il est vrai que l'expérience de normalisation est expérience spécifiquement anthropologique ou culturelle, il peut sembler normal que la langue ait proposé à cette expérience l'un de ces premiers champs. La grammaire fournit une matière de choix à la réflexion sur les normes. [...] *En fait, au XVIIe siècle, la norme grammaticale c'est l'usage des bourgeois parisiens cultivés, en sorte que cette norme renvoie à une norme politique, la centralisation administrative au profit du pouvoir royal* [...]. *On commence par les normes grammaticales, pour finir par les normes morphologiques des hommes et des chevaux* [...] *en passant par les normes industrielles et hygiéniques*[1]. »

Bref rappel sur la norme

« Norme » désigne ce qui a une grande fréquence, est conforme à la moyenne, a une valeur quantitative déduite d'une description scientifique de la réalité, repérant des

1. Georges Canguilhem, 1979, *op. cit.*, p. 181.

régularités fonctionnelles données par des corrélations de phénomènes. C'est le côté objectif, souvent quantitatif de la norme, sa valeur d'exactitude. Mais le terme de norme désigne aussi le résultat d'une appréciation qualitative, esthétique, morale ou psychologique. C'est le côté subjectif de la norme, moral, social et psychologique.

Dans un premier sens, la norme désigne un fait d'exactitude déduit d'une procédure scientifique déterminant un régime particulier de vérité, le plus souvent probabiliste, mais toujours quantitatif et objectif. Par exemple le terme est employé dans ce sens pour désigner des lois de la nature lorsqu'elles rendent compte de l'apparition de phénomènes attendus et scientifiquement déterminés. En ce sens, il est normal que l'eau boue à 100 °C ou qu'un corps terrestre tombe à la vitesse de $v = 1/2\, g \cdot t2$.

Dans un deuxième sens, la norme qualifie par un jugement de valeur un état psychologique ou social conforme à un idéal fixé par des modèles sociaux, des règles ou des coutumes communautaires, ou encore par des exigences éthiques propres à un sujet. Il est normal que l'on apprécie les femmes, belles, intelligentes et agréables de compagnie. C'est à la fois un jugement esthétique, social et psychologique. Il est normal que par empathie et compassion, les individus portent secours aux personnes les plus vulnérables, les enfants, les malades, les vieillards et les fous. En ce sens les normes sociales révèlent la substance éthique de la société au sein de laquelle se fabriquent les idéaux et se mettent en acte des pratiques sociales et institutionnelles. L'idéal normatif se distingue ici de la loi en tant qu'il n'a pas un caractère d'obligation, qu'il n'établit pas un partage entre ce qui est permis et ce qui est interdit, qu'il est prescriptif mais sans être accompagné de sanctions juridiques. Il s'agit plutôt dans ce cas-là d'appréciation que d'impératif, quand bien même l'impératif se profile toujours plus ou moins insidieusement à l'horizon du normatif. Dans ce sens-là, le terme de norme prend une signification qualitative participant à la construction des sensibilités psychologiques et sociales. L'homosexualité constituait un « trouble du comportement sexuel » jusqu'en 1981, date à laquelle les manuels de psychiatrie cessent de la considérer comme une « maladie ».

Chacun de ces deux sens, objectif et subjectif, constitue l'opérateur d'un discours, un dispositif d'établissement de vérité et une incitation à en déduire les conséquences. La norme oblige dans les deux cas, mais pas au nom des mêmes valeurs. C'est l'étymologie même du mot « norme » (*norma* signifie équerre), qui contient ce caractère de rigueur, de mesure, et implique un éventuel redressement. Est normal, ce qui tombe droit, perpendiculaire comme un fil à plomb, en ne penchant ni à gauche, ni à droite. Dans son sens moral et imagé, la conduite normale sera une conduite droite et juste. Le projet pédagogique de remise au bon niveau, de redresser est toujours à l'arrière-plan.

Nous pouvons, d'entrée de jeu, remarquer l'équivoque du terme, équivoque qui conduisait Canguilhem à désigner ce concept comme polémique. Cette confusion entre les deux sens principaux du terme « norme » comporte des conséquences épistémologiques et sociales considérables, en science bien sûr, mais surtout en politique. Le dictionnaire de philosophie de Lalande [1] remarque la fréquente confusion des deux sens du terme, dans les discussions philosophiques comme dans la langue médicale, la tendance à les rabattre l'un sur

1. André Lalande, 1926, *Vocabulaire technique et critique de la philosophie*. Paris, Puf, 1993.

l'autre en fonction des besoins de la démonstration. Cette confusion des deux sens de « norme » dans la langue médicale se révèle d'autant plus importante que ce terme s'est imposé toujours plus dans notre culture, au point qu'il est depuis quelques années d'un usage courant. Alors même que l'apparition du terme « normal » au sens de « régulier » ne date que du XVe siècle et que ce n'est qu'à la fin du XVIIIe siècle qu'il apparaît dans des décrets pour désigner les écoles qui forment des professeurs : les écoles normales. C'est d'ailleurs à partir de cette époque et plus encore tout au long du XIXe siècle que l'extension linguistique du terme s'étend dans le langage désignant les savoirs, les pratiques et les institutions sanitaires, sociales et éducatives. Au point que Michel Foucault peut écrire qu'à la fin du XVIIIe siècle, « la France normalisait ses canons et ses professeurs, l'Allemagne normalisait ses médecins [1] ». J'ai, précédemment [2], développé la thèse selon laquelle l'extension linguistique des termes « norme » et « normal » correspond précisément à l'extension sociale des dispositifs de normalisation conformes aux exigences de rationalisation sans cesse accrues de la civilisation capitaliste et de son machinisme industriel.

Ce bref rappel vise à souligner les conditions historiques et sociopolitiques qui rendent inséparables la naissance des États modernes en Europe, la gestion biopolitique de leurs populations, comme la normalisation des pratiques et des savoirs participant à « redresser » les individus. Le biopouvoir, par exemple, normalise au nom de la science, et en ce sens, le

1. Michel Foucault, *Dits et Écrits, 1954-1988*, t. III, *1976-1979*, Paris, Gallimard, coll. « Quarto », 1994, p. 213.

2. Roland Gori, Marie-José Del Volgo (2005), *La Santé totalitaire*, Paris, Flammarion, 2009 ; Roland Gori, Marie José Del Volgo, *Exilés de l'intime. La médecine et la psychiatrie au service du nouvel ordre économique*, Paris, Denoël, 2008.

concept de norme n'est plus seulement polémique, il est aussi, comme le remarque Michel Foucault, politique. Les normes se trouvent aujourd'hui au centre d'une gestion de la politique des mœurs au nom de laquelle on soumet les individus et les populations à la rationalisation économique et idéologique de leurs conduites.

Max Weber avait déjà montré, d'une part, que « nous ne cessons de constater – y compris pour des sphères de conduite de vie qui évoluent (apparemment) indépendamment les unes des autres – que c'est en Occident, et *seulement* en Occident, que se sont développés certains *modes* de rationalisation [1] » ; d'autre part, que, « liée à la rationalisation de la technique et à celle du droit, l'émergence du rationalisme économique fut en effet également tributaire de la capacité et de la disposition des hommes à adopter des formes spécifiques de *conduite de vie* pratique et rationnelle [2] ».

Soumettre au nom de la norme

> *« Il me semble qu'en ce qui concerne le contrôle des individus, au fond, l'Occident n'a eu que deux grands modèles : l'un, c'est celui de l'exclusion du lépreux ; l'autre, c'est le modèle de l'inclusion du pestiféré [3]. »*

La soumission sociale opère aujourd'hui, non au niveau de la transcendance des discours religieux ou souverains, mais par des techniques d'assujettissement, des procédures normatives qui captent les corps, dirigent les gestes, modèlent les comportements en se référant aux discours de l'institution

1. Max Weber, 2002, *op. cit.*, p. 67.
2. *Ibid.*, p. 63.
3. Michel Foucault, 1999, *op. cit.*, p. 41.

scientifique [1]. C'est dans les sciences que le pouvoir va chercher la légitimité au nom de laquelle il peut produire ses effets de domination sociale et réguler les liens sociaux nécessaires à son économie – à son économie dans tous les sens du terme. Nous ne sommes plus dans des sociétés disciplinaires qui, au nom de la transcendance, imposent souverainement leurs lois, lois par lesquelles est justifiée l'application des normes (par exemple religieuses). Nous ne sommes plus simplement dans des sociétés juridiques articulées à la loi comme aux XVIIIe siècle, organisées par la notion de sujet de droit. Tous les jours davantage, nous appartenons à une société articulée à la norme. Nous passons de l'homme conçu comme un sujet de droit (une bonne loi produit une bonne régulation sociale) à un homme conçu comme sujet de son intérêt (on ne demande pas à un homme de renoncer à son intérêt, mais on peut prévoir son intérêt pour mieux gouverner le sujet) [2]. L'art de gouverner les conduites consiste à s'assurer la complicité active des sujets du pouvoir en vue de leur propre régulation établie et légitimée par les normes.

Cela veut dire que « nous sommes entrés dans un type de société où le pouvoir de la loi est en train non pas de régresser, mais de s'intégrer à un pouvoir beaucoup plus général : celui de la norme. Ce qui implique un système de surveillance, de contrôle tout autre. Une visibilité incessante, une classification permanente des individus, une hiérarchisation, une qualification, l'établissement des limites, une mise en diagnostic. La norme devient le partage des individus [3]. » Cette mise en diagnostic, ce partage des individus, cette qualification, conduit,

1. Roland Gori et Marie-José Del Volgo, 2005, *op. cit.*

2. Michel Foucault, 2004, *op. cit.*

3. Michel Foucault, « L'Extension sociale de la norme », in *Dits et Écrits, 1954-1988*, t. III, *1970-1975*, *op. cit.*, p. 74-79.

par exemple, à la transformation de certaines pratiques thérapeutiques et, dans certains champs de la connaissance, à transformer les pratiques de soin, d'éducation ou de travail social en « hygiène publique » du corps social, et ce faisant à renoncer à tout changement subjectif ou politique.

Ce pouvoir de normalisation de nos sociétés sécuritaires, nous en percevons d'autant mieux la structure que nous parvenons à l'extraire de ces réseaux capillaires d'assujettissement qui s'enracinent profondément dans la gestion intime de nos existences ordinaires. C'est dans les extrémités institutionnelles en apparence les plus éloignées de la domination sociale que s'insèrent et se densifient le plus intensément les effets de pouvoir et d'assujettissement. C'est à notre époque, bien souvent au nom même de la liberté, que se créent de « nouvelles formes de servitude [1] ». Dans la sourde et discrète matérialité des dispositifs de sécurité, de surveillance et de contrôle social se noue aujourd'hui un lien toujours plus paradoxal entre l'individu et le pouvoir. Dans la famille, à l'école, au travail, dans le soin, le loisir, la sexualité comme le crime s'inscrivent insidieusement de nouvelles normes sociales comme autant de produits et d'opérateurs des dispositifs de normalisation. C'est dans ces institutions si éloignées de la normalisation sociale qu'elles soient – en apparence – que s'accomplit l'initiation aux valeurs d'une époque et que se réalisent la surveillance et la correction des individus.

Ces dispositifs de normalisation s'imposent moins au sujet qu'ils le fabriquent, qu'ils participent à lui fabriquer une identification sociale. Michel Foucault écrit : « Le pouvoir fonctionne, le pouvoir s'exerce en réseau et, sur ce réseau, non

1. Yves Charles Zarka et Les Intempestifs, 2007, *op. cit.* ; Roland Gori, 2009, art. cit., p. 65-76.

seulement les individus circulent, mais ils sont toujours en position de subir et aussi d'exercer ce pouvoir ; ils ne sont jamais la cible inerte ou consentante du pouvoir, ils en sont toujours les relais. Autrement dit, le pouvoir transite par les individus, il ne s'applique pas à eux [1]. »

Cette société de la norme exige des systèmes de surveillance, de contrôle et de gouvernementalité des conduites différents de ceux des sociétés disciplinaires. Cette société de normalisation se préoccupe moins par exemple de sanctionner le crime que de prévenir les risques de criminalité et de récidive des individus et des populations soupçonnés par la « science » de pouvoir (re)devenir dangereux. Quitte à devoir pénaliser les problèmes sociaux en les médicalisant, la société de normalisation demande toujours davantage à la psychiatrie d'identifier les personnalités à risques. Quand l'autorité est en crise, c'est le pouvoir normatif qui s'accroît et, aujourd'hui, la normalisation des conduites publiques et privées a atteint un degré d'assujettissement tel que n'aurait pu en rêver l'autorité traditionnelle. Car ce système normatif opère dans tous les domaines au nom de l'impératif de sécurité, de gestion des risques individuels et collectifs, dans une transparence et par une grammaire de l'assentiment qui requiert une adhésion consentie à des dispositifs de contrainte. J'entends le mot « dispositif » au sens fort du terme et défini après Foucault par Giorgio Agamben : « J'appelle dispositif tout ce qui a d'une manière ou d'une autre, la capacité de capturer, d'orienter, de déterminer, d'intercepter, de modeler, de contrôler et d'assurer les gestes, les conduites, les opinions et les discours des êtres vivants [2]. »

1. Michel Foucault, *Dits et Écrits, 1954-1988*, t. III, *1976-1979, op. cit.*, p. 180.

2. Giorgio Agamben, *Qu'est-ce qu'un dispositif ?* (2006), Paris, Payot & Rivages, 2007, p. 31

Le dispositif présente pour Foucault une nature et une fonction essentiellement stratégiques qui supposent des interventions dans les jeux de pouvoir par des types de savoir dont ils sont à la fois l'occasion, la conséquence et l'origine. Ce sont les modes concrets par lesquels un savoir et un pouvoir communiquent pour fabriquer un sujet éthique. Ce sont les appareils hétérogènes d'un pouvoir qui dispose des individus à subjectiver leurs comportements, leurs gestes et leurs pensées selon le modèle de civilisation d'une société et d'une époque. Comme l'écrit Giorgio Agamben, « le dispositif est donc, avant tout, une machine qui produit des subjectivations et c'est par quoi il est aussi une machine de gouvernement [1] ». Par conséquent, ces dispositifs, tout en assurant la traçabilité des comportements, créent insidieusement pour chaque individu une manière d'être en relation avec soi-même et avec les autres, ce que Foucault appelle un sujet éthique et que j'ai rapproché d'un nouveau style anthropologique de civilisation.

Sans reprendre ici les exemples et les analyses que j'ai précédemment [2] rapportés sur la surveillance biotechnologique des populations, je me contenterai d'évoquer un des derniers instruments de traçabilité informatique des professionnels de santé qui révèle l'extension infinie de ce mode de contrôle des individus. L'Agence des systèmes d'information partagés de santé (Asip Santé) a informé les médecins qu'ils allaient recevoir une carte de professionnel de santé (CPS) « carte à puce conçue initialement pour télétransmettre les feuilles de soins », promue « carte d'identité professionnelle électronique », délivrée avec le logo du Conseil national de l'Ordre des médecins et désormais indispensable à toute pratique

1. *Ibid.*, p. 42.

2. Roland Gori et Marie-José Del Volgo, 2008, *op. cit*; Roland Gori, 2010, *op. cit.*; Roland Gori, 2011, *op. cit.*

médicale. Cette carte d'identité professionnelle électronique, valable aussi pour les sages-femmes, les chirurgiens dentistes et les pharmaciens, « sans exception », sera obligatoire en ville comme à l'hôpital. Comparée à une carte bancaire ou à une carte d'identité, elle déterminera et encadrera les actes professionnels et l'accès à la plupart des services. Cette carte professionnelle associée au dossier médical personnel (DMP) des patients est présentée comme un répertoire bien utile, permettant le partage d'informations, la simplification des démarches administratives, l'identification et le suivi des professionnels de santé, la mise à disposition du public de leurs données personnelles. Le courrier accompagnant la carte de professionnel de santé précise : « Soucieux d'une maîtrise des dépenses publiques, une stratégie de généralisation est apparue comme la meilleure façon de mettre à disposition la carte CPS dans l'objectif affiché de développer les services qui en imposent l'usage. » Après les patients fichés et triés grâce à leurs dossiers médicaux personnels et à la carte vitale, c'est au tour des professionnels de santé de se voir mis en « grilles » numériques. L'arrêté de création des répertoires partagés des professionnels de santé précise que le droit d'opposition, prévu par la Constitution, ne s'applique pas à la diffusion publique de ces données personnelles, lesquelles seront conservées jusqu'au centième anniversaire du professionnel ou le trentième suivant la fin de son exercice. De nombreuses administrations y auront accès et le guide de l'Asip précise que, grâce à toutes ces informations, le développement de l'informatique dans le domaine de la santé et du médico-social permettra d'améliorer « la qualité et la coordination des soins ».

Après tout, dira-t-on, quoi de plus normal que de bénéficier des innovations techniques à la pointe desquelles se situe l'informatisation des données, le traitement numérique des informations ? La technique fait partie du progrès, elle en est une cause autant qu'une conséquence. Sauf qu'il ne s'agit plus dans nos sociétés de questions purement techniques. Ce traitement en apparence « technique » des questions de société, de santé, de justice, de police, d'éducation, de recherche, de culture ou du médico-social constitue en lui-même une politique [1], voire une anthropologie. Les questions qu'un tel traitement « technique » des problèmes sociaux pose, nous ne saurions les esquiver. Elles sont au cœur de la norme, des dispositifs de normalisation qui ont radicalement transformé l'art d'exercer le pouvoir, et dont je dirai simplement qu'ils portent en germe un totalitarisme culturel. Totalitarisme culturel et langagier, donc virtuellement politique.

Max Weber a montré que la Réforme, l'éthique du protestantisme dont il a fait la condition historique du développement de l'esprit capitaliste, ne représentait pas l'abolition d'un pouvoir religieux sur la vie des fidèles, mais sa profonde transformation qui substituait une nouvelle forme de domination morale et sociale à l'ancienne. Cette nouvelle logique de domination que je qualifie de symbolique consiste en une réglementation fine et précise de l'ensemble des conduites de vie des individus ; et d'autant plus intense que ce contrôle social tend à s'étendre à toutes les sphères de la vie domestique et de la vie publique. Paradoxalement, ce contrôle moral tend à devenir toujours plus pesant et insidieux, bien au-delà de celui qu'imposaient l'Église et son clergé. C'est aux individus eux-mêmes que la Réforme confie le soin d'un contrôle dont l'éthique finit par faire bon ménage avec l'esprit du

1. Jacques Ellul, 1977, *Le Système technicien,* Paris, Le Cherche-Midi, 2004 ; Jacques-Alain Miller, Jean-Claude Milner, *Voulez-vous être évalué ?,* Paris, Grasset, 2004 ; Roland Gori, « La nouvelle manière de donner des ordres », *in* Gori, 2010, *op. cit.*

capitalisme[1]. L'analyse psychiatrique, le sondage d'opinion, les techniques de l'enquête, etc., vont venir remplacer les dispositifs de l'aveu et de l'inquisition. Norbert Élias a dressé le monumental panorama de cette « civilisation des mœurs » qui conduit l'individu à toujours plus d'autocontrôle, de privatisation de ses manifestations pulsionnelles érotiques et agressives ainsi qu'à la régularisation progressive de ses sources d'angoisse[2].

Cette civilisation des mœurs, qui répond aux exigences de la rationalisation et de l'organisation du travail, a favorisé le développement du capitalisme. Cette manière de civiliser les mœurs a permis une hégémonie de la rationalité économique, toujours plus envahissante. Cette rationalité économique entretient des affinités électives avec la pensée du droit et celle des affaires, rationalité que je qualifie de *pratico-formelle*[3], pensée des règlements, des procédures et de la conformité et dont Max Weber nous offre, dans une formule condensée, le secret : « Liée à la

1. Max Weber, 2002, *op. cit.*
2. Norbert Elias, 1973, *op. cit.*, .
3. À la suite de Max Weber, je nomme rationalité pratico-formelle, une forme de pensée, de raison, réduite à la logique du droit et des affaires, « glaciation éthique » dépourvue des exigences des rationalités théoriques et « substantielles ». La rationalité formelle est une forme de pensée très présente dans le droit qui ne se préoccuppe que des formes de rationalité de l'action reposant sur des processus de décision en référence à des règles formelles abstraites, rejetant toute forme d'arbitraire et de considération de personne. C'est le règne des techniques méthodiques et du pouvoir bureaucratique. La rationalité pratique est une forme de rationalité de l'action qui consiste dans des conduites de vie déduites de calculs rationnels moyens-fins pour permettre une adaptation pragmatique au mieux des intérêts immédiats et en vue d'une adaptation aux situations, sans soumission à d'autres critères de décision comme ceux de l'éthique, de la théorie, de la psychologie… Les interfaces de ces deux formes de rationalité m'ont conduit à les rapprocher de l'expression « pratico-formelle ».

rationalisation de la technique et à celle du droit, l'émergence du rationalisme économique fut en effet également tributaire de la capacité et de la disposition des hommes à adopter des formes spécifiques de conduite de vie pratique et rationnelle [1]. »
Forme et rationalité pratique des conduites sont les maîtres mots de la civilisation des mœurs en Occident.

À partir du XIXe siècle, comme Michel Foucault nous l'a montré, des techniques nouvelles apparaissent pour contrôler l'existence, le temps et l'usage des corps des individus. Pour que la société industrielle se développe, il est nécessaire que le temps des hommes soit mis sur le marché du travail et que toute une série d'institutions participent à cette conversion du temps de l'existence en temps de travail. À partir de ce moment, à l'extrémité d'institutions comme l'école, la famille, l'hôpital et la prison, se développent des fonctions d'assujettissement des individus, de normalisation et de contrôle social de leur existence. Cette société de surveillance qui se développe à cette époque vise à l'extraction maximale du temps des individus au profit des appareils de production. Le corps libéré des contraintes de la religion et de la société féodale se trouve toujours plus captif des dispositifs de normalisation sociale par le contrôle du temps des individus [2]. Quant à la civilisation moderne des mœurs, elle libère les corps pour mieux emprisonner le temps de l'existence, ce qui suppose une métamorphose et une extension infinie des institutions sociales séquestrant toujours davantage les formes de vie ; formes de vie si étroitement liées à la norme et à ses enveloppes formelles

1. Max Weber, 2002, *op. cit.*, p. 63.

2. « Au moment où se développe la société capitaliste, le corps qui était jusque-là – [...] – "organe de plaisir", devient et doit devenir un "instrument de performance", performance nécessaire aux exigences mêmes de la production. » (Michel Foucault, *Les Anormaux*, *op. cit.*, p. 221)

qu'elles en demeurent inséparables et étroitement tributaires. Pensons simplement à ces « névroses du dimanche [1] » qui surgissent au moment même où l'individu ne sait pas que faire de sa liberté retrouvée. Névroses de la liberté, ces pathologies surgissent de l'angoisse de pouvoir disposer à sa guise de son temps, au moment même où les normes les plus contraignantes tendent à s'effacer. On retrouve parfois ce type de pathologies très invalidantes au moment de la retraite. Combien de fois ai-je entendu ces récits de rêve de patients, « jeunes » retraités, mettant en scène la souffrance d'un travail ou de situations relatives à la période où ils étaient en activité ? Et cette mise en scène du rêve alors même que ces jeunes retraités en parfaite condition physique courent aux quatre coins du monde, multiplient les aventures amoureuses, s'engagent en de nombreuses actions humanitaires. Pourtant ils ne cessent de rêver de leurs anciens emplois, de leurs compagnons, de leurs supérieurs hiérarchiques, de leurs joies et de leurs infortunes. Endeuillés de cette période que souvent ils disent paradoxalement ne point regretter, ils rêvent encore et encore, comme s'ils y étaient, comme s'ils y retrouvaient le dispositif, les cadences, les contraintes, les normes de leurs habitudes. Souvent les associations d'idées qui suivent ces récits de rêves de travail, d'activité, les révèlent pour ce qu'ils sont : des rêves de deuil. Mais un deuil qui porte moins sur ce que nos rêveurs ont dû abandonner, perdre, sur ce qu'ils ont connu au moment où ils étaient encore en activité, que sur ce qu'ils n'ont pas pu y vivre et que du coup ils ne vivront jamais. Le deuil porte moins sur la perte de ce qu'ils ont connu que sur le regret de ce qu'ils n'ont pu y vivre et qui ne sera à jamais vécu. Alors il arrive parfois que ce temps jadis confisqué dont

1. Sandor Ferenczi, *Névroses du dimanche* (1919), *Psychanalyse II,* in *Œuvres complètes, 1913-1919*, Paris, Payot, 1970, p. 314-318.

ils pourraient maintenant jouir à leur guise, ce temps-là lui-même devienne du temps perdu.

Cette composante psychique à déléguer à des règles établies et aliénantes, à des dispositifs d'organisation du temps et des actes le soin de conduire notre vie n'est pas pour rien dans la complaisance des individus et des peuples à la soumission sociale volontaire. Toute tentative pour renouveler la démocratie et favoriser l'expérience de la liberté ne saurait méconnaître cet enseignement de base : il arrive que les victimes « aiment » leurs « bourreaux » ou tolèrent leur emprise parce qu'elles peuvent au moins identifier la cause de leurs souffrances. Ce qui ne disculpe en rien les « bourreaux », ce qui n'autorise pas davantage à méconnaître la souffrance des victimes. Oui, il faut le dire, encore et encore, il existe une résistance à se révolter qui provient de la réticence de l'humain à échanger la souffrance liée à une cause connue contre l'angoisse d'une liberté inconnue autant que des dangers non identifiés qu'elle comporte. L'émancipation politique exige un impératif besoin d'émancipation psychique autant que culturelle.

À partir du moment où les institutions acquièrent dans l'histoire collective, en sus de leurs finalités propres – soigner, éduquer, juger, etc., une fonction de contrôle social, elles construisent des formes de vie toujours plus réglées, et d'autant plus réglées que le contrôle social des institutions procède toujours plus par inclusion et normalisation que par exclusion : « Voilà pourquoi j'opposerai la réclusion à la séquestration ; la réclusion du XVIIIe siècle, qui a pour fonction essentielle l'exclusion des marginaux ou le renforcement de la marginalité, et la séquestration du XIXe siècle, qui a pour finalité l'inclusion et la normalisation. [1] »

1. Michel Foucault, *Dits et Écrits, 1954-1988*, t. II, *1970-1975*, *op. cit.*, p. 614.

On ne saurait aujourd'hui comprendre l'attention dont sont l'objet les individus, la médicalisation de leur existence, la gestion différentielle des populations en fonction des risques de déviance sociale qu'elles présentent, sans ce changement fondamental dans le mode de gouvernementalité des conduites. Si les sciences et les techniques sont plus que jamais convoquées dans notre « démocratie d'expertise [1] » à légitimer les décisions politiques et à organiser ces *sé*questrations sociales, c'est moins pour l'amour de la science ou par idéal de progrès que pour mieux répondre aux exigences des réseaux d'inclusion et de surveillance à l'intérieur desquels notre existence entière se trouve emprisonnée. Ce sont ces réseaux mêmes, installés dans la modernité comme nouvelle manière de gouverner, qui viennent faire obstacle à la philosophie des Lumières qui incitait le citoyen à sortir de la minorité morale, politique et subjective dans laquelle le maintenait l'éthique religieuse de l'Ancien Régime. Alors que la philosophie des Lumières invite le citoyen à sortir de cet état de minorité en faisant usage de sa raison critique, de sa seule raison le rationalisme technico-normalisateur de la modernité le replace dans un état d'obéissance. Seul le maître a changé de visage et de nom : là où l'humanité se soumettait à l'autorité du monarque ou du prêtre, elle se soumet aujourd'hui à celle des « experts » et de leurs commanditaires. L'homme normalisé de la modernité a abdiqué l'usage de sa raison, le courage de son jugement, la fragile volonté de son autonomie que les Lumières lui avaient concédés. Mais pourquoi l'humanité s'est-elle résignée à l'état de servitude volontaire dont cette philosophie des Lumières l'avait émancipé ? Y aurait-il dans cette philosophie de la raison le germe même de son désaveu,

1. Roland Gori, 2011, *op. cit.*

de sa destruction ? Ou bien convient-il de prendre en compte les rapports sociaux de production, leur tyrannie même qui voue tout processus d'émancipation à sa propre finitude ? Sans oublier pour autant l'angoisse de la liberté que provoque toute émancipation sociale, tout accès quel qu'il soit à la majorité subjective, morale et politique. C'est sur les rivages de cette angoisse de la liberté que viennent échouer la plupart des processus qui nous livrent à nous-même en nous délivrant de la tutelle d'autrui. Lorsque autrui n'a plus de visage ou de nom, il prend le masque grotesque de l'« expertise » qui se grime parfois aux traits de la « raison ». Mais si ces réseaux de contrôle social et de normalisation s'imposent avec tant de force à l'homme de la modernité, c'est bien qu'ils ont socialement une fonction essentielle.

À quoi servent ces réseaux et ces institutions de surveillance et de normalisation ? Ils ont, dit Foucault, « la propriété très curieuse d'entraîner le contrôle, la responsabilité de la totalité ou la quasi-totalité du temps des individus ; ce sont, donc, des institutions qui, d'une certaine façon, prennent en charge toute la dimension temporelle de la vie des individus [1] ». Qu'on la nomme « biopolitique des populations », « somatocratie », « biohistoire », « gestion des risques [2] », « hygiène du corps social », dans tous les cas cette nouvelle économie politique utilise les savoirs des sciences et leurs technologies pour accroître le jeu de contrôle des « institutions de séquestration ». Et au-delà des finalités qui justifient l'intervention de ces institutions, éducation, soin, justice etc., la vérité sociale de leur économie politique n'est autre que la

1. Michel Foucault, *Dits et Écrits, 1954-1988*, t. II, *1970-1975*, *op. cit.*, p. 615.

2. Robert Castel, *La Gestion des risques*, Paris, Les Éditions de Minuit, 1981.

surveillance et l'extraction maximale du temps des travailleurs afin de le mettre à la disposition des appareils de production économique et de spéculation financière. « Le temps c'est de l'argent », et transformer le temps de vie en temps de travail vise à transformer le vivant en marchandise, marchandise que l'on dévalue ou que l'on réévalue en fonction des besoins du marché et du pouvoir politique. Historiquement, ce contrôle général du temps s'est exercé par le mécanisme de la consommation et de la publicité qui offrent un « hédonisme de masse » en compensation à l'assujettissement individuel. Le souci constant du pouvoir politique, dès lors que se mettent en place ces dispositifs de séquestration, consiste moins dans le progrès social de tous ou l'épanouissement intellectuel et matériel de chacun, que de repérer « les populations à risques », et les individus qui les composent, pour les « neutraliser », les éliminer symboliquement. L'État se résigne à gérer les ressources humaines dont il dispose, moins dans le sens de les développer, de les cultiver, que de bien les investir, que de bien les gérer en sériant les actifs « toxiques » et les autres. L'État se comporte là encore comme un entrepreneur capable de rationaliser ses initiatives en calculant les risques qu'il prend dans la production des rationalités collectives. L'État se comporte en entrepreneur au motif qu'il devient toujours plus le « thérapeute » des masses dont il prétend faire le bonheur.

Les fabriques du risque

> *« Les Grecs, apparemment portés sur les auxiliaires visuels, inventèrent le terme de stigmate pour désigner des marques corporelles destinées à exposer ce qu'avait d'inhabituel et de détestable le statut moral de la personne ainsi signalée. Ces marques étaient gravées sur le corps*

> *au couteau ou au fer rouge, et proclamaient que celui qui les portait était un esclave, un criminel ou un traître, bref, un individu frappé d'infamie, rituellement impur, et qu'il fallait éviter, surtout dans les lieux publics*[1]. »

Depuis une quinzaine d'années, dans les pays occidentaux, et principalement au Canada, se met en place en pédopsychiatrie une technologie actuarielle qui vise à évaluer les risques de dangerosité des comportements de l'enfant et prédire leur évolution vers la délinquance. Ce modèle d'une évaluation prédictive s'étend indéfiniment au détriment de la « prévention prévenante » et soignante que réclament des collectifs comme *Pas de 0 de conduite*[2]. Cette technologie actuarielle ne fait que prolonger en la radicalisant, en la perfectionnant, une tendance déjà existante dans la « traque des dys[3] » actuellement à l'œuvre dans le champ de la psychiatrie. Sans mettre en œuvre explicitement cette technologie actuarielle dans leurs méthodes, les expertises[4] de l'Inserm dans le champ de la santé mentale s'inscrivent dans la même logique épistémologique et politique. Sans revenir sur les critiques méthodologiques, éthiques et politiques des dispositifs de contrôle social qui instrumentalisent autant les savoirs et les pratiques que les professionnels, je voudrais montrer comment

1. Erving Goffman, *Stigmate* (1963), Paris, Les Éditions de Minuit, 1975, p. 11.

2. http://www.pasde0deconduite.org/

3. Roland Gori, « La Traque des dys », *in* Évelyne Sire-Marin (coord.), *Filmer, ficher, enfermer. Vers une société de surveillance,* Paris, Syllepse, 2011, p. 13-28.

4. Comme celle publiée en 2005 sur le « dépistage des troubles des conduites des enfants de moins de trois ans » censé être prédictif de la délinquance, <http://ist.inserm.fr/basisrapports/trouble_conduites/trouble_conduites_synthese.pdf>.

cette technologie actuarielle ne fait que prolonger et amplifier ces mêmes dispositifs.

Rappelons d'abord brièvement comment la niche écologique culturelle dont la nouvelle santé mentale est issue tend à transformer la psychiatrie en simple hygiène du corps social, abandonnant l'objectif du soin pour ne se préoccuper que de maintenance sociale et de contrôle des populations à risques. Il ne se passe pas une seule journée sans que, d'une manière ou d'une autre, l'enfant ne devienne la cible d'une véritable traque « médicale » de ses anomalies comportementales. Dernièrement, une étude psychiatrique menée à Dublin sur 2500 enfants de onze à treize ans établit qu'un sur cinq serait sujet à des hallucinations auditives[1]. Quant au trouble de déficit de l'attention et de l'hyperactivité (TDAH), il demeure largement le favori des sondages psychiatriques. Des chercheurs allemands et suisses viennent de montrer que ce trouble de l'attention et de l'hyperactivité était « surdiagnostiqué ». Près de 10 millions d'enfants américains sont diagnostiqués chaque année comme TDAH au cours de simples visites médicales de routine. Des études ont établi que ces diagnostics auraient augmenté de 66 % en dix ans et que les critères qui les fondent seraient peu fiables.

Une étude en aveugle révèle que dans trois cas sur quatre, les symptômes décrits par les médecins ne correspondent pas aux critères de diagnostic du TDAH. Un seul des quatre cas satisfait aux critères stricts. Ce qui n'empêche pas les médecins de cette étude de poser ce diagnostic pour les autres cas ne remplissant pas tous les critères de diagnostic. Mieux encore, c'est le sexe de l'enfant qui influence l'analyse du médecin

1. « Un enfant sur cinq entendrait des voix », *Express.fr*, 20 avril 2012 <http://www.lexpress.fr/actualite/sciences/sante/un-enfant-sur-cinq-entendrait-des-voix_1106653.html>.

et produit un effet de halo conduisant au surdiagnostic. En gros, si le patient est une fille elle n'a pas de TDAH, si c'est un garçon il a un TDAH. L'étude montre que de « nombreux thérapeutes fondent leurs décisions sur des symptômes prototypes. Le prototype du TDAH est de sexe masculin et le sujet supposé en être atteint présente des symptômes tels que l'agitation motrice, le manque de concentration et l'impulsivité. Or, selon le sexe du patient, ces symptômes conduisent à des diagnostics différents. Un garçon présentant ces symptômes, même s'il ne remplit pas l'ensemble des critères diagnostiques, recevra un diagnostic de TDAH, tandis que la fille, non[1]. » Le sexe du médecin lui-même joue dans ce dispositif de diagnostic du TDAH puisque les hommes ont tendance à plus surdiagnostiquer que les femmes.

On voit à l'évidence la porosité des diagnostics psychiatriques aux préjugés culturels de ceux qui les posent. Il y a en psychiatrie une flexibilité des normes fortement liée à la manière de voir le monde. Lorsqu'en 1980 l'homosexualité, auparavant classée comme trouble du comportement sexuel, est retirée du DSM[2], des millions de gens passent du statut de malade à celui de bien-portant. Par contre, quand la révision du DSM-IV, en 1994, ajoute aux troubles dépressifs, sous le nom de « syndrome dysphorique prémenstruel », la tendance des femmes à être d'humeur triste avant leurs règles, des millions d'entre elles deviennent potentiellement malades. Entre 1979 et 1996 en France, on a diagnostiqué sept fois plus de dépressions qu'avant, non parce qu'il y avait sept fois

1. « Hyperactivité (TDAH) : tendance confirmée du surdiagnostic et de la surprescription », 1er avril 2012, <http://www.santelog.com/news/neurologie-psychologie/hyperactivite-tdah-tendance-confirmee-du-surdiagnostic-et-de-la-surprescription_7975.htm>.

2. DSM : *Diagnostic and Statistical Manual of Mental Disorders.*

ıs de gens qui déprimaient mais parce qu'on avait élargi les critères de diagnostic de telle sorte que sept fois plus de personnes y répondaient.

Cette épidémie de surdiagnostics psychiatriques témoigne d'une tendance générale à médicaliser l'existence et à pathologiser les anomalies. Remarquons par exemple qu'entre la première version du DSM en 1952 et la 4e version en 1994, on est passé d'une centaine de troubles du comportement à près de 400 et la 5e version du DSM prévue en 2013 promet de faire mieux en incluant toutes sortes d'anomalies parmi les troubles du comportement social, sexuel ou alimentaire. Cette extension infinie des diagnostics psychopathologiques repose sur une confusion entre anomalie et pathologie. La technologie de pouvoir mise en place par cette nouvelle politique de santé mentale participe à une expertise généralisée des comportements anomaliques, transforme la psychiatrie en simple gestion sociale et en maintenance administrative des populations à risque dont le profil différentiel s'établit toujours davantage sur la base de critères neurogénétiques, et ce, aux dépens du *pathos* de la souffrance psychique et sociale. C'est ce que j'appelle la traque des « dys », dysfonctionnants de toutes sortes : dyslexiques, dysorthographiques, dyscalculiques, dysphoriques, dysthymiques, dysérectiles, etc. Les « dys » ont remplacé les malades, les troubles ont remplacé les symptômes. Ces nouvelles dénominations construisent un changement de perspective majeur quant aux critères de partage du normal et du pathologique. Ce glissement d'apparence technique entre « les troubles » et les « symptômes » s'avère lourd de conséquences, conséquences autant épistémologiques que politiques. Ce glissement se déduit justement d'une confusion imméritée entre l'anomalie et la pathologie, entre le sens statistique de la norme et son sens évaluatif. Là est la question essentielle des rapports entre l'anormal, l'anomalie et le pathologique.

Comme le montre Canguilhem [1] dès 1943 dans *Le Normal et le pathologique*, la confusion entre l'anomalie et le pathologique est loin d'être innocente, tant sur le plan épistémologique que politique. L'anomalie, en toute rigueur sémantique, désigne un fait bizarre, c'est un terme descriptif pour rendre compte d'un phénomène insolite, inaccoutumé, irrégulier, une variation individuelle. C'est « un concept purement empirique ou descriptif, elle [l'anomalie] est un écart statistique [2] ». Toute anomalie n'est pas anormale ou pathologique et Canguilhem donne les exemples du pied-bot, du bec-de-lièvre ou du *situs inversus*, voire de l'hémophilie dans certaines conditions, ou parfois des mutations génétiques favorisant la diversification d'une espèce. « Anomalie » vient du grec *anomalia* qui signifie inégalité, aspérité, rugueux, irrégulier, inégal, au sens qu'on donne à ces mots en parlant d'un terrain. Une confusion étymologique consiste à faire dériver « anomalie » de *nomos* qui signifie loi. Pour fantaisiste que soit cette étymologie, elle accomplit la transformation de l'anormal en hors-la-loi et s'avère caractéristique de la psychiatrie contemporaine au sein de laquelle les diagnostics glissent progressivement de l'anomalie à l'anormalité et de l'anormalité à l'illégalité (déviance sociale). Pour bien comprendre comment l'idéologie se dissimule derrière un calcul de probabilité permettant d'établir la médicalisation de l'existence et la pathologisation des anomalies, il faut déconstruire les moyens par lesquels cette idéologie opère. Le premier moyen est à l'évidence la fausse objectivité que confèrent les évaluations chiffrées,

1. Georges Canguilhem, 1979, *op. cit.*
2. *Ibid.*, p. 82.

quantitatives, procédurales et formelles, accompagnées de la disparition de la pensée critique. Le second moyen est la promotion du concept de risque pour analyser, comprendre et diriger les comportements sociaux et individuels. L'émergence, d'abord en Amérique du Nord, ensuite peu à peu en Europe, d'une psychiatrie actuarielle constitue un des exemples les plus significatifs de cette mutation anthropologique.

De quoi s'agit-il [1] ? Il s'agit, du point de vue de cette psychiatrie actuarielle, de prévoir la récidive de comportements délinquants de criminels ou de patients dangereux à partir de la somme d'informations concernant leurs comportements antérieurs que l'on détient sur eux, et ce, à l'aide d'un traitement statistique d'un certain nombre de données fournies par des échelles de diagnostic. La mise en œuvre de cette technologie actuarielle révèle, tel un symptôme, la réduction du sujet humain à la somme de ses comportements antérieurs et compromet l'avenir en le figeant en simple reflet du passé. Les comportements délinquants de l'individu deviennent *sa* norme, norme que les dispositifs de diagnostic doivent construire par extraction des indices du passé. Dans la méthodologie actuarielle, le jugement clinique du praticien ne se trouve plus au premier plan, pas davantage son expérience, son écoute ou même ses outils psychométriques, seule importe la biographie du « déviant », le *curriculum vitae* de ses troubles du comportement.

C'est à l'origine pour remédier au problème des faux positifs de « dangerosité » que les nouveaux psychologues nord-américains se sont orientés vers l'évaluation statistique de la probabilité de récidive des populations délinquantes, probabilité à

1. Emmanuel Aubert, « Le positivisme dans la prévention de la récidive : quand la "science" nourrit le contrôle social », UQAM, *Nouvelles Pratiques sociales,* dossier du numéro hors-série 1, 2012.

partir de laquelle sont dessinés des profils individuels de morbidité et de récidive. Le sujet se trouve réduit à un segment de population à risque et son histoire n'est plus que la somme des comportements déviants de son passé. Bien évidemment, parmi les données rendant probable la récidive, on trouve les traditionnels troubles des comportements sociaux des « classes dangereuses » : absentéisme et problèmes de discipline à l'école, consommation d'alcool et de stupéfiants, précocité des délits dans la biographie des délinquants, etc. On trouve une fois encore le fatalisme social et idéologique de la vieille psychiatrie – comme de la morale populaire – qui faisait dire à l'un de mes maîtres en psychiatrie que pour poser un diagnostic de psychopathie, il était inutile de rencontrer le malade, la lecture de sa biographie suffit.

Il convient de remarquer, comme l'écrit le psychologue canadien Emmanuel Aubert, que ces échelles de diagnostic sont dites actuarielles « en référence au processus qui a cours dans l'actuariat et qui consiste à optimiser les placements financiers en fonction des catégories de rendement statistiquement porteuses de faibles risques [1] ». Il convient aussi de remarquer que cette psychiatrie actuarielle qui établit un « profilage statistique du risque » de récidive en fonction de la combinaison de signes et d'antécédents apparaît comme la marque d'une nouvelle civilisation des mœurs. La manière de construire les dispositifs de diagnostic en psychiatrie appartient de pied en cap, dans sa nature et sa fonction, aux formes sociales qui œuvrent à un moment donné dans une culture.

Dans cette manière de problématiser la psychiatrie comme « fait de civilisation », à la suite de Foucault, je ne fais que prolonger le travail fondateur de Georg Lukács sur les rapports

1. *Ibid.*

dialectiques entre les formes sociales et les formes littéraires. Georg Lukács avait montré dans son ouvrage inaugural, *La théorie du roman*[1], que le lieu transcendantal de cette forme littéraire dépendait étroitement de « l'espace historico-philosophique » qui avait rendu nécessaire son apparition, c'est-à-dire l'espace d'un monde disloqué où le monde objectif perd sa substance, devient froid, conventionnel, pétrifié et incite l'individu à un repliement sur soi. À la suite de Georg Simmel, le jeune Georg Lukács, dans sa critique du capitalisme, montrait comment le roman moderne révèle l'aliénation de l'existence humaine prise dans la mécanisation et l'uniformisation de la civilisation. De manière rigoureuse et précise, Georg Lukács expérimentait une méthode d'analyse des formes littéraires en rapport avec le moment historique qui les a vues naître. C'est dans le sillon de ses recherches successives que j'inscris mes propres travaux[2], en considérant que les formes des savoirs, en particulier en psychiatrie, sont inséparables des formes de pouvoir, des pratiques sociales d'une époque donnée. Lorsque dans un essai majeur de 1936, intitulé *Narration ou description ?*, Georg Lukács établit avec finesse que la description du romancier naturaliste est celle d'un observateur qui accumule les détails des scènes d'action faute de pouvoir s'y engager singulièrement et politiquement, comme le feraient un écrivain tragique ou un narrateur épique, il nous met sur la voie[3]. Le narrateur naturaliste et observateur est l'*homme résigné* de nos sociétés modernes, il hypertrophie les descriptions et voue un culte aux détails du quotidien faute de restituer le sens que lui donnerait son propre engagement dans l'action. Tel est aujourd'hui l'état de bien de nos savoirs et

1. Georg Lukács, *La Théorie du roman* (1920), Paris, Gallimard, 1989.

2. Roland Gori, 2010, *op. cit.* ; Roland Gori, 2011, *op. cit.*

3. Cf. Nicolas Tertulian, « L'évolution de la pensée de Georg Lukács », *L'Homme et la Société*, 1971, 20, p. 13-36.

de nos pratiques, des savoirs et des pratiques de la résignation sociale et culturelle.

C'est ce personnage social de l'homme moderne un peu plus résigné, qu'incarnent le psychiatre et le psychologue postmodernes, qui aujourd'hui encore *décrivent* obsessionnellement les risques de récidives des patients délictueux, faute de pouvoir *s'engager* avec eux dans un changement actif du monde et de leur propre implication subjective. Cette nouvelle civilisation des mœurs, fabrique de subjectivité autant que machine de gouvernement, parie sur l'avenir du sujet humain comme on parie sur un placement financier, comme on établit des primes d'assurance à partir des tableaux de morbidité et de mortalité. Non seulement on retrouve ici la vieille demande sociale adressée à la psychiatrie de dire « comment le criminel ressemblait à son crime avant même de l'avoir commis [1] », mais encore c'est la vision d'un monde néolibéral qui s'impose en transformant le sujet humain en « entrepreneur de lui-même [2] », le réduisant à son « capital [3] », aux pertes et profits de ses comportements passés. Cette *pensée assurantielle*, promeut la notion de risque en tant que concept fondamental de la psychopathologie, et au-delà de ce champ de tous les secteurs de l'existence : éducation, culture, justice, etc.

Il convient aussi de remarquer que si les échelles actuarielles ont remplacé, au Canada et aux États-Unis surtout, la pratique clinique du psychiatre et du psychologue, c'est au nom des libertés publiques. Ayant constaté que deux fois sur trois les experts se trompaient sur la dangerosité des détenus et leur

1. Michel Foucault, 1999, *op. cit.*

2. Michel Foucault, 2004, *op. cit.*

3. Georges Lane, « Gary Becker et l'analyse économique des phénomènes sociaux », 1er mai 2006, <http://blog.georgeslane.fr/post/2005/10/01/44-la-discrimination-et-gary-becker>.

risque de récidive, les cours d'appel de ces États ont imposé ces grilles d'évaluation. Je ferai trois remarques.

La première, c'est qu'au lieu de reconnaître la relativité des diagnostics psychiatriques, ce qui aurait été légitime, et d'inviter à un véritable débat épistémologique sur l'expertise pénale en psychiatrie, notre société préfère établir une méthodologie actuarielle qui réduit le sujet à la somme de ses comportements antérieurs. Autrement dit, face à une crise de l'autorité du savoir, on remplace ce savoir par une technique, technique comptable, signature spécifique des sociétés actuelles. Deuxièmement, cette technique qui élimine symboliquement les récalcitrants ignore le caractère rédempteur de la sanction, la fonction expiatoire de la punition, et le souci thérapeutique de réinsertion sociale des criminels. C'est donc une société résignée et fataliste qui a renoncé aux valeurs humanistes au profit d'un positivisme méthodologique dont la préoccupation majeure est de savoir pour prédire et de prédire pour gouverner. La société tout entière est devenue un « commerçant prudent et avisé » qui fait ses affaires sur la scène internationale autant que dans l'espace national avec les produits et les ressources de ses capitaux humains. L'État abandonne son caractère social, rédempteur, éducateur et civilisateur [1], au profit d'un pragmatisme marchand avec lequel il fait véritablement compagnonnage, quitte à y perdre le sel de la vie : « L'arithmétique des plaisirs enlève à la vie le ressort même du plaisir, c'est-à-dire la capacité subjective d'invention, de création, d'imprévu. Avec le risque disparaît aussi le sel de la vie. C'est une morale de commerçant prudent. [2] » Le sujet social se trouve réduit à

1. Ce qui fut l'ambition du Programme national de la Résistance issu de l'esprit de Philadelphie. Voir Alain Supiot, *op. cit.*, 2010.

2. Georges Canguilhem, *Écrits philosophiques et politiques, 1926-1939,* in *Œuvres complètes*, t. I, Paris, Vrin, 2011, p. 117.

ce que j'appellerai des primes d'assurance comportementales, primes au comportement, qui permettent aux experts de la psychiatrie et de la justice une simple administration technique et comptable de masse.

La psychiatrie se réduit alors plus que jamais à un discours de légitimation sociale qui établit que le pouvoir a parfaitement raison de se conduire à l'intérieur ou à l'extérieur de la nation comme un commerçant prudent et avisé qui parie davantage sur ses meilleurs éléments en se gardant de ces classes dangereuses que sont les populations à risque. C'est le troisième et dernier point. La psychiatrie normative devient le modèle et l'instrument d'un savoir et d'une pratique colonisés par l'ordre social établi. Cette normativité active des savoirs et des pratiques actuariels, bien au-delà de la psychiatrie actuarielle, participe à l'hégémonie culturelle du capitalisme financier dans les dispositifs de civilisation des mœurs.

Le sujet de la postmodernité est fabriqué comme un « individu à risque », microcosme de la « société du risque » [1]. L'éloge de l'esprit de compétition et l'idéal lumineux de la prise de risque qui le porte ont pour contre partie l'ombre des risques de ces populations précaires qu'il convient d'encadrer, de réguler et de normaliser au mieux. Quitte à placer sous l'ombre portée de la pulsion de mort cette folie sociale, cette sociodicée qui a pour nom l'évaluation et qui à force de prudence et de précaution tue la vie elle-même.

Le souci obsessionnel de savoir pour prévoir a pris une telle ampleur que de nouveaux problèmes éthiques surgissent comme autant d'effets secondaires de ces politiques de sécurité sanitaire. Un exemple parmi cent. Le Collège national des généralistes enseignants s'insurge dans un communiqué

1. Ulrich Beck, 2001, *op. cit.*

contre une des recommandations de la Haute Autorité de santé (HAS) « demandant aux médecins généralistes de "faire un diagnostic précoce", notamment en cas de troubles de la mémoire, y compris en cas de troubles cognitifs légers (TCL) (avec un risque d'évolution vers la démence non négligeable, mais mal évaluée) [1] ». Dans ce communiqué, le Collège des généralistes enseignants exprime son souci éthique d'éviter de délivrer un diagnostic à des personnes présentant des troubles inaugurant peut-être un début de maladie d'Alzheimer, et ce, sans pouvoir par ailleurs leur proposer un traitement ou une prise en charge solide. De plus, le communiqué note le flou des critères de diagnostic évoqués par la HAS, « troubles cognitifs légers », et s'inquiète de cette simplification abusive d'une démarche de diagnostic complexe. Cet exemple me paraît révélateur de cette nouvelle folie sociale du dépistage et de prévention généralisés de tout et de n'importe quoi. Cette folie sociale provient davantage des exigences extrinsèques d'un pouvoir sécuritaire propre à l'art libéral de gouverner les conduites que des logiques de développement des savoirs et des pratiques. Je ne dis pas, bien évidemment, que le dépistage des personnes âgées se révèle comme une préoccupation politique d'un pouvoir sécuritaire frénétique. Ce serait absurde. Mais simplement que l'instrumentation des savoirs et des pratiques professionnelles, à des fins de séquestration sociale des populations pour mieux les contrôler, produit des effets et pose des problèmes éthiques dont ce dernier cas constitue un exemple.

1. « Les généralistes réticents au dépistage d'Alzheimer », Martine Perez, 21 juin 2012, <http://sante.lefigaro.fr/actualite/2012/06/21/18468-generalistes-reticents-depistage-dalzheimer>.

> *« Un nouvel esprit qui, dès l'abord, s'est révélé concurrent de l'esprit religieux (dont il ne conserve que le cléricalisme) et qui finira par prendre sa place pour fournir aux hommes une vision totale et unique de la vie (sans plus avoir besoin du cléricalisme comme instrument de pouvoir*[1]*. »*

D'une manière plus générale la valeur de l'existence ordinaire est si étroitement liée à la forme de la monnaie et au temps de travail que cette forme financière devient la chair et la substance de la vie, et que les moyens de nos actions en viennent à se substituer à leurs finalités. Tel est le cas des dispositifs actuels de l'évaluation[2]. La construction de cet *habitus* de la modernité suppose une présence toujours plus puissante, pesante et insidieuse des normes dans la vie des individus. Le terme *d'habitus,* conceptualisé par Pierre Bourdieu comme « schème de pensée », « schème de conduite », signifie à l'origine « mode d'être ou d'agir », « manière de se comporter ». C'est dans le grain le plus ténu de l'existence des individus que vont s'insérer les normes, entre cuir et chair, dans le cadre éducatif bien sûr, mais aussi dans le milieu du soin, de la prison et de tous les rites sociaux de prise en charge des populations. Il suffit pour cela d'inclure toujours plus précocement et férocement les individus dans des dispositifs institutionnels, et d'accroître les fonctions de contrôle de ces institutions, bien au-delà des finalités qui les fondent. Il s'agit donc d'une part de resserrer toujours plus les mailles du filet qui capte l'existence humaine dans des dispositifs normatifs et d'autre part d'adjoindre toujours plus aux institutions de soin, d'éducation, de justice,

1. Pier Paolo Pasolini, *Écrits corsaires* (1975), Paris, Flammarion, 1976, p. 38.
2. Alain Abelhauser, Roland Gori, Marie-Jean Sauret, 2011, *op. cit.*

d'information, de recherche, de travail social et de culture, un surplus de contrôle social des individus à l'occasion des services que ces institutions leur offrent. On ne saurait dire plus clairement l'idéal de nos institutions modernes qu'en se référant aux idéaux de la vie monacale. C'est la même mobilisation intégrale de l'existence qui se trouve convoquée. Dans la vie monacale, la vie entière des individus s'insère dans une zone d'indécidabilité par rapport aux normes qui organisent constamment l'emploi de leur temps. Je dirais d'une manière provocante que dans la modernité le nouveau-né humain formule à son insu le vœu de vivre selon la religion du marché [1].

Le sujet de la religion du marché se trouve dans une situation comparable à celle des moines : son existence tout entière se trouve formatée par des règles, règles d'une nouvelle vocation culturelle et anthropologique. Mais à proprement parler il ne s'agit pas de règles *énoncées* selon la liturgie de l'Église, mais de règles *identifiées par un style de vie.* Aujourd'hui l'Église du marché ne formule pas explicitement les rites sacrés et les codes de la « religion du marché [2] », mais incite implicitement à convertir et à poursuivre notre forme de vie selon les valeurs en œuvre sur les marchés financiers.

À suivre et à devoir développer cette hypothèse, nous pourrions concevoir notre culture moderne plus proche des exigences des communautés monacales que du rituel de la liturgie des cérémonies religieuses. Il s'agirait moins de vivre en suivant les règles explicites du marché que de vivre d'une manière telle que cette forme de la vie obéit dans les pratiques sociales aux règles du marché, règles qui n'ont même plus à être explicitement formulées. Il s'agirait moins d'une prescription

1. Pier Paolo Pasolini, *Écrits corsaires*, *op. cit.*
2. *Ibid.*.

formelle de code de valeurs que d'une indistinction entre la règle et la vie, entre la substance éthique des mœurs et les procédures formelles des pratiques sociales. Indistinction dont Giorgio Agamben [1] a montré qu'elle qualifiait la vie monacale dont les règles se différencient radicalement des rites de la liturgie. C'est la vie elle-même du moine qui constitue une liturgie ininterrompue, une forme de vie irréductible à une simple obéissance à des principes ou à des rituels des sacrements. Agamben écrit très justement : « La vie commune, en s'identifiant *sans reste** avec la règle, l'abolit et l'efface [2]. »

En effet que devient une règle si elle s'est dissoute dans les modes de vie et que devient une vie qui s'incorpore dans les règles ?

« Prendre l'habit » ne se réduit pas au vêtement bien sûr, pas davantage aux rituels sacrés, c'est d'abord et avant tout se couler dans un *habitus*, un mode de vie qui ne se contente pas de la somme des actes particuliers du quotidien, de leurs événements régulés. Peut-être en va-t-il de même aujourd'hui dans une civilisation des mœurs où les techniques de subjectivation des individus passent par des dispositifs qui capturent le vivant et imposent une forme de vie ? Aujourd'hui où la vie tout entière de l'individu se fabrique à la trame de la culture du capitalisme financier, les normes qui l'organisent se rapprochent plus d'une forme de vie imposée que de règles énoncées. On ne dit pas par exemple que seul compte le savoir qui prend la forme de la marchandise, on ne demande pas aux savants de suivre cette règle et ce précepte. Mais dans l'usage des nouvelles évaluations, on normalise les mœurs de telle

1. Giorgio Agamben, *Homo Sacer*, t. IV, 1, *De la très haute pauvreté. Règles et formes de vie*, Paris, Payot, 2011.
2. *Ibid.*, p. 16.

manière que toutes les pratiques de chercheur s'identifient implicitement à cette ontologie du marché.

Le poids de la norme est ici bien plus contraignant car purement opératif et effectif et je reprendrais volontiers à mon compte cette formule d'Agamben à propos de la vie monacale : « La forme de vie est ce pur existentiel qui doit être libéré des signatures du droit et de l'office. [1] » Là encore c'est par le dispositif qui capture le temps des individus que leur vie passe sous un contrôle absolu. Agamben remarque judicieusement : « Nous sommes habitués à associer la scansion chronométrique du temps humain à la modernité et à la division du travail dans les usines. Michel Foucault a montré qu'au seuil de la révolution industrielle les dispositifs disciplinaires (écoles, casernes, collèges, premières manufactures royales) avaient commencé, dès la fin du XVIIe siècle, à diviser la durée en segments, successifs ou parallèles, pour obtenir ensuite, par la combinaison des séries chronologiques particulières, un résultat d'ensemble plus efficace [2]. » Et d'ajouter que, presque quinze siècles plus tôt, l'organisation de la vie monacale avait réalisé, à des fins religieuses et morales « une scansion temporelle de l'existence » sans précédent et dont « l'intransigeance absolue, n'avait peut-être pas été égalée dans aucune institution de la modernité, pas même l'usine tayloriste ». Sauf peut-être que maintenant, le « toyotisme » ayant remplacé le taylorisme, les contraintes normatives se faisant de plus en plus pressantes, l'évaluation généralisée va avoir tendance à s'identifier à un mode de vie au travail et dans les loisirs, dans l'espace public comme dans l'espace privé. L'auto-organisation, l'autocontrainte du temps de travail, n'intègre

1. *Ibid.*, p. 184.
2. *Ibid.*, p. 32-33.

comme exigence primordiale qu'un surpassement permanent de soi-même et des autres, dans une production à flux tendu qui laisse de moins en moins de place *au reste. Au reste* est à entendre dans tous les sens du terme. C'est pourquoi notre mode de vie tend à devenir totalitaire. Ce pouvoir, qui englobe aujourd'hui l'ensemble de nos pratiques sociales dans les rets de sa foi en la religion du marché, a trouvé dans les dispositifs de l'évaluation le savoir et la technologie dont il a besoin pour transformer les règles de la finance en formes de vie.

En effet, le pouvoir politique ne va pas ouvrir des débats citoyens sur les grands chantiers sociaux, économiques ou politiques. Il ne va pas davantage imposer ouvertement une censure des opinions ou des médias, une ligne de conduite aux fonctionnaires ou un changement de leurs missions. Il va progressivement et insidieusement mettre en place des politiques ou des changements de politique par le biais de dispositifs formels qui contrôlent et normalisent le travail du fonctionnaire, les missions des services publics, l'activité des écoliers, les pratiques professionnelles des enseignants, celles des travailleurs sociaux, des médecins, des journalistes et des universitaires. De la même façon, il ne va pas supprimer la Sécurité sociale ou modifier ouvertement sa politique fiscale, mais il va procéder à un démantèlement et à une recomposition de leurs dispositifs normatifs qui rendent possibles le fonctionnement de leurs services et des acteurs concernés, les conditionnant intégralement dans de nouvelles formes de vie.

Le maillage du système normatif actuellement a atteint un tel degré que le pouvoir détient les moyens d'un changement de politique ou d'une transformation des mœurs sans précédent, en restructurant les relations de pouvoir au sein d'une société de manière radicale, tout en escamotant la nature politique de ces changements, en esquivant le débat politique et citoyen, en présentant simplement ces changements politiques comme de purs et simples aménagements techniques. L'informatique a donné à ces dispositifs normatifs une puissance sans pareille du « système technicien [1] » qui permet, sous couvert de bonne gestion, de commodité et d'équité pratiques de procéder à un contrôle et à une normalisation extrême des actes, des conduites et des segments de l'existence de tous les professionnels, et à terme de tous les citoyens. L'*habitus* [2] que les individus façonnent au cours de leur temps de travail tend à envahir l'ensemble de leur existence, en particulier dans une société où le travail a une place centrale et détermine la valeur sociale. Même dans les temps de loisirs, même pendant les périodes de chômage, le travailleur transfère à son insu les méthodes que lui imposent les machines, les machines matérielles ou numériques. Il en intériorise les normes, et plus encore la normativité, c'est-à-dire la puissance d'en créer même là où des normes sont inutiles ou inadaptées. Nous voilà bien loin de cette majorité morale et politique que nous promettait la philosophie des Lumières [3]. Nous avons changé de tuteur, pas de tutelle. Et nous avons à notre insu prononcé les vœux

1. Jacques Ellul, 1977, *op. cit.*

2. L'*habitus* est un concept propre à la sociologie de Pierre Bourdieu. Il constitue un produit de l'histoire des sujets autant que le résultat de leurs positions dans le champ social, économique ou symbolique. Il devient un guide d'action individuelle dans tous les champs de l'existence sociale, « un sens du jeu, un sens pratique, [...un ensemble de] dispositions à jouer non pas selon des règles, mais selon les régularités implicites d'un jeu dans lequel on est immergé depuis la plus petite enfance. » (Pierre Bourdieu, 2012, *op. cit.*, p. 381-382). Comme les positions sociales dont ils sont le produit, les *habitus* sont différenciés et différenciants. Ils participent à construire un ensemble unitaire de choix, de principes, de visions du monde et de pratiques (cf. Pierre Bourdieu, *Raisons pratiques* (1994), Paris, Seuil, coll. « Points », 1996).

3. Emmanuel Kant, *Qu'est-ce que les Lumières?* Paris, Gallimard, 1991 ; Olivier Dekens, *« Qu'est ce que les Lumières ? », de Foucault*, Paris, Bréal, 2004.

de vivre selon la liturgie de la religion du marché, les nouvelles formes de l'évaluation sont là pour en vérifier les règles.

L'ensemble du champ actuel des nouvelles formes de l'évaluation participe de cette « folie [1] » sociale qui entraîne à terme une véritable et coûteuse catastrophe : le conformisme culturel auquel il conduit satisfait une logique de domination au prix d'une totale stérilisation des possibilités de découvertes innovantes et créatrices. Mais cet appauvrissement des conditions de la découverte répond à une nécessité politique : « contrôler » sans relâche le temps des individus pour séquestrer, emprisonner la totalité de leur existence dans des réseaux institutionnels de surveillance. C'est ce qui fait, pour Foucault, l'opposition entre la société moderne et la société féodale : « C'est ainsi que, sous la forme d'institutions apparemment de protection et de sécurité, s'établit un mécanisme par lequel le temps entier de l'existence humaine est mis à disposition du marché du travail et des exigences du travail. L'extraction de la totalité du temps est la première fonction de ces institutions d'assujettissement. Il serait possible de montrer, également, comment, dans les pays développés, ce contrôle général du temps est exercé par le mécanisme de la consommation et de la publicité [2]. » C'est cela que j'ai voulu illustrer en rapprochant *l'habitus* monacal des formes de vie imposées, dès la petite enfance, à la civilisation néolibérale des mœurs.

Les dispositifs d'assujettissement des individus ne passent plus seulement par l'occupation des territoires, par le contrôle du corps des populations. Les réseaux institutionnels du pouvoir s'emparent du temps des hommes, non seulement de leur temps de travail, offert dans le capitalisme à l'appareil

1. Alain Abelhauser, Roland Gori, Marie-Jean Sauret, 2011, *op. cit.*

2. Michel Foucault, *Dits et Écrits, 1954-1988,* t. II, *1970-1975, op. cit.,* p. 617.

de production, mais plus radicalement du temps de leurs existences entières. C'est par la norme, le contrôle et la surveillance du pouvoir institutionnel, de sa logique de gestion, que par la loi que s'accomplit cette extraction de la totalité du temps de l'existence des individus au profit de l'appareil de production.

J'emprunte à Catherine Thibierge un exemple de ce qu'elle nomme la « densification normative [1] », qui prolonge et illustre aujourd'hui cette « extension sociale de la norme [2] » comme l'élargissement des champs auxquels la normalisation s'applique. Cette « densification normative » se révèle d'autant plus redoutable que sa nature symbolique est sans commune mesure avec son efficacité réelle [3].

Le pouvoir symbolique des autorités administratives, donné dans l'exemple analysé par Catherine Thibierge, porte sur les aménagements gestionnaires de l'emploi du temps des universitaires dans une faculté de droit de province. Autant dire une peccadille dans l'océan des grands débats du jour que le gouvernement vient de lancer, comme la préparation des assises nationales sur la recherche ou la refondation de l'école. Pourtant ce modeste aménagement d'un « référentiel horaire » des activités des enseignants-chercheurs dans une faculté de

1. Catherine Thibierge, « La Densification normative d'un dispositif : l'exemple du "référentiel d'équivalences horaires" destiné aux enseignants-chercheurs », *in* Catherine Thibierge *et al.*, *La Densification normative*, Paris, Mare et Martin, (à paraître en 2013).

2. Roland Gori, « De l'extension sociale de la norme à l'inservitude volontaire », R. Gori, B. Cassin, Ch. Laval, (dir.), 2009, *op. cit.*, p. 265-278 ; Roland Gori, 2011, *op. cit.*

3. Comme Catherine Thibierge (2009) le remarque dans un travail précédent « la force normative, ici conçue comme un concept à géométrie variable, semble donc revêtir des degrés, dont l'un d'eux seulement serait obligatoire » (p. 37) et c'est cette « flexibilité » juridique qui fait tout son intérêt et sa puissance d'influence sociale.

province pourrait s'avérer un changement puissant dans la manière de concevoir le travail des universitaires. Il s'agirait de normaliser l'ensemble des activités des universitaires enseignant dans une faculté de droit et de gestion en prenant davantage en compte la diversité de leurs pratiques. Rien de scandaleux en soi, sauf que l'effet réel du dispositif normatif que le pouvoir administratif de l'université tente de mettre en place conduirait à la transformation radicale du statut de ces fonctionnaires et à la perte de cette autonomie spécifique que leur confèrent les lois et les décrets qui régissent leurs statuts. La norme viendrait ici modifier la loi sans avoir à en débattre. *A contrario* des textes législatifs, l'établissement de ce « référentiel horaire » conduirait à modifier leur rapport de subordination à l'autorité de gestion et, d'une manière générale, modifierait l'économie politique de leurs missions d'enseignement et de recherche. Que l'on me comprenne bien, le pouvoir législatif ou les exigences citoyennes peuvent légitimement conduire, sous la pression de nouvelles exigences sociales et politiques à changer le statut d'un personnel, celui des fonctionnaires bien sûr, et des universitaires évidemment. Là n'est pas le problème. Dans ce cas le problème provient de ce que le changement opérerait par les normes de gestion, justement sans la nécessaire concertation avec des professionnels, sans débats citoyens et *a fortiori* sans décisions législatives.

La norme se trouverait ainsi promue à permettre que soit modifiée la loi et à la rendre flexible en fonction des besoins de chaque institution, voire de chacun des services et eu égard à la mansuétude ou à l'arbitraire de chaque président d'université. De manière indirecte, la loi sur l'autonomie des universités, qui accroît de manière considérable le pouvoir de leurs présidents, aboutirait dans ce cas, et sans débats spécifiques, à être *interprétée* d'une manière *normative* telle qu'elle permettrait la modification des statuts et des missions des enseignants-chercheurs. Ici, c'est aux dispositifs normatifs que l'on confie le soin de rendre opératoire ce changement de culture. C'est ce pouvoir redoutable de transformation des rapports sociaux par le système des normes qui constitue aujourd'hui la menace la plus sérieuse à laquelle les citoyens et les professionnels ont à faire. Pierre après pierre, il construit le mur de nos servitudes et obture le champ de la démocratie. C'est en tant que symptôme de la maladie actuelle de la démocratie, et bien au-delà de la situation particulière de cette université ou des universitaires, que je choisis de rendre compte de ce travail.

Reprenons l'exemple analysé par Catherine Thibierge. Un arrêté ministériel émanant du ministère de l'Enseignement supérieur et de la Recherche en date du 31 juillet 2009 a approuvé un « référentiel national équivalences horaires » qui vise à davantage prendre en compte les activités que les universitaires peuvent accomplir, en sus de leurs obligations de services statutaires, c'est-à-dire de leurs heures obligatoires d'enseignement. L'arrêté ministériel est très souple, curieusement peu impérieux, faiblement contraignant et, en apparence, bienveillant. Comme le remarque Catherine Thibierge, il ne contient pas d'obligations, de sanctions et même la date de sa mise en œuvre est laissée à la discrétion des acteurs de l'université. Et, comme elle le montre également, la mise en place de ce référentiel très souple dans son énoncé législatif, ce qui est même inhabituel dans une formulation officielle, se transforme au cours de son application, par le jeu dynamique de la « densification normative », en un dispositif extrêmement contraignant, modifiant le statut des universitaires jusqu'à approcher les limites de la légalité, étant même orienté à rebours de l'esprit du texte officiel. Je cite l'auteur : « La densification normative se manifeste donc triplement à ce premier stade local, par un accroissement de la teneur et de la précision de la norme au-delà de son énoncé, par l'extension de son champ d'application au-delà de celui prévu par le texte, et par la création d'un système de sanctions, inexistant dans l'arrêté. » L'alourdissement de la pression normative s'exerce par un jeu complexe de décisions de nature juridique, (vote en conseil d'administration d'université), mais *paradoxalement illégales,* inversant l'orientation de l'arrêté, transformant des gratifications en sanctions, étendant son champ d'application et surtout incitant les acteurs à mettre en place, dans l'urgence, ce système contraignant, et à se l'approprier. Du coup, il ne s'agirait plus de gratifier les enseignants-chercheurs qui, en sus de leurs obligations statutaires, réalisent des innovations pédagogiques, en les déchargeant par exemple d'heures d'enseignement, mais bien de sanctionner négativement tous ceux qui n'en font pas en leur ajoutant par exemple des volumes horaires supplémentaires de présence auprès des étudiants. L'application gestionnaire du référentiel inverse le sens de la loi établi par le texte ministériel. Sauf que cette normalisation gestionnaire reprend à son propre compte le projet politique de départ, envisagé par le gouvernement, celui d'alourdir les charges d'enseignement. Ce projet avait dû être abandonné face à l'opposition des syndicats et des professionnels. La norme gestionnaire semble le rétablir dans ses droits et reprendre ainsi à son compte une volonté politique mise en échec par les professionnels. C'est par la gestion et en son nom que la volonté accrue de surveiller, de contrôler et de contraindre réapparaîtrait en faisant resurgir le projet politique rejeté par les professionnels et exclu du cadre de la loi. Une telle normalisation ne réussit qu'à la condition que les sujets concernés acceptent d'intérioriser la logique de gestion qui est venue se substituer à la loi. Plus généralement aujourd'hui et *a contrario* de la logique juridique, les normes de gestion rendent flexibles les impératifs de la loi, tendent à mettre un terme aux protections de l'État social, et renouent avec la construction de nouvelles juridictions des métiers, grâce à des constructions plus flexibles, plus « volantes », plus proches du libre contrat que de la condition salariale jusque-là fermement protégée par les lois. Comme le note avec pertinence Catherine Thibierge, le danger de la mise en place d'un tel dispositif normatif est que son application, pour illégale qu'elle puisse être au départ en référence aux textes ministériels ordinaires, se transforme au cours du temps, et de par la série d'actes de *nature* juridique qui l'accompagnent, en « droit spontané et fini[t] par devenir opposable aux enseignants chercheurs ». La croyance des acteurs dans le caractère obligatoire du dispositif normatif, pourtant légalement problématique, voire illégal dans le fond, « fournirait alors au référentiel une force effective plus grande que celle dont est potentiellement porteur le texte de l'arrêté. En d'autres termes, la densification normative se nourrirait de la force intériorisée par les acteurs qui supplanterait ainsi celle conférée par les pouvoirs publics [1]. »

Il fut un temps, pas si lointain, où l'on considérait que lire de la poésie, visiter des musées, faire du théâtre, de la musique, débattre de politique, de religion, voyager, se confronter à d'autres manières de vivre et de penser pouvaient favoriser la création, et que même dans les domaines professionnels les plus spécialisés cette ouverture à autre chose qu'à la fonction étroitement définie du poste de travail, et pour laquelle on était rémunéré, en favorisait l'accomplissement et en renouvelait la richesse. En somme l'employé comme l'employeur était « gagnant », l'épanouissement de l'un finissait finalement

1. Catherine Thibierge, 2008, *op. cit.*, p. 8.

par profiter aussi à l'autre. C'était une sorte d'extension du « fordisme », le travailleur rapporte aussi à son patron en s'investissant comme consommateur, citoyen ou… artiste. C'était le temps où les nouvelles méthodes de management n'avaient pas encore affiché leurs préférences pour un gouvernement par la peur, par l'incertitude, par l'angoisse et par la violence insidieuse des normes, par l'emprise sectaire des évaluations constantes et généralisées.

L'effacement des frontières entre les régions de nos existences confisquant la totalité de la vie pour avoir le droit de travailler, la codification de plus en plus rigide des actes de production, production des services, des techniques, mais aussi fabrication des savoirs et des pratiques, se sont révélées moins liées à l'efficacité réelle que ces contraintes ont pu produire qu'à leurs finalités politiques. Et ce, quelles que soient les conséquences désastreuses qui peuvent résulter de ces extensions sociales des normes.

Cette « densification normative » ne va pas forcément améliorer les services rendus aux étudiants, donner plus de consistance aux enseignements et aux recherches, rendre plus heureux les universitaires et leurs tutelles, faciliter les relations entre collègues et *in fine* se révéler « plus rentable » au regard des investissements consentis, mais son objectif politique dans tous les cas sera atteint : rendre légitimes des institutions de « séquestration » qui, au nom de la *gestion*, font que « le temps de vie devienne force de travail, que la force de travail devienne force productive [1] » pour qu'enfin chaque individu s'assujettisse « librement ».

Nul doute que si nous procédions aussi finement que Catherine Thibierge à l'analyse des procédés institutionnels

1. Michel Foucault, *Dits et Écrits, 1954-1988,* t. II, *1970-1975*, *op. cit.*, p. 618.

par lesquels la « densification normative » a opéré, depuis les décrets de 1984 portant statuts des universitaires jusqu'à ce jour, nous pourrions constater de profonds changements dans nos statuts, changements qui se sont opérés sans débats parlementaires ou presque, et sans concertations ou presque avec les professionnels et les citoyens. Nous pourrions en multiplier à l'infini les exemples dans les autres champs professionnels : travail social, soin, justice, journalisme, culture, éducation, etc. Le lecteur pourra se reporter aux nombreux témoignages des professionnels de tous ces secteurs dans l'ouvrage collectif : *L'Appel des appels. Pour une insurrection des consciences* [1].

Pierre Bourdieu remarquait à la suite de Max Weber « que les dominants ont toujours besoin d'une "théodicée de leurs privilèges", ou mieux d'une sociodicée, c'est-à-dire d'une justification théorique du fait qu'ils sont privilégiés [2] ». Il précisait dans ce même article, à propos de la révolution conservatrice qui n'a pas besoin de la vieille chanson pastorale de la droite classique pour bercer les sanglots de la vieille misère humaine : « Aujourd'hui, on veut nous faire croire que c'est le monde économique et social qui se met en équation. C'est en s'armant de la mathématique (et de pouvoir médiatique) que le néolibéralisme est la forme de la *sociodicée conservatrice* qui s'annonçait depuis trente ans sous le nom de "fin des idéologies", ou plus récemment de "fin de l'histoire". [3] » Sociodicée, théodicée du néolibéralisme dont l'évaluation constitue un des rituels au nom desquels le pouvoir contraint les professionnels à s'agenouiller et à prier le dieu-marché. Rien de tel pour transformer l'humain en « machine numérique », par intériorisation des normes, ou en pièces détachées de l'espèce,

1. Roland Gori, Barbara Cassin, Christian Laval, (dir.), 2009, *op. cit.*
2. Pierre Bourdieu, *Contre-feux*, Paris, Liber-Raisons d'agir, 1998, p. 49.
3. *Ibid.*, p. 41.

segment fonctionnel d'une société animale, que de faire de la valeur ce qui se déduit de la notation. Et de la notation le produit des dispositifs de normalisation calqués sur les règles et procédures en vigueur sur les marchés financiers. C'est ainsi que nous avons progressivement adopté comme formes de vie les règles en cours sur les marchés financiers.

Alors, me dira-t-on, cela est bien abstrait eu égard aux problèmes de l'existence ordinaire. Certes, « mais quand l'abstraction se met à vous tuer, il faut bien s'occuper de l'abstraction [1] ».

L'évaluation néolibérale, une nouvelle forme de pouvoir bureaucratique

> *« Si nous acceptons le système de normes d'après lequel nous devons faire tout ce que nous pouvons réaliser sur le plan technique, alors même si, en paroles, nous restons attachés à notre système de valeurs traditionnel, nous l'avons en fait abandonné [2]. »*

Dans tous les domaines de la vie sociale, l'information, par un certain usage de la mathématique et du traitement numérique des données que les statistiques et la puissance des ordinateurs permettent, à l'extrême de toute pensée, a pris le pas sur la parole. Or, si l'on veut bien prendre la mesure de ces transformations qui affectent la nature du savoir et les pratiques sociales qui en organisent les mœurs, dès lors que l'on passe d'une société où prévaut la parole à une société obsédée par l'information, comme réponses aux

1. Albert Camus, *La Peste*, Paris, Gallimard, 1947, p 103.

2. Erich Fromm, *La Crise de la psychanalyse* (1970), Paris, Denoël, 1973, p. 85.

problèmes que les individus rencontrent dans leur existence, il convient de rappeler le sens du mot « information » et les significations anthropologiques qui en découlent. Le mot signifie à l'origine conception, dessin, esquisse et désigne au XIIIe siècle « l'enquête faite en matière criminelle » [1], puis à la fin du XVe siècle, il se dit d'une « action de donner une forme » ; enfin, à partir de la deuxième moitié du XIXe siècle, il prend le sens aujourd'hui plus usuel avec le développement de la presse de ce « que l'on porte à la connaissance d'un public ». Mais par ailleurs, « information », par emprunt cette fois non au latin mais à l'anglais, désigne « un élément ou un système pouvant être transmis par un signal ou une combinaison de signaux (théorie de l'information) [2] ». C'est de ce sens qu'est issue l'informatique en tant que « la science et l'ensemble des techniques automatisées relatives aux informations [...] et l'activité économique mettant en jeu cette science et ces techniques. L'informatique est en rapport avec les notions de calcul, de classement, d'ordre, de mise en mémoire et, avec la gestion automatique des données, des informations au moyen de logiciels et du matériel appropriée [3] ».

Il semble que le premier sens d'« information », comme mise en récit d'une histoire, d'événements passés ou actuels, a été progressivement délaissé au profit du second, celui de traitement de données constituées par des signaux ou des signes numériques. Ou du moins que le cours de la mise en récit propre à l'histoire des événements tend à chuter au profit de sa « vision » numérique. Et cela, même lorsqu'un récit accompagne la mise en scène de la réduction des événements

1. Alain Rey (dir.), *Dictionnaire historique de la langue française,* Paris, Le Robert, 1992, t I, p. 1025.

2. *Ibid.*, 1992, p. 1025.

3. *Ibid.*, 1992, p. 1025.

à leur combinatoire numérique. C'est une des hypothèses développées dans mes ouvrages précédents [1] : le désaveu de la fonction de création de la parole et du langage dans une civilisation technique qui prétend transmettre les informations de manière objective. Il convient ici de se souvenir de ce qu'à la polysémie et à la polyphonie des actes de parole, qui exposent l'humain à l'incertitude, à l'équivoque et à l'infini dont se nourrit la pensée, vient se substituer, de nos jours, et ce, dans tous les domaines, une analyse formelle et sémiotique de résolution des problèmes ; résolution de problèmes que permettent par exemple aussi bien les machines cybernétiques que la théorie des jeux, que les modèles de l'économie expérimentale par un traitement numérique ou une cartographie des stratégies comportementales. Ces méthodes conduisent à la promotion d'une nouvelle figure de la postmodernité, celle d'un « homme neuro-économique ». Cet « homme neuro-économique » est d'autant plus disponible à l'influence sociale des normes que sa conduite est réduite à un ensemble simplifié d'informations caractéristiques, de signaux identifiés entrant en interaction avec ceux de l'environnement matériel, symbolique ou charnel. Il n'a pas besoin de penser, seulement de capter, de stocker et de traiter les informations qui lui parviennent et constituent la trame de son existence ordinaire.

La théorie des jeux permet d'analyser à l'aide d'outils mathématiques et logiques les interactions stratégiques entre des individus, en particulier lorsqu'ils ont des intérêts divergents. Cette théorie des jeux a été fondée dans les années 1920 par des mathématiciens comme John von Neumann, qui proposèrent une théorie mathématique des comportements

1. Roland Gori, Marie-José Del Volgo, 2008, *op. cit.* ; Roland Gori, 2011, *op. cit.*

stratégiques. L'analyse mathématique des choix de stratégies produit un modèle formel reposant sur la transformation d'un problème mathématique ou logique en un système codé d'instructions et de traitement. Cette transformation des problèmes par l'analyse numérique permet aussi bien la construction de machines cybernétiques que l'analyse de choix économiques ou de stratégies comportementales dans la résolution de problèmes. Cette analyse *purement formelle* des problèmes a participé aussi bien aux applications militaires et industrielles de la physique, comme le guidage automatique de missiles, qu'à la modélisation structurale du cerveau et de ses relations avec l'environnement. Cette manière de problématiser par les systèmes formels et numériques les données d'une situation se révèle essentielle aujourd'hui pour comprendre comment s'est opérée une jonction entre l'économie, les neurosciences et la psychologie des comportements décisionnels. Cette nouvelle branche de la mathématique dresse une figure anthropologique d'un monde abstrait et d'un homme numérique dont les traits s'avèrent essentiellement formels et informationnels et s'éloigne toujours plus des exigences propres aux « sociétés de parole ».

C'est cette transformation générale de la nature du savoir qui, accompagnant et renforçant une mutation considérable des formes de pouvoir, des pratiques sociales, dicte aujourd'hui les possibilités et les manières de rendre compte du monde, de le gouverner et de vivre. La transformation de la nature du savoir, qui privilégie la part technique, instrumentale du langage – l'information – aux dépens de sa part fabulatrice, de ses fictions et mises en récit, n'a pas surgi de manière inopinée, elle est un *fait de civilisation*, une machine de gouvernement autant qu'une fabrication des subjectivités. Le sens se perd au profit de la forme : l'ordinateur, qui calcule de manière prodigieuse toutes les données à sa portée, qui réalise merveilleusement toutes sortes d'opérations, ne comprend pas le sens de ce qu'il fait [1].

Ces transformations générales de la nature du savoir ont permis de recomposer le champ des savoirs tout autant que celui de l'opinion publique en reléguant à l'arrière-plan l'importance de l'argumentation, de la réfutation et de la pensée critique. Au point que parfois ce sont les machines qui décident pour les hommes et qui tendent à se substituer au débat politique, non sans exproprier les savants, les artisans, les journalistes et autres professionnels, par la mise en place de systèmes très formels des évaluations standardisées, de leur capacité de juger. Les évaluations, qui reposent principalement sur la vérification des moyens et sur la conformité des procédures, commandent la mise en œuvre des pratiques ou la constitution des savoirs plutôt qu'elles ne mettent en valeur la pertinence ou l'utilité de leurs résultats par rapport aux finalités spécifiques (soigner, éduquer, juger, informer, faire de la recherche…) qui les fondent. L'empire de l'information, en tant que signal ou combinaison de données numériques, aux dépens de la parole et du récit, s'inscrit dans la culture de notre société, à un moment donné, et correspond à sa substance éthique autant que politique. Cette transformation de la parole en information, qui fait fléchir le cours du récit et de l'histoire, correspond exactement aux besoins du capitalisme, plus précisément du capitalisme financier. Elle en est la « philosophie implicite », le « folklore », comme disait Gramsci qui identifiait culture et politique [2].

1. Toute ma reconnaissance à Emmanuel Saint-James, professeur d'informatique et président de *Sauvons la recherche*, pour ses patientes explications et pour le plaisir partagé de nos échanges.

2. Cf. Roland Gori, « La crise de la démocratie est aussi, et d'abord, une crise de la culture », *Cassandre/Horschamp*, 2011, 86, p. 7-10.

Qu'est-ce que cette culture, ce folklore aujourd'hui, si ce n'est le symbole de la manière dont le capital est devenu « la substance automatique » de tout, être, objet, événement, éliminant en chacun d'eux tout ce qui n'est pas réductible à cette « substance automatique » ? De là est né, autant que l'exploitation de l'environnement, le système de rationalisation généralisée des conduites humaines, rationalisation dont les techniques et les services de l'information constituent l'opérateur autant que les effets. Mais ce n'est pas la technique [1] qui, en elle-même, condamne à la servitude volontaire, c'est la volonté politique, qu'elle en assure la maîtrise ou que son absence et ses défaillances laissent libre cours au système et à la civilisation dont il est issu. L'extension de ces nouvelles technologies ne favorise les servitudes volontaires que pour autant que la volonté collective ne parvient pas à en faire des biens communs [2]. La révolution informationnelle nous apporte le pire avec l'évaluation généralisée des hommes transformés en machines abstraites que l'on peut dominer et manipuler symboliquement, en économisant les forces de contrainte physique, et en obligeant les humains à penser aussi « bêtement [3] » que les ordinateurs. Mais la révolution informationnelle peut aussi accroître les médiations et les échanges entre les humains, dès lors qu'elle s'inscrit dans un univers politique des biens communs, c'est-à-dire d'un univers dans lequel circule *aussi* la parole.

Ce n'est pas la technique en elle-même qui est une menace pour l'humanité dans l'homme mais l'ambivalence qu'elle produit dans nos sociétés modernes où « le progrès de la technique rencontre une humanité qu'elle prend au dépourvu.

1. Marie-José Del Volgo, « Tous techniciens évalués », *in* Alain Abelhauser, Roland Gori, Marie-Jean Sauret, 2011, *op. cit.*, p. 137-148.

2. Philippe Aigrain, *Cause commune*, Paris, Fayard, 2005.

3. *Ibid.*

Celle-ci oscille entre deux extrêmes : entre une résistance affective contre toute nouveauté rationnelle et une impulsion tout aussi affective à "rationaliser" toutes les formes et tous les domaines de la vie, évolution qui prend de plus en plus l'aspect effrayant d'une fuite devant la liberté [1]. » Cette fuite devant la liberté a pour nom aujourd'hui « évaluation ».

La force de la nouvelle liturgie de l'évaluation, de cette néoévaluation [2] qui fabrique de nouvelles formes de vie et constitue une nouvelle machine de gouvernementalité des individus et des populations, provient de son omniprésence dans la vie humaine, et ce, depuis l'évaluation des risques du fœtus jusqu'à l'évaluation des marchés par des agences de notation financière, en passant par l'évaluation des enfants à risque des élèves de maternelle ou encore par l'évaluation des pratiques professionnelles. Ces évaluations-là participent d'un « capitalisme informationnel » qui traite les hommes comme des choses pour extraire d'eux les profits aux meilleurs rendements possibles.

On pourrait reprendre mot pour mot, en ce qui concerne cette néoévaluation, l'analyse que Bourdieu proposait pour rendre compte du pouvoir symbolique et matériel de la pensée néolibérale : « Une des forces de la pensée néolibérale, c'est qu'elle se présente comme une sorte de "grande chaîne de l'être". Comme dans la vieille métaphore théologique, où, à une extrémité, on a Dieu, et puis on va jusqu'aux réalités les plus humbles, par une série de maillons. Dans la nébuleuse néolibérale, à la place de Dieu, tout en haut, il y a un mathématicien, et en bas, il y a un idéologue d'*Esprit*, qui ne sait pas grand-chose de l'économie, mais qui peut faire croire

1. Hans-Georg Gadamer, *Philosophie de la santé* (1993), Paris, Grasset-Mollat, 1998, p. 35.

2. Roland Gori, 2010, *op. cit.*

qu'il en sait un peu, grâce à un petit vernis de vocabulaire technique. Cette chaîne très puissante a un effet d'autorité [1]. » Cette chaîne existentielle de l'être qui va des réalités les plus humbles de la petite enfance aux aléas des marchés financiers, je propose de la considérer comme un dispositif de notation qui, au nom de la prévention des risques, colonise les mœurs et fabrique de la servitude volontaire, produit une soumission sociale librement consentie qui elle-même crée de nouvelles sensibilités psychologiques par l'intériorisation des normes.

Ces rituels d'initiation sociale se déduisent d'une morale utilitaire et d'une rationalité instrumentale qui participent d'une vision du monde au sens philosophique du terme. Cette sociodicée, comme disait Bourdieu, permet une logique de domination sociale que l'on peut comprendre avec Gramsci comme l'« hégémonie culturelle » nécessaire à l'aliénation symbolique des dominés. Je ne reprendrai pas ici les commentaires que j'ai pu faire précédemment [2] des textes de Pasolini sur la « religion du marché » de la société de consommation et de publicité, mais je voudrais aujourd'hui souligner simplement combien la néoévaluation par les valeurs qu'elle impose comme forme de vie constitue une véritable propagande, propagande au sens jésuitique du terme. Cette forme d'évaluation montre par l'exemple, comme dans les monastères les moines montraient par leur forme de vie le sens de la foi, bien au-delà de la liturgie. L'évaluation se propage dans tous les secteurs de l'existence [3] comme moyen authentique de donation des objets du monde, seule manière de donner des ordres sous l'injonction d'adopter des formes de vie spécifique. Concrètement, ces

1. Pierre Bourdieu, 1998, *op. cit.*, p. 61.

2. Roland Gori, 2011, *op. cit.*

3. Roland Gori, Barbara Cassin, Christian Laval (dir.), *L'Appel des appels. Pour une insurrection des consciences*, Paris, Mille et une nuits, 2009.

nouvelles manières de gouverner se révèlent comme une nouvelle forme de censure sociale d'autant plus efficace qu'elle est insidieuse et généralisée. Mais l'évaluation se révèle aussi comme un métarécit de légitimation sociale des savoirs et des pratiques ; par la pseudo-objectivité quantitative et formelle de ses procédures, elle impose un mode de rationalité pratico-formelle pour penser le monde, soi-même et autrui [1]. Elle prolonge dans tous les domaines de la vie sociale et psychologique le modèle d'un vivant réduit à une succession automatique d'opérations standardisées.

Il est intéressant de remarquer que dans le Code du travail actuel le mot d'évaluation « apparaît à plusieurs reprises mais dans des sens très différents, voire diamétralement opposés [2] ». L'entretien d'évaluation annuel individuel a été rendu obligatoire pour les salariés ayant conclu une convention en jours de travail sur l'année en lieu et place de la durée hebdomadaire. Un arrêt récent de la Cour de cassation [3] vient témoigner du double sens du terme « évaluation » – apprécier la valeur de quelque chose et en déterminer la quantité –, polysémie qui embarrasse les juristes lorsqu'ils sont amenés à se prononcer sur cette question aussi délicate que celle du forfait annuel du temps de travail. De toutes les formes de contrat de travail, le forfait annuel en jours est « sans doute le plus flexible et le plus dérogatoire au droit de la durée du travail ». Les risques que ce forfait annuel du temps de travail fait courir sur la santé du travailleur et sur sa vie privée nécessitent sa surveillance. D'où

1. Jacques-Alain Miller, Jean-Claude Milner, 2004, *op. cit.* ; Alain Abelhauser, Roland Gori, Marie-Jean Sauret, 2011, *op. cit.*

2. Pierre-Yves Verkindt, « Forfaits annuels en jours et évaluation », *Semaine sociale Lamy*, supplément 25 juin 2012, p. 1-4.

3. Arrêt en date du 11 janvier 2011 numéro 09-65.415, cité par Pierre-Yves Verkindt, *op. cit.*

l'exigence de cet entretien annuel obligatoire organisé par l'employeur au cours duquel sont discutés la charge de travail, son organisation et l'articulation des contraintes de l'emploi et ses conséquences sur la vie familiale. Ce qui permet en fin de compte d'évaluer le nombre d'heures supplémentaires à régler par l'employeur, eu égard au temps considéré comme normalement inclus dans le forfait annuel. Ce qui me paraît intéressant dans l'exemple cité par Verkindt, c'est que l'arrêt de la Cour de cassation revient sur une décision de la cour d'appel qui faisait peser sur le salarié réclamant le paiement d'heures supplémentaires la charge de la preuve *quantifiée** du dépassement du forfait annuel. L'arrêt de la Cour de cassation change la donne en incluant un mode différent d'appréciation *qualitative** de la situation, et en particulier relève que « l'absence de mise en œuvre du dispositif conventionnel de suivi a pour effet [dans ce cas] de priver d'effet la convention de forfait en jours. Dès lors le salarié concerné est fondé à demander le paiement des heures supplémentaires [...] [1] » Le juriste conclut en précisant : « C'est donc à double titre que le forfait annuel en jours croise aujourd'hui la problématique de l'évaluation dont il faut dire et redire qu'elle n'est, au mieux, qu'un outil parmi d'autres dont l'usage mérite mieux que cette adoration quasi mystique dont elle fait aujourd'hui l'objet [2]. » Sagesse et prudence des juristes qui contrastent avec l'arrogance et le grotesque du fonctionnement des agences d'évaluation. Heureusement que demeure encore un peu de droit au sein d'une société de la norme et de l'évaluation... Curieux retournement des choses qui conduit le sujet contemporain contraint par les normes à chercher du côté de la loi des garanties de protection

1. Pierre-Yves Verkindt, *op. cit.*, p. 26.
2. *Ibid.*

sociale ! Preuve s'il en était besoin que le système normatif tend aujourd'hui à occuper la place naguère tenu par les souverains et les féodaux. Preuve s'il en était besoin que nous sommes bien loin de cette majorité morale et politique promise par le message des Lumières.

À analyser aujourd'hui le fonctionnement de ces agences d'évaluation, toutes construites sur le modèle des agences de notation financières, dont elles paraissent être l'émanation et avec lesquelles elles s'emboîtent, telles des poupées russes, on se croirait plongé dans l'univers de la farce de Boris Vian, *Vercoquin et le plancton.* Farce dans laquelle l'écrivain [1] caricature l'Afnor [2], agence pour laquelle il a travaillé, sous les traits du CNU, le Consortium national de l'unification. L'Afnor, c'est une agence de normalisation encore très puissante, matrice et opérateur de tous les « processus de régulation volontaire », pour reprendre l'expression utilisée sur le site officiel de ladite agence.

Dans cette farce, le CNU est décrit par Boris Vian comme une formidable entreprise qui fabrique des dossiers d'informations sur tout ce qui existe. C'est un travail colossal et parfaitement inutile : « Une dizaine de planches supportaient les fruits de l'activité laborieuse du service, concrétisés en de petits fascicules gris souris, qui tentaient de régler toutes les formes de l'activité humaine. On les appelait les Nothons. Ils tentaient, orgueilleusement, d'organiser la production et de protéger les consommateurs [3]. » Activité d'autant plus inutile que le gouvernement avait dépêché auprès des ingénieurs chargés de ces évaluations un délégué général, superviseur

1. Boris Vian, *Vercoquin et le Plancton* (1947), Paris, Gallimard, 2002.

2. Association française de normalisation, membre français des instances de normalisation européenne (CEN)et internationale (ISO).

3. *Ibid.*, p. 67.

dont la tâche essentielle était de retarder le plus possible la parution des Nothons en convoquant plusieurs fois par semaine des réunions des personnes chargées de les élaborer. Cela conduisait à une élaboration si fine et obsessionnelle qu'il fallait des années pour les déchiffrer, ce qui les rendait parfaitement inutiles puisqu'au bout de ce temps il convenait de procéder à leur révision… On croirait entendre parler de l'Aeres [1] ! Rien d'étonnant dès lors que : « Les Nothons grâce à une habile propagande, possédaient auprès du public – qu'ils prétendaient protéger – une très mauvaise réputation [2]. »

À travers celui qui dirige cette entreprise, à la fois bureaucratique et libérale, pourrais-je dire, Boris Vian se moque avec insolence des tenants d'une autorité normative qui rassemble les « anciens » ronds-de-cuir, adjudants égoïstes, tatillons et esclavagistes, et les transforme en « nouveaux » technocrates, solennels, consommateurs de formules vides et de règlements inutiles, pris dans la spirale d'une folie obsessionnelle dont nous avons essayé de décrire l'actualité dans *La folie évaluation. Les nouvelles fabriques de la servitude* [3]. La raison est tombée malade, elle s'est empoisonnée elle-même, affectée de cette maladie auto-immune que l'on nomme le rationalisme instrumental et bureaucratique [4].

1. Agence d'évaluation de l'enseignement supérieur et de la recherche (Aeres) – ou des agences régionales de Santé (ARS).

2. Boris Vian, *Vercoquin et le Plancton*, *op. cit.*, p. 69.

3. Alain Abelhauser, Roland Gori, Marie-Jean Sauret, 2011, *op. cit.*

4. « Deux siècles après, l'*Aufklärung* fait retour : non point comme une manière pour l'Occident de prendre conscience de ses possibilités actuelles et des libertés auxquelles il peut avoir accès, mais comme une manière de l'interroger sur ses limites et sur les pouvoirs dont il a abusé. La raison, comme lumière despotique. » (Michel Foucault, Introduction à l'édition anglaise de Georges Canguilhem, « Le normal et le pathologique » (1978), in *Dits et Écrits, 1954-1988*, t. II, *1970-1975*, Paris, Gallimard, coll. « Quarto », 2001, p. 433).

Nous sommes aujourd'hui entrés de plain-pied dans l'empire du CNU, Consortium national de l'unification, avec ses différentes agences d'évaluation, ARS, Aeres, HAS... et autres dispositifs de servitude volontaire, caricatures des comités professionnels d'expertise qui, à l'instar des vercoquins, prolifèrent, comme les larves du même nom, dans le marigot du néolibéralisme. « Vercoquin » désigne métaphoriquement le caprice et le vertige que ne manquent pas de produire ces instances obsessionnelles de suspicion, de contrôle et de normalisation, au nom des idéaux de compétition et d'excellence, idéaux dont ils ne manquent pas d'entraver la réalisation grâce aux modalités mêmes de leurs procédures de conformisation. La nouveauté du jour, c'est sans nul doute que cette activité inutile du CNU (Consortium national d'unification) voit sa façade repeinte à la couleur Thatcher et à sa pensée *Tina*[1], pensée qui fragilise toujours plus les conditions sociales du salariat de la fonction publique, par une précarité autant matérielle que symbolique des professionnels. Nous avons été suffisamment nombreux[2] à déconstruire ces fabriques de la servitude volontaire pour ne pas trop avoir à y revenir ici.

Si j'ai évoqué Boris Vian, c'est bien plutôt pour insister sur l'organisation bureaucratique de ces institutions qui, au nom des valeurs néolibérales de rentabilité et de performance, fabrique la lourdeur, l'inertie, le caprice et l'inutile, caractéristiques naguère attribuées aux institutions de l'État

1. *There is no alternative*

2. Barbara Cassin, *Google-moi*, Paris, Albin Michel, 2007 ; Michel Chauvière, *L'Intelligence sociale en danger*, Paris, La Découverte, 2011 ; Vincent De Gaulejac, *Travail, les raisons de la colère*, Paris, Seuil, 2011 ; Roland Gori, 2010, *op. cit.* ; Jean-Claude Maleval, *La psychothérapie autoritaire et ses étonnantes mystifications*, Paris, Navarin, 2012 ; Jacques-Alain Miller, Jean-Claude Milner, 2004, *op. cit.*

et supposées être la pathologie propre à ces ronds-de-cuir du fonctionnariat. Ces agences d'évaluation d'aujourd'hui font la preuve éclatante que la maladie de la bureaucratie n'est pas propre au statut des fonctionnaires de l'État ou de l'Empire, mais relève bien davantage d'une pathologie que j'ai essayé de décrire comme celle de la rationalité formelle, pathologie de la pensée procédurale de dispositifs anonymes, homogénéisants, abstraits, de l'objectivité formelle. Ces dispositifs produisent un monde dévitalisé, géométrisé, numérisé, dont les valeurs et les instruments sociaux s'emparent pour civiliser les mœurs et soumettre socialement les individus et les populations avec leur consentement. Cette rationalité de l'évaluation mime jusqu'au ridicule la métaphysique et les rites de la rationalité pratico-formelle, pensée du commerce et du droit[1]. Et combien coûtent à la collectivité ces agences chargées de nous rendre rentables, performants, excellents ? Combien coûtent l'Aeres, ses magnifiques locaux et ses experts ? Et l'HAS ? Et toutes les ARS ? Toutes ces nouvelles préfectures créées pour servir le « Troisième Empire », que convient-il d'en faire dans une démocratie qui ne se résigne pas à la servitude volontaire ?

La disparition d'une évaluation qui se soutient du partage des connaissances des métiers, de leur manière d'en rendre compte à partir des récits d'expériences concrètes au profit des protocoles standardisés, d'un *benchmarking* généralisé des actes professionnels conduisant à un pilotage par les chiffres, fabriqués plus ou moins artificiellement, ajustés avec plus ou moins de bonheur aux services mesurés, n'est pas simplement un moyen commode de contrôle, de surveillance et de gestion, elle constitue une politique. Comme je l'ai développé

1. Roland Gori, 2011, *op. cit.*

précédemment, cette néoévaluation constitue sans nul doute « la nouvelle manière de donner des ordres[1] » en démocratie néolibérale. Elle inhibe la capacité de penser des professionnels, la dimension artisanale de leurs actes et la forme épique de la valeur que restituent les récits d'expériences. Plus encore, par ce choix de disposer des humains et de leurs professions en unités numériques et selon des schémas abstraits de la gestion et de l'économie, l'évaluation constitue aujourd'hui une dictature au sens politique du terme.

Nous y reviendrons encore et encore. Ces agences d'évaluation, ces nouveaux Consortiums nationaux d'unification, confondent la valeur avec son ombre, la notation. La valeur, c'est en Grèce antique, la *timée*, ou c'est encore l'estime ou la bravoure dans les chansons de geste ; ce n'est qu'à partir du XIIIe siècle que la « valeur » acquiert son acception de mesure et d'équivalence sous l'impact d'une civilisation toujours plus marchande. Ce n'est qu'à la fin du XVIIe siècle que la valeur véhicule l'idée de prix et se dépouille progressivement de ses significations antérieures, idéaux héroïques, aristocratiques, sociaux, politiques ou éthiques. Le lien étroit de la valeur et de la mesure, de la valeur et du prix, s'est imposé avec l'émergence d'un type de rationalisme, le rationalisme économique et instrumental. Le néolibéralisme a poussé jusqu'à l'absurde cette logique, et d'une manière extrême puisque la *valeur-notation-prix* s'est insérée dans tous les secteurs, dans toute la chaîne existentielle de l'être humain, en chacun des maillons de son existence. Au point que Pierre Bourdieu pouvait écrire : « Aujourd'hui, on veut vous faire croire que c'est le monde économique et social qui se met en équations. C'est en s'armant de mathématiques (et de pouvoir médiatique) que le

1. Voir *De quoi la psychanalyse est-elle le nom ?*, Paris, Denoël, 2010.

néolibéralisme est la forme de la *sociodicée conservatrice*[1] qui s'annonçait depuis trente ans sous le nom de "fin des idéologies", ou plus récemment de "fin de l'histoire". » Sociodicée, théodicée du néolibéralisme dont l'évaluation constitue un des rituels au nom desquels on contraint les professionnels à s'agenouiller et à prier le Dieu-marché, non sans avoir jeté quelques lançons, vers de terre ou de mer, primes d'excellence pour mieux appâter et ferrer les professionnels les plus récalcitrants. Rien de tel pour transformer l'humain en machine numérique, par intériorisation des normes, ou en pièces détachées d'une unité de production, segment fonctionnel d'une société animale, que de faire de la valeur ce qui se déduit de la notation, et de faire de la notation le produit des dispositifs de normalisation, calqués sur les règles et procédures en vigueur sur les marchés financiers. Régulation qui donne un pouvoir considérable aux opinions, aux croyances, à leur irrationalité même, dans un espace de gestion qui prétend à la rationalité !!

La notation ne manifeste pas un souci de redonner aux métiers de la valeur, pas davantage de gratifier les services rendus ou de valoriser ceux qui les rendent, ni un souci réel d'améliorer leurs pratiques. Mais, profondément, la notation permet d'imposer des exigences, plus ou moins justifiées, à des existences, c'est-à-dire de produire des normes et surtout d'inscrire la normativité au sein des existences sans le moindre débat législatif ou citoyen. Alors même que la démocratie est depuis l'origine le champ égalitaire d'un savoir partagé, discuté et controversé, offert à des débats et nourris par des preuves, l'évaluation purement formelle se révèle dans toute sa perversion. Jean-Pierre Lebrun dirait sa « perversion ordinaire[2] ».

1. Pierre Bourdieu, 1998, *op. cit.*, p. 41.

2. Jean-Pierre Lebrun, *La Perversion ordinaire : vivre ensemble sans autrui*, Paris, Denoël, 2007.

Je vais par un bref exemple montrer comment à rebours du débat démocratique qu'autorise le partage égalitaire d'un savoir en débat le processus de « densification normative » qui s'appuie sur l'évaluation formelle devient par *distorsion* un dispositif féodal ou clanique de gestion des ressources humaines. Là encore, comme dans l'analyse de Catherine Thibierge, mais dans un champ et avec des procédés différents, la « densification normative » d'un texte de loi en modifie la substance. Les acteurs locaux procèdent par un surenchérissement de la « densification normative » et renoncent à analyser la raison d'être et les fondements du dispositif qu'ils mettent en place. Ils deviennent les *instruments instrumentés* d'une logique de contrôle dont ils espèrent des petits profits personnels, doctrinaux ou claniques.

Dans le champ qui est le mien, celui de la psychanalyse et de la psychothérapie, il a suffi d'une loi portée par l'ancien président de l'Assemblée nationale, le Dr Accoyer, et de son intention de protéger le public des charlatans qui s'autoproclamaient « thérapeutes » pour déclencher une « densification normative » dont nous n'avons pas encore appréhendé toutes les conséquences éthiques, épistémologiques, pratiques et politiques. Mais, comme nous allons le voir, c'est moins la loi en elle-même qui se révèle contraignante que *tout le système normatif* favorisé par sa préparation comme par son application.

Le Dr Accoyer souhaitait combler un vide juridique et promouvoir une loi qui réserverait aux médecins et aux psychologues le soin de la psychothérapie. Un amendement à une loi de santé publique fut voté à l'Assemblée nationale en octobre 2003 à l'unanimité des députés. L'amendement Accoyer déclencha une forte réaction des professionnels concernés et mobilisa l'opinion publique, en faisant valoir à juste titre qu'un ophtalmologue ou un psychologue ergonome, par exemple, n'était pas forcément le mieux placé pour conduire sans autres formations complémentaires une psychothérapie. Devant l'incapacité des pouvoirs publics et des professionnels eux-mêmes à définir le périmètre et la substance d'un acte psychothérapique, les ministères de la Santé successifs, après de nombreuses auditions, décidèrent de protéger le *titre* du professionnel se prévalant de cet acte. Solution juridique analogue à celle trouvée vingt ans plus tôt lorsque le législateur décida de reconnaître la profession de psychologue. Devant l'incapacité d'établir avec précision et justesse ce que pouvait être la spécificité d'un psychologue, la substance de ses actes, le cœur de son métier, englobant aussi bien le psychanalyste que l'ergonome, le psychologue scolaire que le directeur des sciences humaines, le primatologue que le psychodramatiste, le neuropsychologue que le spécialiste des tests projectifs de personnalité, la puissance publique se résolut à la « protection d'un titre unique », validé par un niveau de formation universitaire (bac + 5).

Ce déplacement normatif de l'intention du législateur, de la « protection » de la pratique des psychothérapies vers la *protection* du titre de psychothérapeute, allait avoir pour conséquence là encore, comme précédemment pour les psychologues, de choisir les critères académiques aux dépens des compétences pratiques, faute de pouvoir identifier ces dernières. Il eût été plus sage de renoncer à légiférer un champ que la loi ne pouvait, en l'état, baliser et arpenter avec des critères suffisamment pertinents et valides. Mais, et c'est le point important, spécifique à notre civilisation des mœurs, faute de pouvoir traiter le fond du problème – qui est compétent pour conduire une psychothérapie ? – on choisit le traitement de la forme, la voie d'une police pratico-formelle – qui peut prétendre au « titre » de psychothérapeute ? On allait donc légiférer sur les conditions d'accès à un *titre* dont on se gardait bien de définir le contenu et le statut du professionnel qui pouvait y prétendre. Toute l'astuce juridique consistait précisément à ne pas définir ce que pouvait être le « psychothérapeute », et encore moins « la psychothérapie ». Faute de quoi il eût fallu renoncer à légiférer.

Après une large concertation, après de nombreux débats et quelques empoignades, on aboutit à l'article 52 de la loi du 9 août 2004 qui réservait l'accès au titre de psychothérapeute aux professionnels « inscrits au registre national des psychothérapeutes » et dont l'inscription attestait qu'ils pouvaient « conduire une psychothérapie » du fait soit d'« une formation théorique et pratique en psychopathologie clinique », soit d'une formation reconnue par « les associations de psychanalystes. » Et l'article précisait : « L'inscription sur la liste visée à l'alinéa précédent est de droit pour les titulaires d'un diplôme de docteur en médecine, les personnes autorisées à faire usage du titre de psychologue dans les conditions définies par l'article 44 de la loi 85-772 du 25 juillet 1985 portant diverses dispositions d'ordre social et les psychanalystes régulièrement enregistrés dans les annuaires de leurs associations. »

À ce moment-là, pour injuste que puisse être cette décision législative à l'endroit des psychothérapeutes ni médecins, ni psychologues, ni psychanalystes et qui, quelle que puisse être par ailleurs leur compétence, ne pourraient plus se prévaloir de ce titre[1], le législateur choisissait de poursuivre dans la logique formelle de protection d'un titre. Seuls pourraient y prétendre ceux dont les années de formation garantissent un

1. Alors que, paradoxalement, c'étaient ces mêmes associations de psychothérapeutes qui, quelques années auparavant, avaient pris l'initiative d'une démarche visant, à l'instar d'autres pays européens, à obtenir la reconnaissance officielle et spécifique de leurs activités…

certain niveau universitaire : les médecins, les psychologues. Plus étonnant fut l'ajout des psychanalystes « annuairisés » par leurs écoles, écoles relevant de la loi de 1901 sur les associations privées... Le texte de la loi mentionnait toutefois : « Un décret en Conseil d'État précise les modalités d'application du présent article et les conditions de formation théoriques et pratiques en psychopathologie clinique que doivent remplir les personnes visées aux deuxième et troisième alinéas. »

Dès lors, les choses allaient se compliquer et la géographie des affrontements partisans se déplacer de la *psychothérapie* vers la *psychopathologie clinique*. On renonçait à définir la substance de la psychothérapie, en se contentant de limiter l'usage d'un titre, mais en imposant une formation minimale théorique et pratique à « la psychopathologie » pour accéder à ce titre. Dès lors les autorités se mettaient en porte-à-faux en prenant le risque de devoir revisiter l'ensemble des champs de connaissances, de formations et de pratiques concernées par cette appellation de psychopathologie clinique.

L'extension du pouvoir législatif et ses conséquences normatives progressèrent dès ce moment-là rapidement et intensément jusqu'à devoir contraindre le promoteur de la loi à déclarer, à plusieurs reprises, aux représentants des professionnels concernés, qu'il ne remettait en question ni la psychanalyse, ni les psychologues, et encore moins les universitaires de psychopathologie. Son projet était de protéger le public des psychothérapeutes *autoproclamés*, ce que réalisait en partie la loi de 2004. En partie seulement, puisque rien n'empêche les praticiens « ni ni » – ni médecins, ni psychologues, ni psychanalystes – de poursuivre leur activité sous un autre titre, par exemple celui de psychopraticien relationnel. De plus, l'inclusion des psychanalystes inscrits dans les annuaires de leurs associations en tant que membres de droit pouvant prétendre au titre dans la loi brouille les frontières entre les formations académiques et les formations par compagnonnage, et ouvre un abîme d'indécidabilité, notamment du fait que cette dispense accordée aux « psychanalystes annuarisés » par leur école soulevait une autre question juridique, celle de savoir ce qu'on entendait par « association de psychanalystes ».

Comme on le voit, le souci du promoteur de la loi ne reçoit qu'une satisfaction formelle puisque se déplace en permanence le règlement de la question de fond que son intention de légiférer le soin psychique posait : qui est compétent pour conduire une psychothérapie ?

À ne pas traiter frontalement cette question, le législateur a permis une « densification » des normes, une cascade de nouveaux textes et de quelques coutumes, dans une fuite en avant, prolifération qui crée en spirale de nouvelles contraintes normatives sans parvenir à un authentique traitement éthique de la question. Je rappellerai avec Freud cette définition du charlatan : « Permettez-moi de donner au mot “charlatan” le sens auquel il peut prétendre en lieu et place de sa signification légale. Pour la loi, est charlatan celui qui traite les malades sans pouvoir justifier de la possession d'un diplôme d'État de médecin. Je préférerais une autre définition : est charlatan celui qui entreprend un traitement sans posséder les connaissances et les capacités requises [1]. »

Un siècle plus tard nous n'avons pas tiré toutes les conséquences de cette juste définition freudienne du « charlatan ». Mais dans notre société soumise à la rationalité pratico-formelle des règlements, des procédures et des affaires, il ne peut en être autrement. Ce n'est pas ce qui est juste, vrai ou beau

1. Sigmund Freud, *La Question de l'analyse profane* (1926), in *Œuvres complètes*, Paris, Puf, 1994, t. XVIII, p. 58.

qui ordonne notre monde et nos rapports sociaux, c'est ce qui est commode, pratique pour contenir et séquestrer les hommes et leurs activités, les vendre en leur donnant la forme et les apparences de ce qui « marche ». C'est bien pourquoi notre société s'avère par excellence une société de l'imposture !

En ce qui concerne la loi de 2004, légiférant les conditions d'accès au titre de psychothérapeute, il restait à en rédiger les décrets d'application… Leur écriture mobilisa toutes les forces, les conflits et les contraintes des normes propres aux trois champs qui se trouvaient reconnus par la loi, et surtout leurs composantes hétérogènes en affrontement constant : la psychanalyse, la psychiatrie et la psychologie, pour simplifier. Quand on sait qu'en France la psychanalyse regroupe de nombreuses associations formant parfois une véritable nébuleuse ; que la psychiatrie universitaire est à dominante neurocognitive, fortement médicalisée et sous la tutelle des réseaux institutionnels nord-américains, alors que les syndicats de psychiatres libéraux ou ceux des hospitaliers non universitaires demeurent encore fortement influencés par la psychanalyse et la psychothérapie institutionnelle ; que la psychologie à l'université est sous la dépendance institutionnelle de la psychologie cognitive, alors même que les syndicats de praticiens sont d'orientation clinique et qu'ils forment « le gros des bataillons professionnels » ; quand on sait cela, on peut comprendre que le combat fut rude !

L'écriture finale des décrets d'application porte encore la trace de ces conflits, de ces contradictions et de ces compromis. La psychiatrie hospitalo-universitaire chercha l'occasion d'assurer à nouveau son *magister* sur les praticiens psychiatres et psychologues qui s'en étaient récemment émancipés. Prétention d'autant plus arrogante que depuis longtemps la psychiatrie hospitalo-universitaire (des adultes) avait presque totalement déserté le champ des psychothérapies. Les universitaires de psychologie, autres que ceux de psychopathologie clinique, comme ceux enseignant en psychologie de la santé, en neuropsychologie, en psychopathologie cognitive, etc., virent dans cette affaire l'occasion de reconquérir des formations et des débouchés professionnels qui jusque-là leur avaient échappé. Ces ambitions se manifestèrent tout au long des négociations avec les pouvoirs publics, et le jeu des influences et des uns et des autres devaient conduire à un projet de décret tantôt sous influence de la direction de l'Enseignement supérieur favorable aux tenants de la psychologie cognitive, tantôt sous influence d'une partie des représentants du ministère de la Santé favorable à la psychiatrie hospitalo-universitaire et à sa culture nord-américaine, tantôt sous influence de quelques intellectuels bien placés auprès des cabinets ministériels, parfois avec la complicité de l'angélisme exterminateur des psychanalystes, tantôt face à la résistance de collectifs des praticiens et universitaires de psychopathologie, et un appui significatif des pédopsychiatres, notamment universitaires [1].

Tout cela a abouti à un résultat fait de compromis, de concessions et de bricolages, scènes de négociations au cours desquelles chaque camp a essayé de limiter ses pertes et a tenté de gagner de nouveaux territoires. Je le sais, j'en étais, et j'ai défendu la cause de la psychanalyse à l'université. Je le sais, j'en étais, j'ai même inspiré quelques formulations pour les décrets d'application afin d'éviter que soit détruit tout le travail de la communauté professionnelle à laquelle j'appartiens. Mais je puis assurer que malgré les louables intentions de départ, je n'ai presque jamais entendu des propos qui prenaient en

1. Comme les pédopsychiatres, le professeur Bernard Golse et le professeur Pierre Delion.

compte le souci du Dr Accoyer de protéger les patients d'éventuels charlatans. Je ne dis pas que la puissance publique n'avait pas ce souci, que les praticiens ne le partageaient pas, mais simplement que le *traitement formel du problème*, à la manière même dont notre société s'empare des questions sociales et éthiques, ne laisse que peu de place pour que les questions de fond soient débattues.

La loi ouvrait le champ d'affrontements dont le résultat final allait être de savoir quel camp risquait d'imposer aux autres ses propres normes. Car c'est bien de cela qu'il s'agit. Jusqu'aux projets d'écriture des décrets d'application de la loi, le texte officiel ne faisait que réserver l'usage d'un titre à des diplômés de l'université ou à des professionnels inscrits dans l'annuaire de leurs écoles. Il s'abstenait sagement de tout parti pris dans le choix des théories et des méthodes. Tel ne fut pas le cas par la suite. Ce que la Loi avait cru bon de laisser de côté, ce sont les dispositifs normatifs qui allaient le remettre sur le devant de la scène. La bataille allait commencer dès l'écriture des décrets d'application, à mille années lumière de l'intention d'origine de la loi. La question devenait alors de savoir qui allait pouvoir s'emparer de « la force normative » pour réguler le champ de la psychopathologie à sa guise.

Les partis pris des méthodes jusque-là peu présentes en psychopathologie, l'arrogance des universitaires de psychiatrie à en confisquer le *magister*, l'ambition des universitaires non-cliniciens de psychologie d'annexer des régions de la discipline qui échappaient à leur contrôle, etc., tout cela ouvrait la possibilité d'une recomposition du champ, celui de la psychopathologie clinique et, désormais, du fait de la loi, une redéfinition du titre de psychothérapeute. Ce n'était plus les praticiens de la psychothérapie qui se trouvaient convoqués, examinés, mais les praticiens et les formateurs de psychopathologie. On avait déplacé le problème et ouvert la possibilité d'un nouveau quadrillage du champ, d'un nouveau filet normatif lancé sur ceux qui œuvraient en son sein. On ne savait toujours pas ce qu'était une psychothérapie, pas davantage ce qui pouvait faire un psychothérapeute, on allait donc chercher à remplir la case du prérequis imposé par la loi, c'est-à-dire de la « formation théorique et pratique en psychopathologie ». Cela aurait dû être simple puisqu'il existait des masters de psychopathologie à l'université, remplissant parfaitement les volumes de formation et de stage clinique prévus par la loi. Sauf que la majorité de ces formations étant assurée par des psychologues cliniciens se référant pour la plupart d'entre eux à la psychanalyse, une telle solution ne fut pas retenue. Dans notre « démocratie d'opinion » ce sont les lobbies qui font la norme… La force normative est fabriquée et confisquée dans les batailles d'opinion !

Donc nous voilà repartis à la case zéro ou presque. Le problème avait été déplacé de la question de l'exercice de la psychothérapie vers celle du titre de psychothérapeute pour enfin conduire à donner un contenu et un sens au mot « psychopathologie ».

Fallait-il, par exemple, imposer au nom de l'éclectisme une formation des praticiens à toutes les théories et les techniques de psychopathologie, voire de psychothérapie ? À parts égales ? Comment pour certaines de ces approches thérapeutiques les imposer dans leur contenu sans les désavouer dans leur méthode (comme pour la psychanalyse) ? Comment en sept leçons (je plaisante à peine) apprendre la psychothérapie lacanienne, la méthode kleinienne, l'hypnose ericksonnienne, la méditation transcendantale ?

On assistait au retour par la fenêtre de la « formation théorique et pratique à la psychopathologie » exigée par la loi, au retour du conflit des méthodes de psychothérapies sagement évité par la loi. À nouveau le mélange des genres se produisait. La loi avait renoncé à définir la psychothérapie au profit d'une formation psychopathologique minimale. Au moment de définir le contenu de cette formation psychopathologiques les débats faisaient réapparaître dans la plus parfaite confusion le choc des psychothérapies. Autre question : à quelles classifications psychopathologiques devaient se référer les textes des décrets pour préciser la formation requise? Quelles théories psychopathologiques ces décrets devaient-ils prescrire d'enseigner?!!

La formulation même des énoncés, définissant cette « formation minimale » en « psychopathologie », laissait apparaître un *impensé* épistémologique, éthique, institutionnel, en un mot un pouvoir symbolique aux effets bien réels. Nommer les objets théoriques dont la connaissance était indispensable, « troubles du comportement » impliquait une référence au DSM et implicitement favorisait les réseaux branchés sur la culture psychiatrique nord-américaine. Nommer ces mêmes objets théoriques « souffrance psychique », c'était prendre parti pour la psychopathologie psychanalytique ou phénoménologique... Bref, la censure sociale, celle des discours, au sens fort du terme, passe par la langue et la grammaire de ses éléments [1].

Un nouveau déplacement du pouvoir symbolique pouvait avoir des effets bien réels sur la formation, la recherche, les débouchés professionnels, les rapports sociaux entre disciplines et professionnels concernés.

Pour exemple, tout le travail entrepris pour éviter la prévalence d'un des acteurs de la négociation sur les autres fut

1. Victor Klemperer, *LTI. La langue du IIIe Reich* (1975), Paris, Albin Michel, 1996; Éric Hazan, *LQR. La propagande au quotidien*, Paris, Raisons d'agir, 2006; « Mal nommer les choses, c'est ajouter au malheur du monde », disait encore Camus.

balayé d'un revers de geste administratif par l'ajout d'une annexe aux décrets d'application, annexe dont il n'avait jamais été question, du moins à ma connaissance, lors des négociations. Cette annexe aux décrets d'application dépossédait notamment les psychologues cliniciens de leur droit à exercer la psychothérapie au seul titre de leur formation, dévalorisant du même coup ladite formation et le titre de « psychologue », soudainement rétrogradé, au niveau symbolique, par l'apparition d'un autre œuvrant dans le même champ, entrant de fait en concurrence, celui de « psychothérapeute ». La même annexe, ajoutée en dernière minute, exemptait les psychiatres de toute formation complémentaire en matière de psychothérapie, alors même que de tous les professionnels concernés ils semblent actuellement, hormis les pédopsychiatres, être les plus rétifs à ces méthodes, et les plus démunis dans leur formation hospitalo-universitaire. Sans parler des psychanalystes qui se voyaient toujours plus dévalorisés dans leur parcours de formation, lourdement contraints à devoir la compléter par des modules théoriques et des stages cliniques. Il paraît incroyable d'ailleurs que certains d'entre eux aient pu se réjouir masochistement d'une loi qui, socialement parlant, les situait au-dessous des psychiatres, des psychologues, des médecins non-psychiatres… dans les équivalences de formation.

Ces décrets d'application semblaient largement excéder le champ de la loi en créant subrepticement un nouveau métier qui dépossédait les psychologues, notamment, d'une compétence qui paraissait la leur. Cela semble d'autant plus étonnant que, par exemple au Québec, modèle dont les autorités de la Santé s'inspirent volontiers, c'est le Conseil de l'Ordre des psychologues qui délivre le « permis de psychothérapie » ! Cette masse critique des psychologues cliniciens, plusieurs dizaines de milliers, auxquels les décrets d'application retiraient scandaleusement et brutalement leurs compétences à exercer la psychothérapie, se trouvait dévalorisée dans les formations et les expériences de ses membres, ce qui allait exciter la convoitise de formateurs divers et variés à la psychothérapie et les inciter à créer des écoles du même nom.

Ce déplacement qu'opérait la loi de 2004 du champ de la pratique de la psychothérapie vers celui de la formation à la psychopathologie permettait la résurgence d'un projet ministériel rapidement rangé par la suite dans les tiroirs au moment de l'amendement Accoyer. Constatant que la population des psychiatres vieillissait, que, entre 2002 et 2012, 40% d'entre eux se retirerait, que la demande sociale qui leur était adressée excédait bien souvent le champ de leurs compétences spécifiques, que la politique de « transfert des compétences » des médecins vers les autres soignants (moins chers et moins formés) se développait, la commission Yvon Berland avait envisagé un temps d'attribuer aux psychologues le soin de pallier cette pénurie de médecins psychiatres, à condition et à condition seulement qu'un complément de formation soit délivré conjointement par les facultés de médecine et les unités de formation de psychologie. Je fus même chargé de rédiger un rapport et des propositions en ce sens, en vue de la création d'une école marseillaise de « formation des praticiens du soin psychique [1] ». Les syndicats de psychologues attachés au « titre unique de psychologue », les associations de psychanalystes jalouses de leurs prérogatives dans la formation des psychanalystes et hostiles à l'université, l'intransigeante arrogance des psychiatres à vouloir conformer les futurs psychothérapeutes à

1. Cf. Roland Gori, « La psychopathologie clinique et la psychiatrie : rapport de Roland Gori à Jean-Marc Fabre concernant la mission définie par la lettre du 15 janvier 2003 en date du 14 avril 2003 », *Psychologie clinique*, 2005, 20, p. 39-66.

leurs normes et à leur image, avaient fini par mettre en échec ce projet.

C'est, me semble-t-il, une résurgence d'un tel projet qui se retrouvait implicitement dans la fameuse annexe des décrets d'application de la loi de 2004. Mais cette fois avec un nouveau coup de force médical : les psychologues n'étant pas reconnus au même niveau de compétence, c'était plus ou moins directement sous la tutelle des facultés de médecine et sous le *magister* de la psychiatrie hospitalo-universitaire que les choses allaient pouvoir se réaliser. Le décret Fillon de mai 2012, en rétablissant les psychologues cliniciens dans leurs prérogatives de pouvoir, sans autre formation que la leur, prétendre au titre de « psychothérapeute », mettait ainsi un terme à l'injustice qu'ils subissaient, privait en conséquence les « marchands de formation » des écoles médicales de psychothérapie, à certains desquels je n'aurais pas confié la souffrance d'un rat de laboratoire, de leur clientèle potentielle.

Ce sur quoi je voudrais insister ici, c'est sur ce foisonnement de textes réglementaires et cette densification de contraintes normatives qui, partant d'une loi « sécuritaire », produit de « fausses sécurités » en ne traitant le problème que dans ses apparences formelles. Personne n'est mieux protégé par une telle loi, qui laisse entière la question de la compétence. Mais les praticiens de la psychothérapie, quelles que puisse être leur formation d'origine, y ont perdu de leur liberté. La puissance publique a pris suffisamment de temps d'écoute pour éviter le pire, il convient de le reconnaître. Mais la loi aboutit à un traitement purement formel de la question par la protection d'un titre, et de ce fait laisse en aval aux dispositifs normatifs le soin de légiférer sur la substance et le traitement de fond du problème. La loi a ouvert la boite de Pandore. Et c'est sous la pression des lobbies, nullement représentatifs et élus pour cela, que se sont réalisées les écritures de la loi et de ses décrets. Car il faut le dire encore et encore, les représentants de ces lobbies qui arpentent les cabinets ministériels, qui participent aux séances successives de concertation, avec leurs influences diverses et variées, pour légitimes qu'elles puissent être parfois, ne résultent pas, bien souvent, d'un mandat électif. Pas davantage les membres des commissions des agences régionales de Santé chargées d'examiner les candidatures à ce titre de psychothérapeute n'ont été élus par leurs pairs, ils ont été nommés. Ils sont le fait du prince. C'est un point important dans une « société des lobbies et des hobbies » pour reprendre l'excellente expression de Cornelius Castoriadis [1].

Progressivement d'une manière propre à notre civilisation des mœurs, c'est aux dispositifs normatifs que l'on confie le soin de régler le problème de fond que la loi, le débat citoyen, le débat démocratique ont laissé en suspens. Et c'est en jouant sur des règles souvent purement formelles que ces dispositifs caractéristiques de notre civilisation imposent des normes et favorisent des courants de pensée et des pratiques, souvent les plus en phase avec les valeurs idéologiques de la société concernée. Bref, le vrai n'est plus le juste, ni l'exact, ni même ce qui marche, mais ce qui se vend le mieux, comme une marque, au public et au pouvoir. Société d'imposture, société « *as if* », qui produit, comme nous le verrons sa propre pathologie : « La vérité a cédé la place à la crédibilité, les faits aux déclarations qui semblent faire autorité, mais qui ne donnent aucun renseignement digne de foi [2]. » D'où la quête anxieuse de preuves purement formelles qu'encourage

1. Cornelius Castoriadis, *La Montée de l'insignifiance*, Paris, Seuil, 1996, p. 156.

2. Christopher Lasch, *La Culture du narcissisme* (1979), Paris, Flammarion, 2000, p. 111.

délibérément le souci des apparences dont la publicité fait son industrie.

Reprenons l'exemple de la législation du titre de psychothérapeute. Une nouvelle bureaucratie s'installe et génère de nouvelles féodalités, recompose des réseaux d'influence, produit de nouvelles valeurs dans le champ des savoirs et des pratiques. Cette recomposition a d'autant plus de chances de parvenir à son institutionnalisation que les savoirs et les pratiques dont elle assure la promotion publicitaire flattent le pouvoir libéral : objectivité formelle et quantitative, rentabilité à court terme, critères gestionnaires, allégeance aux réseaux culturels nord-américains, etc[1].

Ce qui permet à de tels réseaux de pouvoir institutionnels de prospérer, c'est bien sûr le caractère polymorphe et polyvalent de leurs missions normatives qui, tantôt au nom de la gestion, tantôt au nom de la sécurité, inscrivent des rituels et des cérémonials pour séquestrer les individus afin de les redresser, de les contrôler et de les qualifier. Davantage les savoirs et les pratiques de la santé mentale insistent sur le dépistage des risques et leur prévention, davantage ceux qui s'en réclament ont des chances d'être écoutés. Quitte parfois à ce que ce qu'ils proposent soit d'un ridicule achevé, comme par exemple la prétention de dépister le bébé futur délinquant[2].

Je voudrais montrer par l'anecdote suivante la portée de cette affirmation de Michel Foucault selon laquelle dans nos sociétés le pouvoir de la loi ne disparaît pas, il s'intègre dans le cadre plus général de la norme qui paradoxalement lui devient supérieur, et, au passage, montrer la pertinence des concepts de « force normative[3] » et de « densification

1. Alain Abelhauser, Roland Gori, Marie-Jean Sauret, 2011, *op. cit.*
2. http://www.pasde0deconduite.org/
3. Cf. Catherine Thibierge *et al.*, 2009, *op. cit.*

normative[1]» proposé par Catherine Thibierge. Ce faisant, j'illustrerai que de tels réseaux normatifs, dépourvus de la légitimité de la loi, tout autant que de celle que donne l'autorité de la compétence ou de la sagesse, ne détiennent leur pouvoir que de la lâcheté des acteurs, qui, par leurs croyances et leur servitude volontaire, consentent à s'y soumettre. Je laisse au lecteur le soin de savourer ce récit afin qu'il mesure le gouffre entre l'intention louable du législateur – protéger un public – et le résultat normatif d'une des commissions ARS chargée de la protection du titre de psychothérapeute, l'une sans doute des plus indigentes et partisanes dans sa composition. Mais les membres d'une telle commission, comme ceux de l'Aeres, faut-il le rappeler, ne sont pas élus par leurs pairs mais *nommés*. Je le dis encore et encore, car il n'y aura pas de démocratie renouvelée ou de VIe République sans que cesse ce genre de forfaitures.

Un médecin hospitalo-universitaire, docteur en médecine, docteur en sciences, docteur en psychopathologie clinique, habilité à diriger des recherches en psychopathologie clinique, auteur de nombreux articles et ouvrages faisant référence en psychopathologie clinique, s'est vu *refuser* l'accès au titre de psychothérapeute, sous prétexte qu'il n'apportait pas la preuve suffisante de cinq années d'exercice de la psychothérapie. Passons sur le grotesque du fonctionnement de cette commission, la composition de ses membres, sur le fait qu'ils se référaient tous à un titre ou un autre aux thérapies cognitivo-comportementales et sur la complaisance des administratifs à leur égard. Passons sur les menus illégalismes dont cette commission, au nom de l'ARS, se serait, semble-t-il, rendue coupable, à commencer par le soupçon de conflits

1. Catherine Thibierge *et al.*, 2013, *op. cit.*

d'intérêts de son président, juge et partie dans cette affaire. Il n'empêche. L'élément le plus intéressant de cette décision, c'est le rapport absurde qu'elle entretient avec les intentions du législateur. Dans des échanges de mails particulièrement, confus et pour certains totalement dysorthographiques, la commission établit son évaluation sur la nature des activités du candidat : celles-ci ne relèveraient pas entièrement de la psychothérapie. Peu importe que dans de nombreux articles, ouvrages et communications, en France et à l'étranger, ce candidat, d'orientation psychanalytique, ait pu montrer le contraire. On ne va pas demander à de tels « experts » de lire, et encore moins d'écouter. Mais ce qui est intéressant c'est qu'ils se sont exactement prononcés sur le fond, bien au-delà de leur mandat et de leurs compétences. C'est-à-dire qu'ils se sont autorisés à inscrire leur décision à l'endroit même que le texte avait laissé en blanc dans l'énoncé de la loi, dans le vide juridique créé par la prudence du législateur. C'est ce point qui est important, bien au-delà du cas particulier, car leur décision pourrait faire jurisprudence et produire une définition de la psychothérapie, définition que le législateur s'était bien gardé de donner, comme nous l'avons vu. C'est ce point qui me paraît essentiel pour bien comprendre comment la norme tranche les incertitudes et les libertés laissées par la loi.

Ainsi l'évaluation purement formelle de nos « sociétés d'imposture » permet le retour à des féodalités, non point fondées sur la bravoure, le mérite, la sagesse ou la naissance, mais sur la surenchère normative que permettent l'art des apparences et le goût du conformisme. La lâcheté des acteurs locaux intériorisant le pouvoir de cette « densification normative », coagulée dans leurs croyances, soutenue par leurs minables petits intérêts faisant le reste, au risque de transformer en « droit spontané » une décision inique de bureaucrates incompétents ou malintentionnés.

Dans le cas évoqué ci-dessus on notera, non sans ironie, que cette même commission aurait par ailleurs accordé l'usage du titre de psychothérapeute à un ex-juriste, sans formation médicale ou psychologique initiale, praticien certifié EMDR [1]. Lequel n'hésite pas à se prévaloir sur ses feuilles à en-tête, du titre de « psychothérapeute agréé ARS ». Mais sans doute, du point de vue des normes en usage dans une commission rôdée à la « méditation transcendantale », à la « programmation neurolinguistique » et aux thérapies cognitivo-comportementales, son profil s'avérait-il plus conforme que celui d'un universitaire d'orientation psychanalytique reconnu par une communauté scientifique.

Le Dr Accoyer pourrait, sans aucun doute, affirmer avec force qu'il n'a jamais eu l'intention de voir aboutir à de telles conclusions, que celles-ci vont à l'encontre de l'esprit de sa proposition de loi. L'objectif de la loi était de protéger les patients de dérives potentielles de personnes s'autoproclamant psychothérapeutes. L'exposé de l'amendement déposé par le député Bernard Accoyer indiquait ainsi : « Les Français sont les premiers consommateurs au monde de psychotropes, et de plus en plus de jeunes sont affectés par des psychopathologies souvent graves. La prise en charge de la souffrance psychique fait souvent appel aux psychothérapies. Or, en ce domaine, le vide juridique en France est total. Des personnes, insuffisamment qualifiées voire non qualifiées, se proclament elles-mêmes psychothérapeutes. Elles peuvent faire courir de graves dangers à des patients qui, par définition, sont vulnérables et

1. *Eye Movement Desensitization and Reprocessing* : Intégration neuro-émotionnelle par les mouvements oculaires.

risquent de voir leur détresse ou leur pathologie aggravée. Elles connaissent parfois des dérives graves. Depuis février 2000, la mission interministérielle de lutte contre les sectes signale que certaines techniques psychothérapiques sont un outil au service de l'infiltration sectaire et elle recommande régulièrement aux autorités sanitaires de cadrer ces pratiques. Cette situation constitue un danger réel pour la santé mentale des patients et relève de la santé publique. Il est donc indispensable que les patients puissent être clairement informés sur la compétence et le sérieux de ceux à qui ils se confient. Il convient donc de considérer les psychothérapies comme un véritable traitement. À ce titre, leur prescription et leurs conduites doivent être réservées à des professionnels détenteurs de diplômes universitaires, attestant d'une formation institutionnelle, garantie d'une compétence théorique, pouvant être doublée d'une expérience pratique. »

Je ne mets à aucun moment en doute la bonne foi du Dr Accoyer, et, pour l'avoir rencontré, je suis convaincu de sa sincérité. Il n'empêche, légiférer à tous crins dans certains domaines, comme le sarkozysme a cru bon de le faire, aboutit à une tyrannie des normes et au règne des « tyranneaux [1] », des conformistes et des imposteurs.

On mesurera le chemin parcouru entre l'objectif de la loi qui était de « protéger les patients de dérives potentielles de personnes s'autoproclamant psychothérapeutes » et le « jugement » de la commission de l'ARS qui a pris une décision purement normative quant à la substance de l'acte psychothérapique, contraire à l'esprit du législateur. La rationalité formelle n'est ni forcément raisonnable, ni forcément morale, mais elle est

1. Tyranneau : terme de La Boétie utilisé dans son *Discours de la servitude volontaire*, Paris, Vrin, 2002.

toujours normative. Par son intensification, par la précision et la surenchère qu'elle induit, par l'« accrétion progressive de nouvelles normes [1] », par la croyance de ses acteurs, elle acquiert une force qui se substitue à la loi et malgré ses menus illégalismes finit par devenir opposable et se transforme en droit réel. La tâche première du politique, du philosophe, du citoyen ordinaire est de tenter de répondre à la question : « Qu'est-ce qui nous arrive ? Qu'avons-nous fait pour en arriver là ? Comment avons-nous pu à ce point suspendre notre raison critique et laisser à ce système débile et nauséabond le soin de nous mettre en tutelle ? »

Là réside la puissance et la misère démocratique de nos sociétés de contrôle, du fait même de la logique gestionnaire et de la police normative de leurs décisions, elles esquivent le débat législatif autant que citoyen, tout en court-circuitant bien souvent l'éthique des métiers. Cette éthique se trouve bien souvent confiée à des « experts » ou à des ordres professionnels avec lesquels le pouvoir préfère négocier, mais qui n'ont la plupart du temps peu ou pas de représentativité. C'est ainsi que la psychiatrie est retournée dans le giron de la médecine, pour le meilleur et pour le pire, c'est ainsi que le « permis de psychothérapeute [2] », comme on dit au Québec,

1. Catherine Thibierge *et al.*, 2013, *op. cit.*

2. Ce qui n'est pas pour autant rassurant bien que plus légitime. À consulter au cours de cet été « Le Guide explicatif » du projet de loi 21 « modifiant le Code des professions et d'autres dispositions législatives dans le domaine de la santé mentale et des relations humaines », je suis pris d'un vertige devant une profusion du terme « évaluation » qui semble jouer dans ce texte le rôle que le foie jouait naguère pour les médecins de Molière. La volonté d'uniformisation des métiers est affichée dès la première page, de même que la définition des champs d'exercice des différents professionnels pour, et c'est la litanie du texte, améliorer la santé et le bien-être de « l'être humain en interaction avec son environnement ». Ce qui me frappe dans ce texte, très tatillon dans son

finira en France par être confié aux ordres professionnels lorsque le gouvernement aura, tôt ou tard, mis un terme à ces ruineuses, inutiles et idéologiques ARS. Dans les dispositifs de normalisation où sévit l'« expert », figure des nouveaux censeurs, identifié par Michel Foucault au « personnage même d'Ubu [...] qui ne peut exercer le terrible pouvoir qu'on lui demande d'assurer [...] que par un discours enfantin, qui le disqualifie comme savant au moment même où c'est à ce titre de savant qu'il a été appelé, et par un discours de la peur, qui le ridiculise au moment même où il parle dans un tribunal, à propos de quelqu'un qui est dans le box des accusés et qui est, par conséquent, dépouillé de tout pouvoir. Il parle le langage de l'enfant, il parle le langage de la peur, lui qui est le savant, lui qui est à l'abri, protégé, sacralisé même par toute l'institution judiciaire et son glaive. Ce langage balbutiant, qui est celui de l'expertise, [...] c'est la comtesse de Ségur à l'abri d'une part d'Esquirol, et de l'autre de Fouquier-Tinville[1]. »

Le grotesque n'affecte pas seulement l'expertise psychiatrique, le champ de la santé mentale et autres dispositifs psychologiques qui formatent les sujets en souffrance et ceux qui les soignent. Dans un succulent ouvrage, Maya Beauvallet

expression mais vague dans son épistémologie, c'est l'introduction subreptice de méthodologies, de concepts, comme s'ils étaient indiscutables et naturels : la référence au DSM et à la CIM, l'englobement des personnes, des couples, des familles, des groupes, des collectivités et des organisations à des « clients » presque promus sujets du dialogue clinique, le souci du texte de placer l'ensemble des praticiens sous la responsabilité de leurs ordres professionnels et de les protéger ainsi que leurs clients d'éventuelles poursuites.

1. Michel Foucault, 1999, *op. cit.*, p. 33. On aura reconnu sans peine l'analyse que fait Michel Foucault de l'expertise psychiatrise en matière pénale, le discours grotesque qu'elle tient, mais qui peut sans difficultés se généraliser à l'ensemble des expertises des dispositifs actuels de l'évaluation.

relate un certain nombre de « stratégies absurdes [1] » consistant à « faire pire en croyant faire mieux ». Contraints par la logique managériale que leur imposent des indicateurs formels et inadaptés, les individus s'adaptent à cette situation normative, artificielle, au mépris des valeurs mêmes de la situation réelle. Ainsi lorsqu'« un club de football met à l'amende un de ses joueurs au motif qu'il rend trop souvent la balle à l'adversaire. Résultat : il ne la passe plus à personne. Un patron décide d'organiser une compétition permanente entre ses salariés. Résultat : une partie d'entre eux commence à saboter le travail de leurs collègues. Constatant que certains patients victimes de graves complications cardiaques décèdent régulièrement au bloc opératoire, une clinique fixe un quota maximal de "pertes" à ses chirurgiens. Résultat : lorsqu'ils approchent du chiffre fatidique, les chirurgiens refusent d'opérer. Une école décide de sanctionner financièrement les parents dont les enfants arrivent en retard le matin. Résultat : le nombre des retardataires se multiplie… [2] » L'origine de ces histoires absurdes provient des dispositifs normatifs du management des travailleurs, de ses méthodes, de ses indicateurs de performance, de leurs moyens d'incitation et de sanction, qui conduisent les professionnels à transformer leurs objectifs de métiers en réussites à des tests de conformité. Conformité des conduites et conformité de résultats artificiels. Les symptômes de cette maladie de la norme sont les mêmes dans tous les domaines : à force de s'adapter au tableau de bord et aux règles de procédure, les professionnels ne regardent plus la route, ils perdent la direction et le sens spécifique de leurs actions. C'est l'émergence d'une forme d'absurdité produite par les

1. Maya Beauvallet, *Les Stratégies absurdes. Comment faire pire en croyant faire mieux*, Paris, Seuil, 2009.

2. *Ibid.*, IVe de couverture.

nouvelles formes bureaucratiques du pouvoir. Les mêmes règles imposées dans les domaines de la sécurité aéronautique, des sous-marins nucléaires, des randonnées en haute montagne, des interventions chirurgicales, produirait, comme Christian Morel [1] l'a montré, d'authentiques catastrophes. C'est pourtant de cette manière-là que le pouvoir se conduit dans le gouvernement des nations, de l'État et de ses services de soins, de recherches, d'éducation, de justice, de culture et d'information. Peut-être conviendrait-il une fois pour toutes, d'entendre « le cri d'une contrôleuse aérienne contre l'excès procédurier » qui, comme nous l'avons vu, ne concerne pas que l'aéronautique. Sabine Zimmermann écrit : « Les services de la navigation aérienne d'Europe ont vu une avalanche de nouvelles procédures et consignes ces dernières années. [...] Les contrôleurs sont inondés de spécifications détaillées et se démènent quotidiennement pour trouver un équilibre entre les tâches standardisées et les adaptations pratiques afin de parvenir à un fonctionnement opérationnel sûr et efficace [2]. » Elle considère que le respect de la procédure peut conduire le contrôleur de la circulation aérienne à des décisions diamétralement opposées à la sécurité recherchée. Si on ne mobilise pas l'expérience et les compétences des contrôleurs, si on les incite à se conformer strictement aux protocoles en raison de risques de poursuites judiciaires ou à cause de leurs croyances fabriquées en la procédure, ils risquent de se retrouver dépourvus dans des situations difficiles, s'adaptant davantage aux consignes préformatées qu'aux variables du nouveau problème réel et singulier. Elle préconise une réglementation laissant plus de liberté à l'expérience professionnelle et aux compé-

1. Christian Morel, 2012, *op. cit.*
2. Sabine Zimmermann citée par Christian Morel, 2012, *op. cit.*, p. 44.

tences spécifiques, seules à même de saisir la complexité d'une situation concrète. Ce que résume admirablement Christian Morel : « L'idée que la fiabilité implique un respect rigoureux des règles se heurte frontalement à celle de la nécessité de les transgresser, formant un véritable casse-tête qui hante les réflexions sur la fiabilité. Les adeptes du "tout-procédure" considèrent qu'il faut tout réglementer et imposer un respect strict des règles. Pour leur part, les sociologues du terrain font observer que les opérateurs ne peuvent travailler sans s'écarter des règles. La contradiction se résout traditionnellement par *la dissimulation des transgressions** sur le terrain [1]. » Et Christian Morel est loin d'avoir une conception artisanale des métiers, conception dont il paraît se méfier. Mais il insiste aussi pour accroître la « haute fiabilité » des décisions et, à sa manière, il souligne l'importance de la discussion, de l'argumentation contradictoire, du récit dont nous prive le système purement technicien et formaliste de la procédure. Dont acte.

Le scandale sanitaire du Médiator qui a provoqué en France une très vive polémique au cours des derniers mois révèle le dysfonctionnement des agences chargées du contrôle des médicaments et des procédures d'autorisation de leur mise sur le marché. Cette affaire engage à une profonde réflexion sur les « décisions absurdes » qui ont conduit à autoriser la mise sur le marché des médicaments une molécule, le benfluorex, principe actif du Médiator, très proche des amphétamines et de l'isoméride, et à en faire usage pour les patients désireux de perdre du poids, alors même qu'il aurait dû être prescrit dans le traitement de patients diabétiques de type II. Ce drame, qui a causé la mort de 500 personnes d'après l'Agence de

1. Christian Morel, 2012, *op. cit.*, p. 180-181. L'hypocrisie est produite par l'aberration du système, la nécessité de répondre à ses exigences tout en préservant l'essentiel.

sécurité sanitaire des produits de santé – près de 2000 selon d'autres sources –, soulève bien des questions : puissance des lobbies pharmaceutiques, conflits d'intérêts des conseillers du ministre et des experts chargés de rédiger des rapports en vue de la commercialisation d'une molécule dont les effets anorexigènes ont été cachés pour favoriser la certification, détournement d'usage d'un médicament en vue de répondre à la demande sociale d'une clientèle avide d'esthétique, etc. Mais ce sur quoi je voudrais attirer l'attention est la défaillance du système qui, au-delà du scandale lié au Médiator commercialisé par le puissant laboratoire Servier, sans doute responsable de milliers de morts, de nombreuses pathologies cardiaques et pulmonaires, est l'indice de l'opacité et de la lourdeur des procédures d'expertise ainsi que de leur relative inefficacité. Ce ne sont pas les « grands experts » de ce système qui ont débusqué et révélé l'affaire, tant certains étaient d'une complaisance obscène, mais un médecin du CHU de Brest, un artisan honnête, sérieux et courageux, Irène Frachon [1], qui ne supportait plus de voir ses patients souffrir de valvulopathies après consommation de Médiator. Ces pathologies sous-estimées ou ignorées par les bureaucrates « officiels » des agences et les experts complaisants, Irène Frachon les porte à la connaissance de l'opinion publique. De même ce ne sont pas les « grandes revues internationales » qui dévoileront les effets toxiques du Médiator et déclencheront les alertes, mais la revue *Pratiques ou les cahiers de la médecine utopique,* petite revue du Syndicat de la médecine générale qui, dès 1976, publie des articles critiques. Revue qui n'est certainement pas classée parmi les revues « qualifiantes » et à fort *impact factor* permettant une carrière hospitalo-universitaire de « grands

1. Irène Frachon, *Médiator 150 mg, combien de morts ?,* Paris, éditions-dialogues.fr, 2010.

spécialistes » ! Le combat d'Irène Frachon, la mobilisation des instances de la médecine alternative, le calvaire et l'action des victimes ont fini par faire plier Goliath. C'est bien aussi la revanche des « petits » qui s'est accomplie dans cette terrible histoire. Les pratiques traditionnelles de contrôle et de certification, avec leurs rites et leurs conflits d'intérêts, le manquement éthique de certains de ses experts, la complaisance d'autres, avaient failli, ajoutant encore à la crise de confiance du pays dans ces institutions[1].

William Broad et Nicholas Wade ont montré dans leur ouvrage, *La souris truquée*[2], que la supercherie est plus courante qu'on ne le croit dans les pratiques scientifiques. La fraude scientifique est plus que jamais déterminée par l'organisation managériale de la recherche et les dispositifs d'évaluation qui incitent aux cadences infernales de la productivité, parfois en dehors de tout bon sens. Cela ne veut pas dire que la fraude scientifique n'existait pas auparavant, elle traverse l'histoire, mais simplement qu'elle a trouvé avec l'idéologie néolibérale le milieu propice à son développement[3]. Et ce d'autant plus que les experts prétendent à une évaluation

1. « Iers entretiens sur la confiance », le 20 février 2012 au palais du Luxembourg à Paris ; cf. *Institut Confiances,* <http://www.institut-confiances.org/fr/>.

2. William Broad, Nicholas Wade, *La Souris truquée. Enquête sur la fraude scientifique* (1982), Paris, Seuil, 1987.

3. Sur son blog du *Monde.fr*, Pierre Barthélémy du 3 octobre 2012, renvoie, dans son texte intitulé « La fraude scientifique est plus répandue qu'on le croit », à un compte rendu de l'Académie des sciences américaine qui publie une étude attestant l'augmentation de cas de fraudes scientifiques depuis quelques années. Comme le note l'auteur, « une des explications à cette inflation tient certainement à la surveillance renforcée qui est aujourd'hui en place, notamment pour les cas de plagiat ou de duplication d'études, plus facilement repérés grâce à des logiciels d'analyse de texte. Mais il serait naïf de ne pas chercher également les causes profondes du phénomène dans la manière dont la recherche elle-même est construite. »

objective des travaux de recherche. Comme le remarquent Broad et Wade, lorsque la science évoque la primauté des faits c'est bien souvent une argumentation rhétorique plus qu'une réalité, une pétition de principe plus qu'une démonstration. Au cours de leur enquête, ils montrent que le drame de la science contemporaine est lié à son système d'évaluation. Non seulement ce contrôle favorise la pression de « type carriériste, mais qui plus est le système récompense aussi bien *l'apparence** du succès qu'une réalisation originale [1] ».

C'est un vieux débat qui traverse l'histoire de la philosophie de la connaissance : Aristote pourfend les sophistes abusant de métaphores par... des métaphores [2]. À méconnaître l'« effet sophistique [3] » du langage, on tombe toujours davantage sous son pouvoir. Alan Sokal et Jean Bricmont [4] dénoncent les « impostures intellectuelles » par... une imposture [5]. Imposteur, tu en es un autre toi-même... La vérité comme la confiance ne se prescrivent pas.

1. *Ibid.*, p. 19.

2. Mario Vegetti, « Quand la science parle à vide : procédés dialectiques et métaphoriques chez Aristote », *in* Vincent de Coorebyter, *Rhétoriques de la science*, Paris, Puf, 1994, p. 7-32.

3. Barbara Cassin, *L'Effet sophistique*, Paris, Gallimard, 1995.

4. Alan Sokal, Jean Bricmont, *Impostures intellectuelles*, Paris, Odile Jacob, 1997.

5. Comme le rappellent Sokal et Bricmont dès la première page de leur livre, afin de dénoncer l'évolution intellectuelle de certains milieux intellectuels américains postmodernes, ils ont piégé la revue *Social Text* en soumettant un article bourré d'absurdités et d'illogismes, mais affichant un relativisme cognitif radical prétendument attendu des responsables de cette publication. L'article a été accepté et publié. Les auteurs ont prétendu ainsi démonter la nébuleuse postmoderne, supposée obscure et prétentieuse, des intellectuels. Ils ont sans doute aussi, bien malgré eux, démontré le dispositif stupide des expertises actuelles des revues soumises au conformisme des normes de lecture. Cf. Lindsay Waters, *L'Éclipse du savoir*, Paris, Allia, 2008.

Dans cette « folie sociale [1] » des nouvelles formes de l'évaluation tout se passe comme si le pouvoir managérial feignait d'ignorer cet aphorisme de Georges Canguilhem : « La raison est régulière comme un comptable ; la vie, anarchique comme un artiste [2]. »

1. Alain Abelhauser, Roland Gori, Marie-Jean Sauret, 2011, *op. cit.*

2. Georges Canguilhem, « Note sur la situation faite en France à la philosophie biologique », *Revue de métaphysique et de morale*, 1947, 52, 3, p. 326.

CHAPITRE III

Raisons et logiques de la bureaucratie d'expertise

« Napoléon, c'est un paradoxe, qui était si personnel, si peu bureaucratique (c'est le type même du personnage charismatique), si extraordinaire, avait essayé de réduire le rôle de la personnalité pour qu'elle s'annule dans la fonction, dans les automatismes, dans la logique autonome de la fonction bureaucratique. C'est wébérien ou kantien : on ne peut pas fonder un ordre sur les dispositions affectives de la personne, une morale ou une politique rationnelle sur des dispositions qui sont fondamentalement fluctuantes. Pour avoir de la régularité, de la répétition, il faut instaurer des automatismes, des fonctions bureaucratiques[1]. »

Nul mieux que Foucault n'a rendu compte de cette nouvelle rationalité politique qui opère davantage par la norme que par la loi. Nul mieux que lui n'a su explorer la *microphysique de ce pouvoir*, de ses technologies et de ses stratégies, de sa bureaucratie et de ses scribes, comme des discours de légitimation sociale qui sont les leurs. Sans reprendre ici les thèses que j'ai

1. Pierre Bourdieu, 2012, *op. cit.*, p. 68.

développées antérieurement[1], je dirai simplement que nous nous trouvons devant *une prolétarisation généralisée* de l'existence dont les signes les plus patents sont les procédures de normalisation matérielles et symboliques des pratiques professionnelles, particulièrement celles de certains métiers vécus et transmis jusqu'alors de manière artisanale[2]. Cette prolétarisation matérielle et symbolique des professionnels et de leurs métiers a pu se réaliser par l'art néolibéral de gouvernement par une extension sociale des normes, par une « densification normative[3] » qui, en esquivant le débat législatif autant que citoyen, contraint l'individu.

De la prolétarisation des métiers

De nos jours, alors que le taylorisme de la production industrielle fragmente les actes et les mouvements des travailleurs à la chaîne, et accroît la rentabilité aux dépens de la création, cette normalisation s'est diffusée à presque tous les métiers comme à l'ensemble de notre existence. Il convient de remarquer que c'est par les normes que cette civilisation technique des mœurs établit son hégémonie culturelle. Pour parvenir à ce taylorisme généralisé de l'existence, qui injecte dans les mœurs *l'utilitarisme* de sa morale et *l'instrumentalisme* de sa pensée, il a fallu s'appuyer sur plusieurs opérateurs. J'en mentionnerai trois.

Le premier de ces opérateurs concerne la nature du savoir : ce qui n'est pas traduisible en langage de machine n'a pas ou a peu de valeur sociale. Comme l'avait analysé dès 1979 Jean-François Lyotard, la promotion d'un pilotage par les chiffres

1. Roland Gori, 2011, *op. cit.*
2. http://www.appeldesappels.org/
3. Catherine Thibierge *et al.*, 2013, *op. cit.*

aux dépens des grands récits, l'hégémonie des discours de légitimation sociale par les savoirs numériques aux dépens des savoirs narratifs, prend depuis cette époque une portée sociale et anthropologique considérable. Lyotard écrit : « Il est raisonnable de penser que la multiplication des machines informationnelles affecte et affectera la circulation des connaissances autant que l'a fait le développement des moyens de circulation des hommes d'abord (transports), des sons et des images ensuite (média).

Dans cette transformation générale, la nature du savoir ne reste pas intacte. Il ne peut passer dans les nouveaux canaux, et devenir opérationnel, que si la connaissance peut être traduite en quantités d'information. On peut donc en tirer la prévision que tout ce qui dans le savoir constitué n'est pas ainsi traduisible sera délaissé, et que l'orientation des recherches nouvelles se subordonnera à la condition de traduisibilité des résultats éventuels en langage de machine [1]. »

Rien d'étonnant alors que « l'économie de la connaissance [2] », comme on se plaît à la nommer aujourd'hui, installe des hiérarchies dans les savoirs en fonction de leur plus

1. Jean-François Lyotard, *La Condition postmoderne*, Paris, Minuit, 1979, p. 12-13.

2. La déclaration de Bologne (1999) visait à construire, avant 2010, un espace européen de l'enseignement supérieur assurant la promotion de l'« économie de la connaissance ». La stratégie de Lisbonne (2000) a consacré la pratique d'une nouvelle forme néolibérale de gouvernementalité fondée sur le *benchmarking*, la comparaison standardisée des performances et résultats pour accroître *dans tous les domaines* la rentabilité et la compétitivité. La Recherche et l'Enseignement supérieur furent les premiers affectés dans leurs missions et leurs modalités de fonctionnement par cette introduction des méthodes de management du privé (Toyota, Rank Xerox) dans les secteurs non-marchands. Cf. Isabelle Bruno, « La recherche scientifique au crible du *benchmarking*. Petite histoire d'une technologie de gouvernement », *Revue d'histoire moderne et contemporaine*, 2008, 55-4bis, p. 28-45.

ou moins grande aptitude à traduire leurs résultats en langage de machine, en données numériques. Les humanités, l'art, la culture, la clinique sont les grands perdants de cette reconversion du savoir au sein de l'économie de la connaissance. La plus ou moins grande compatibilité d'un savoir, à l'intérieur du même champ de recherche, avec le langage des machines et le traitement numérique des résultats instaure aussi une hiérarchie entre les différentes méthodes et théories qui composent ce champ. Par exemple, la psychologie cognitive ou la psychologie différentielle, longtemps tenues à l'écart de l'engouement des étudiants et du public, se trouvent aujourd'hui portées en psychologie au pinacle de l'opinion et des pouvoirs publics. Il en va de même à l'intérieur de chacun des champs des savoirs et des pratiques, plus c'est technique et numérique, plus c'est « apprécié » à la bourse des valeurs de l'épistémologie, des programmes de recherche et de leur financement. De ce fait, la gynécologie chirurgicale c'est mieux que la gynécologie médicale et « ça rapporte plus ». L'analyse automatique des discours en linguistique se voit mieux cotée que l'analyse narrative, l'analyse conversationnelle mieux que l'analyse saussurienne. L'épidémiologie devient la figure majeure de la médecine et de ses spécialités. L'économie de la santé, les enquêtes de psychologie de la santé, les recherches sur les facteurs de risques, les questionnaires sur les comportements, leurs traitements statistiques, etc., se voient mieux « évalués » que des recherches cliniques sur la prise en charge singulière du patient, son rapport à l'histoire ou à son milieu [1].

Il y a une *véritable sélection* généralisée des savoirs et des pratiques par les dispositifs normatifs en vigueur aujourd'hui et leurs critères. De tels dispositifs normatifs détiennent leur

1. Roland Gori, Marie-José Del Volgo, 2008, *op. cit.*

pouvoir réel de leur affinité symbolique avec la nouvelle économie de la connaissance, ses valeurs idéologiques et ses retombées économiques. C'est-à-dire que plus la connaissance se rapproche dans ses valeurs philosophiques, dans ses méthodes et dans ses résultats de l'économie, plus elle est socialement appréciée. C'est l'objectif des dispositifs de l'évaluation de mesurer et de conformer ces savoirs et ces pratiques à ce modèle de l'économie, de la rationalité économique. Leur fonction consiste à inciter chacun des champs de la connaissance à convertir ses données spécifiques en langage de machines, en savoir non narratif, quel qu'en soit le prix, autrement dit les conséquences [1]. Les dispositifs normatifs des nouvelles formes de l'évaluation, avec leur discours fort et violent, leurs appareils de production, leurs institutions de sélection des méthodes, des savoirs et des professionnels, définissent les programmes de recherches, d'enseignements, calibrent les pratiques et les langages autorisés, promeuvent un style anthropologique en phase avec la culture de notre société, celle du néolibéralisme. Les formes de savoir autorisées sont en lien avec les pratiques sociales et ses formes de pouvoir de notre temps [2]. Cette colonisation des champs de la connaissance et des soins, qui favorise le savoir non narratif aux dépens de l'expérience, a des effets considérables sur le développement intrinsèque de chacun d'entre eux. Il y a des domaines dans lesquels cette manière de penser a entraîné des progrès incontestables, mais d'autres dans lesquels, comme en psychiatrie, une telle hégémonie

1. Philippe-Joseph Salazar, « Rituels de complicité dans les procédures d'évaluation en Afrique du Sud. Althusser à la rescousse », <http://www.appeldesappels.org/tam-tam/philippe-joseph-salazar-2012-rituels-de-complicite-dans-les-procedures-drevaluation-en-afrique-du-sud-althusser-a-la-rescousse--1396.htm>.

2. Roland Gori, 2011, *op. cit.*

des savoirs objectifs s'est accomplie aux dépens des soins proprement dits. Dans tous les cas, cette incitation à penser et à soigner en privilégiant l'aspect technique est socialement et politiquement fortement orientée. La conformisation, la mise aux normes, qui confisque le savoir traditionnel et les pratiques artisanales des professionnels ne se révèle pas forcément plus rentable économiquement ou efficace techniquement, mais produit et légitime une prolétarisation des métiers autant que de ceux qui les exercent.

Un article récent[1] alerte sur les dangers de cette prolétarisation des métiers de santé et sa corrélation avec une conception managériale du soin, conception déduite du capitalisme et de la technicisation de la société tout entière. Technicisation, quantification, fragmentation, rationalisation, formalisation numérique, normes gestionnaires agissent alors de concert dans cette prolétarisation des savoirs et des métiers, et assurent une hégémonie culturelle nécessaire au pouvoir.

Le professeur Guy Vallancien est le rédacteur d'un Rapport[2] de mission remis à l'ancien ministre de la Santé, Roselyne Bachelot, en juillet 2008, sur « la place et le rôle des nouvelles instances hospitalières[3] » dans le cadre de la réforme de la gouvernance des établissements de soins. Dans ce Rapport, l'expression « culture managériale » en arrive à jouer en tant que remède, le rôle que le foie jouait naguère chez les médecins de Molière pour expliquer les maladies. La culture managé-

1. Odile Buisson, Roland Gori, « Qui veut prolétariser les métiers de santé ? », *Libération*, 12 avril 2012.

2. Guy Vallencien, « Réflexions et propositions sur la gouvernance hospitalière et le poste de président du directoire », Rapport remis le 10 juillet 2008 à Roselyne Bachelot, <http//www.santé-sports.gouv.fr>.

3. Jacques Degain, « Le rapport Vallancien précise le rôle et les missions des nouvelles instances. » *Le Quotidien du médecin*, 2008, 8404, p. 4.

riale devient la panacée, le fétiche apte à guérir l'hôpital de tous ses maux, le parangon de toutes les vertus institutionnelles. Ce rapport est un hymne énamouré aux bienfaits de « la libre entreprise » appliquée aux dispositifs des soins, un éloge emphatique et naïf à un « management serein » de la « chaîne de production de soins ». Cette philosophie, transformant l'hôpital en entreprise, exige que le « vrai médecin » devienne une « denrée rare » ! Cette thèse est réaffirmée sans cesse et avec force[1] par Guy Vallencien. Ce type de déclarations, au-delà de la personne de celui qui les tient, me semble emblématique des réformes des politiques de santé des gouvernements néolibéraux, et plus encore de leur volonté politique d'en finir avec la culture des métiers. Cette philosophie néolibérale avance ouvertement dans ces textes qui invitent à ne plus penser « métier », avec « tous les cloisonnements qu'une telle division génère[2] », mais à penser « entreprise santé », où « des employés travaillent à un même projet ». Le médecin, promu « denrée rare », devrait apporter une « valeur ajoutée » aux autres soignants auxquels il aurait délégué « ses compétences » incorporées dans des protocoles standardisés qu'il suffirait d'appliquer. Chacun des professionnels censés devoir remplacer le médecin disposerait d'une liste de questions à poser, d'actes à accomplir, en suivant le « protocole » établi consensuellement par des règles de « bonnes pratiques ».

La chose est connue et s'inspire, en partie, de programmes menés à l'étranger, au Québec notamment. Il conviendrait d'en envisager toutes les suites ; pour l'économie le profit paraît évident, pour la qualité des soins c'est moins sûr, et

1. Cf. Interview du 23-03-2012, « Le vrai médecin doit rester une denrée rare », <http//www.egora.fr/sante-societe/condition-guy-vallancien-le-vrai-medecin-doit-rester-une-denree-rare>.

2. Cf. Guy Vallancien, 2008, *op cit.*

pour le concept social et culturel qui l'inspire, il est clair qu'il appartient à la vision d'un monde où les formes de vie sont celles du marché et de sa religion. Conception du monde qui implique une plus grande rationalisation des actes, une plus grande *technicisation* des soins, un instrumentalisme justifiant à terme un transfert de la capacité de penser du médecin vers le mode d'emploi des protocoles. Mais il convient alors de se rappeler que, « de nos jours, la rationalité technique est la rationalité de la domination même. Elle est le caractère coercitif de la société aliénée [1]. »

De nouveaux « officiers de santé » sont déjà programmés dans des chaînes de montage universitaires destinées à prendre en charge 85 à 90 % de la population pour pallier à la pénurie programmée des médecins et permettre la réduction des dépenses de santé. Les 10 à 15 % restant des patients, demeurant « hors protocole », seraient confiés à des « vrais médecins » parce que, comme l'énonce ingénument Vallancien, « différents socialement, philosophiquement, culturellement, religieusement ou encore socioprofessionnellement ». On constate, non sans ironie, l'absence de critère médical dans ce tri discriminant des malades relevant des « vrais médecins » ou des autres.

La dimension artisanale du médical a-t-elle encore le moindre intérêt pour ceux qui appareillent les professionnels à de nouvelles machines numériques fournissant le mode d'emploi des actes à accomplir [2], transformant l'hôpital en entreprise comme une autre ?

Tout le vocabulaire de la finance est convoqué dans ce Rapport du Pr Vallencien pour convaincre des bienfaits de cette industrialisation des soins et de cette prolétarisation constante

1. Theodor W. Adorno, Max Horkheimer, *Kulturindustrie* (1947), Paris, Allia, 2012, p. 10.

2. Cf. Roland Gori, 2011, *op. cit.*

de ceux qui les prodiguent : médecins, sages-femmes, infirmiers, psychologues, orthophonistes... Prolétaire : le mot est lâché, une fois encore. La médecine, comme bien des métiers [1], aujourd'hui subit de plein fouet les réformes d'un nouvel art de gouverner consistant à confisquer aux professionnels leur savoir-faire et à détruire la dimension artisanale de leurs métiers. Le mode d'emploi de la machine numérique a remplacé le jugement et la décision du travailleur confisqués par les procédures. C'est la définition même que Marx donne du prolétaire : l'ouvrier est devenu un prolétaire quand son savoir et son savoir-faire sont passés dans la machine. Cette révolution, conservatrice selon moi, appelle à une prolétarisation de l'ensemble des métiers.

Ne nous y trompons pas, c'est bien d'un enjeu de société dont il s'agit. Il est probable qu'un jour, un autre de ces experts contaminés par le virus de cette logique des marchés déclare : « Il faut que l'enseignant des écoles, collèges et lycées devienne une denrée rare, un tri sélectif des enfants sera fait en fonction de leur capacité cognitive, seuls 10 à 15 % d'entre eux devraient bénéficier de vrais enseignants, la masse des 85 à 90 % n'en a pas besoin. » Et puis un autre expert dira la même chose du juge, tel autre du chercheur, tel autre du journaliste, tel autre de l'artiste, tel autre de...

On reviendrait alors à un gouvernement des « vrais », des meilleurs, des « denrées rares ». Ce qui permettrait enfin à la démocratie de se réconcilier avec ce gouvernement des « meilleurs », étymologie du mot « aristocratie » [2].

1. Cf. http://www.appeldesappels.org/

2. Je rejoins sur ce point Pierre Manent écrivant : « Ainsi dans le dispositif contemporain, la démocratie est sortie des limites de la cité, je veux dire de la nation. L'égalité triomphe dans cette démocratie illimitée où chacun est le semblable de chacun. Mais l'oligarchie aussi est sortie des limites de la cité ou

J'ai, par ailleurs, étudié une documentation sur « L'apport de la spécialité de gynécologie médicale[1] » et le souci des professionnels de refuser de réduire la gynécologie médicale à la « somme des "petits gestes" : un frottis plus une mammographie plus une contraception ». Ce risque d'un taylorisme à grande échelle dans tous les métiers, couvrant les champs les plus intimes de l'existence, me paraît révélateur de ce qui se passe actuellement dans le lien social. Le souci de résistance des professionnels à cette prolétarisation de leurs métiers témoigne d'une volonté politique et éthique de ne pas réduire le soin à une somme de gestes techniques tarifés et protocolisés. Et ne nous y trompons pas, au-delà de chacun des champs professionnels cette recomposition des savoirs et des pratiques a pour objectif d'inhiber la pensée et le geste artisanal du praticien, il le stérilise autant qu'il le prolétarise. Cette recomposition fait objection à toute création, paralyse tout développement personnel et social, initie aux impostures propres à nos sociétés d'apparence.

Le travail est un acte social et les conditions qui en régulent l'exécution en modifient le sens et la substance. Nous retrouvons ici encore les effets de la « densification normative » dont j'ai parlé précédemment : il n'y a eu aucun débat parlementaire pour modifier le statut des médecins, gynécologues par exemple, encore moins un débat citoyen, mais insidieusement les normes de gestion se sont substituées à la loi, à l'éthique des professionnels et aux demandes des

de la nation, et l'inégalité triomphe dans cette concurrence où il n'y a pas de limite au prix que nous sommes prêts àn payer pour ce que nous prisons. Bref, tous sont égaux, et chaque homme a son prix. » (Pierre Manent, *Les Métamorphoses de la cité*, Paris, Flammarion, 2010, p. 127.)

1. Je remercie le Dr Dominique Sperandio de m'avoir transmis cette documentation.

citoyens. Progressivement, sournoisement, mais fermement le calibrage normatif des actes et des professionnels les a placés sous contrôle des logiques gestionnaires sans qu'un débat préalable ait justifié cette profonde modification des statuts. Il suffit de laisser faire le temps, de jouer sur les normes, de ne pas renouveler la profession en attendant que ses praticiens soient atteints par la limite d'âge, de ne pas doter les services d'un nombre suffisant de postes d'internes... et la gynécologie médicale disparaîtra. La violence de cette prolétarisation des métiers est autant matérielle (économique) que symbolique (normatif), elle témoigne de la résignation de notre culture à la dévalorisation des soins comme des pratiques d'éducation ou de travail social, sur lesquelles se fondaient les espoirs humanistes de l'esprit de Philadelphie pour assurer la paix et la justice dans le monde, après la barbarie de la Deuxième Guerre mondiale.

Le deuxième opérateur de cette prolétarisation des professionnels procède de la gestion de leur temps. Au niveau des États comme au niveau des sujets, l'impérialisme de nos jours transite moins par l'annexion de nouveaux territoires que par la confiscation des unités de temps des individus qui y vivent. L'urgence, la vitesse correspondent aux valeurs au nom desquelles s'opèrent ces annexions des régions temporelles. Dans nos sociétés modernes et capitalistes, on le sait, le temps c'est de l'argent, et la marchandise constitue ce temps de travail confisqué que l'on essaie d'échanger sur les marchés au meilleur prix. Au point que l'homme n'est plus rien d'autre que ce qu'il produit. On se souvient de cette terrible phrase de Marx : « Il ne faut pas dire qu'une heure [de travail] d'un homme vaut une heure d'un autre homme, mais plutôt qu'un homme d'une heure vaut un autre homme d'une heure. Le temps est tout, l'homme n'est plus rien ; il est tout au plus la carcasse du temps. Il n'y est plus question de la qualité. La quantité seule décide de tout. Heure par heure, journée par journée [1]. »

Les nouvelles manières de gouverner les humains et de censurer leurs mœurs, privées et publiques, professionnelles et intimes, procèdent de normes qui imposent aux existences des exigences au nom de cette nouvelle scansion du temps. Par une civilisation du court terme, du travail à flux tendu, par l'avalanche d'informations incessantes, par les contraintes de l'urgence et de la vitesse, nous nous trouvons en contrepoint de la temporalité, de la durée nécessaire à la pensée réfléchie, au rêve, au récit [2], à la mémoire, à l'histoire. Je ne vais pas reprendre ici les thèses que j'ai pu développer précédemment [3], mais il est indéniable que notre civilisation, qui cultive la rentabilité à court terme, la flexibilité du potentiel, l'idéalisation de l'instant, les jouissances liquides, le *speed dating* des expériences, ne prédispose pas à penser, à réfléchir et à historiciser les événements de nos vies. Le management actuel s'inspire pleinement de ce dispositif normatif pour soumettre les individus. La capacité à penser, avec le germe d'insurrection que toute pensée comporte, est frappée d'inhibition, inhibition au sens psychopathologique du terme. Encore une fois, ne l'oublions pas : « Dans un univers où le succès est de gagner du temps, penser n'a qu'un défaut, mais incorrigible : d'en faire perdre [4]. »

La rationalisation des conduites, par la normalisation qu'elle requiert de la position des corps et de l'accomplissement des

1. Marx cité par Georg Lukács, *Histoire et conscience de classe*, Paris, Minuit, 1960, p. 117.

2. Roland Gori, 2011, *op. cit.*

3. Roland Gori, 2010, *op. cit.*

4. Jean-François Lyotard, *Le Postmoderne expliqué aux enfants*, Paris, Galilée, 2005, p 60.

gestes, s'étend tous les jours davantage grâce à la gestion à flux tendu du temps des peuples et des individus. La réussite individuelle et collective se mesure au gain de temps qu'une production implique et au coût de fabrication qu'elle atténue. Il s'agit moins de penser bien que de penser vite, en résolvant des problèmes simplifiés qui schématisent suffisamment la réalité pour pouvoir agir sur elle et la « vendre » plus aisément. On attend aujourd'hui de la science et de la technique moins un apport de justice, de progrès social, d'émancipation politique, qu'une augmentation de la précision des opérations cognitives dans un temps toujours plus réduit. La précision d'ailleurs ne semble prendre de l'importance qu'à la condition de permettre de gagner du temps.

La connaissance est devenue un facteur décisif de richesses en accélérant sans cesse la transformation des outils, des méthodes de production et de contrôle de ceux qui créent ces savoirs. L'évolution serait telle que l'on a pu parler d'un nouveau capitalisme, le « capitalisme cognitif[1] », caractérisé notamment par une « économie de l'immatériel » au sein de laquelle la connaissance deviendrait la principale force productive et l'enjeu principal de toutes les convoitises et concurrences. Cet élargissement progressif du travail productif à des champs de plus en plus vastes d'activités soumises au capital, à ses formes et à ses exigences est une constante du capitalisme. Et cette évolution a plusieurs conséquences que je ne saurais ici approfondir.

Soulignons seulement que la forme marchandise, sa *fétichisation*, s'impose toujours plus aux champs qu'elle saisit dans son extension, et que le champ du savoir dont elle s'empare à partir de ce moment-là voit son régime, ses modes, sa

1. André Gorz, *L'Immatériel. Connaissance, valeur et capital*, Paris, Galilée, 2003.

géographie et ses formes entièrement modifiés. De même les valeurs, les idéaux, les *habitus* des acteurs qui travaillent et inter-agissent dans chacun des champs nouvellement conquis par le capitalisme se voient recomposés de pied en cap, dans leur nature et dans leurs fonctions. Tout ce que j'ai pu dire dans cet ouvrage et dans les précédents, montre que cette prolétarisation de nos métiers découle de cette extension du capitalisme dans des domaines dont il avait jusque-là accepté leur relative autonomie. Ces nouveaux champs investis par le capitalisme se trouvent aujourd'hui convoqués au centre de sa dynamique économique : capitalisme cognitif, capitalisme informationnel, et demain capitalisme biotechnologique. Les adjectifs ne suffisent plus puisque, comme je l'ai dit précédemment, c'est de nos formes de vie dont le capitalisme s'empare, qu'il vampirise tous les jours un peu plus en s'y installant, tel un coucou, pour y devenir la *forme de vie* unique ou presque de la planète. Le capitalisme incorpore jour après jour, heure après heure toutes les vieilles valeurs, tous les vieux *habitus*, ceux des sociétés traditionnelles, des mafias, des guerres ethniques, il les transforme et les recycle sous sa forme de vie spécifique. Il en fait la matière première de son renouvellement et de sa pérennité.

Par le biais de l'automatisation et de l'informatisation constantes et générales, par les moyens de plus en plus violents et infinis d'extraire de la richesse de la nature et du vivant, voire de l'écriture de produits immatériels et financiers, grâce à des modèles mathématiques complexes, le capitalisme lutte contre la baisse tendancielle des taux de profit du capital en étendant l'empire des catégories qu'il assujettit. L'expression « économie de la connaissance » signifie, par exemple, des bouleversements fondamentaux dans le fonctionnement du système économique autant que dans les systèmes éducatifs et de recherche, chargés traditionnellement de la produire. La connaissance change de statut, elle n'est plus un bien commun, à vocation d'émancipation sociale, au service de l'humanité, elle devient un enjeu et un instrument de domination politique et économique, entre les nations, les peuples et les individus. Le savoir n'est plus sa propre finalité, pas davantage les institutions qui en assurent la transmission et la production n'ont pour objectif le savoir. Les institutions comme le savoir qu'elles produisent se transforment en moyens et en investissements du capitalisme, « capitalisme cognitif », soumis à sa logique et aux impératifs des échanges mondialisés et financiarisés. La connaissance et ses travailleurs sont progressivement prolétarisés par le capitalisme, et cela, bien au-delà des conditions matérielles de leurs productions. Dans le champ des loisirs et des industries culturelles, comme les nomme Adorno, chaque expression de cette industrie reproduit les hommes tels que son système normatif les a modelés dans son ensemble : « Le seul moyen de se soustraire à ce qui se passe à l'usine et au bureau est de s'y adapter durant les heures de loisirs. Tout amusement finit par être affecté de cette maladie incurable [1]. »

De l'aliénation de l'homme numérique

Il est essentiel de reconnaître que cette « prolétarisation » des pans entiers de nos pratiques professionnelles excède le champ du travail et affecte la quasi-totalité de notre existence sociale et intime. Le travailleur ne produit pas que de la plus-value, que des services et des objets, il se produit lui-même et produit le monde dans lequel il vit. Vieille thèse hégélienne, puis marxiste, mise en valeur par Herbert Marcuse, mais dont

1. Theodor W. Adorno, Max Horkheimer, 2012, *op. cit.*, p. 42.

nous n'avons pas su tirer tous les enseignements en matière d'ontologie et de psychopathologie. Marcuse écrit : « Le travail affecte aussi bien l'homme que l'objet, à telle enseigne que le résultat en est une unité essentielle de l'un et de l'autre : l'homme "s'objective" et l'objet devient "sien", c'est-à-dire humain [1]. » Le travail impose à l'existence humaine « la loi de la chose » et incite à la réification, à la soumission à la matière inerte et aux ombres numériques de la vie.

Ce n'est que par le jeu, l'amour, la poésie, l'art et la politique que l'humain peut s'arracher à cette chosification et rejoindre son humanité. Mais que deviennent le jeu, l'amour, la poésie, l'art et la politique lorsqu'ils tendent à être accomplis selon les règles et l'*habitus* prépondérants du travail, au sens d'Hannah Arendt [2] qui l'oppose à l'œuvre et à l'action ? Tout travail transcende l'activité dont il se saisit, les processus psychiques et sociaux qu'il mobilise s'imposent dans les autres moments et dans les autres lieux de l'existence, les incitant à se conformer aux mêmes règles, aux mêmes valeurs, aux mêmes modèles. Le travail est l'objectivité même, l'être est extériorisé non seulement dans les formes que peut prendre la matière, mais aussi dans la violence symbolique des rapports sociaux, leur logique d'abstraction et de domination, leur financiarisation et leur instrumentalisation. C'est la raison pour laquelle, j'insiste particulièrement, l'émancipation politique des travailleurs suppose leur émancipation préalable dans les activités de travail. Cette émancipation par le métier et dans les conditions d'exercice que la société lui accorde constitue la condition culturelle préalable à l'émancipation sociale et politique des travailleurs.

1. Herbert Marcuse, *Culture et Société*, Paris, Minuit, 1970, p. 28.

2. Hannah Arendt, *Condition de l'homme moderne* (1958), Paris, Calmann-Lévy, 1994.

Le troisième opérateur, plus exactement le métaopérateur qui permet aux deux premiers (changement de nature du savoir et accélération du temps) de jouer à plein régime provient du déficit de démocratie que permet le système technicien. La formidable puissance de ce « système technicien [1] » a contribué, tout comme le *doxosophe* [2], au « travail de démolition de l'intellectuel critique, mort ou vivant – Marx, Nietzsche, Sartre, Foucault, et quelques autres que l'on classe en bloc sous l'étiquette de "pensée 68" – [qui] est aussi dangereux que la démolition de la chose publique et [...] s'inscrit dans la même entreprise globale de restauration [3] ». Nous souffrons aujourd'hui plus qu'hier d'un manque d'intellectuels. Nous souffrons d'avoir laissé les « experts » s'installer au milieu des ruines de la pensée, celle des intellectuels, de l'éducation populaire [4] et de « l'intelligence collective [5] ». Nous avons laissé prolétariser la pensée, la culture, l'intelligence, nous les avons abandonnés aux logiques des capitalismes successifs, à leurs sociétés du spectacle [6] et au règne de leurs experts. Nous avons confié les problèmes que ces intellectuels nous avaient laissés en héritage à la solution technique – pour laquelle nos sociétés

1. Jacques Ellul, 1977, *op. cit.*

2. C'est ainsi que Pierre Bourdieu nomme le « technicien de l'opinion qui se croit savant », en référence à Platon. Il vise les producteurs de lieux communs : hommes d'affaires, politiques, journalistes... auxquels on peut ajouter aujourd'hui les experts, ces nouveaux sophistes. Pierre Bourdieu, 1998, *op. cit.*, p. 16.

3. *Ibid.*, p 16.

4. Nicolas Roméas (dir.), « Éducation populaire. Avenir d'une utopie », *Cassandre/Hors-Champ*, 2005, 63 ; Nicolas Roméas (dir.), *Éducation populaire. Une utopie d'avenir*, Paris, Les Liens qui libèrent-Cassandre/Hors-Champ, 2012.

5. Michel Chauvière, *op. cit.*

6. Guy Debord, *La Société du spectacle* (1967), Paris, Gallimard, 1992.

occidentales éprouvent un goût immodéré, aux « penchants criminels de l'Europe démocratique [1] ».

Cette hégémonie culturelle et politique d'une société de l'information [2] favorise sans cesse et toujours plus profondément une vision du monde technocratique efficiente, au moins symboliquement quand ce n'est réellement, par le jeu du pouvoir de prophétie autoréalisatrice que contiennent les visions du monde. Notre société de l'information privilégie la fonction instrumentale du langage aux dépens de sa fonction de *révélation* [3] et de sa fonction critique. Tout ce qui n'est pas soluble dans ce genre de discours, tout ce qui échappe à son dispositif, se trouve congédié et disqualifié comme incorrect, dysfonctionnel, impraticable, parce qu'*inadéquat*. Le rationalisme morbide de la logique d'un univers entièrement numérisé, d'un « homme numérique [4] » détient en partie sa puissance grâce à son extraordinaire capacité à *dénier* ses points d'impasse, ses échecs et ses lacunes. L'actualité révèle de manière criante que les erreurs des agences de notation financières – chargées d'évaluer les risques sur le marché des crédits divers et variés, dispositifs qui se sont révélés incapables de prévoir la crise des *subprimes*, qui ignorent superbement les biais de leurs méthodologies et comme les effets des conflits d'intérêt qui les traversent – n'entament en aucune manière leur prétention à

1. Jean-Claude Milner, *Les Penchants criminels de l'Europe démocratique*, Lagrasse, Verdier, 2003.

2 Roland Gori, 2011, *op. cit.*

3. Comment ici ne pas évoquer Lacan énonçant : « On voit donc l'antinomie immanente aux relations de la parole et du langage. À mesure que le langage devient plus fonctionnel, il est rendu impropre à la parole, et à nous devenir trop particulier il perd sa fonction de langage. » (*Écrits*, Paris, Seuil, 1966, p. 299.)

4. Nicholas Negroponte, *L'Homme numérique,* Paris, Robert Laffont, 1995.

prophétiser l'avenir du monde et à dicter aux politiques leurs conduites.

La banque Goldman Sachs est devenue le symbole de cette « haute finance si souvent vérolée [1] » qui fait du fric en trompant ses propres clients, en « continuant à spéculer sur les matières premières le 11 septembre 2001 », « en aidant la Grèce à cacher une partie de sa dette abyssale avant l'explosion du pays en 2009 », avec un sentiment de totale impunité et d'infaillibilité. Ce sentiment de pouvoir « faire le travail de Dieu » avec le cynisme et la morgue des grands délinquants s'appuie sur « un réseau d'influence unique au monde » dans lequel se sont trouvés inclus bien des responsables politiques occidentaux. Les « expertises » quantitatives et statistiques qui accompagnent plus qu'elles ne limitent toutes ces opérations de la « haute finance si souvent vérolée » apparaissent bien pour ce qu'elles sont : des discours de légitimation sociale justifiant l'ordre de domination du monde. Les statistiques sont ces grands mensonges qui permettent les manipulations fantômes des chiffres, par exemple lorsque la dette de la Grèce, qui ne doit pas aller au-delà de 60 %, commence à dépasser 100 % de son Pib. Alors, « une piste se dessine : manipuler les emprunts en devises étrangères pour faire baisser artificiellement les statistiques. Dans le jargon de Wall Street, on appelle cela un *swap* de devises. C'est une opération OTP, *over the counter*, sous le comptoir, c'est-à-dire de gré à gré. Une opération fantôme [2]. » Un simulacre ? Une imposture ? La « monnaie courante » de ce monde du capitalisme financier, de cette puissance de papier ? Un monde de Tartuffes dans

1. Voir « Goldman Sachs : la banque qui dirige le monde », documentaire de Jérôme Fritel et Marc Roche, Arte le 4 septembre 2012 et l'article de Clément Lacombe dans *Le Monde* du 4 septembre 2012.

2. Clément Lacombe, 2012, art. cit.

lequel la norme numérique de la finance, la monnaie de la marchandise et du spectacle, les algorithmes des montages spéculatifs ont remplacé le langage et les cérémonials religieux, où Tartuffe[1] a abandonné les gestes de piété pour le sourire carnassier et le geste speedé du jeune trader. À chaque époque son imposteur qui se façonne au gré des valeurs morales et de l'hypocrisie en cours sur le « marché » des mœurs. Preuve, si le lecteur en doutait encore, que la liturgie du marché a bien pris la place des religions traditionnelles, et que l'*habitus* juridico-financier que cet univers exige tend à remplacer les anciennes manières de cour.

Le monde « financiarisé » n'est pas le vrai monde, pas davantage que le monde de l'exactitude, il est le monde des chiffres qui tombent ronds, même quand ils ne font plus qu'exprimer l'imposture d'un ordre imposé par un rapport de force qui se prévaut des normes. La norme, c'est la transcription à l'état brut d'un rapport de forces au sein duquel une exigence est imposée à une existence, au nom de l'excellence, de la performance, du profit.

Précisons qu'à partir du moment où l'expertise statistique et numérique se trouve promue opérateur d'un nouveau paradigme de civilisation, d'une nouvelle morale positive et curative pour penser le monde et le vivant, nous aboutissons à cet aveuglement qu'analysait déjà Hannah Arendt à propos des stratégies en œuvre lors de la guerre du Vietnam. Cet aveuglement accompagne une étape supplémentaire dans la « mathématisation » du monde et de ses conflits, étape conduisant à laisser aux « spécialistes de la résolution des problèmes », spécialistes issus de l'univers de l'économie expérimentale et de la théorie des jeux[2], le soin de *décider* à la place

1. *Le Tartuffe* de Molière avait pour sous-titre *L'Imposteur*.

2. Roland Gori, Marie-José Del Volgo, 2008, *op. cit.*

des politiques, des militaires et des citoyens. De ce fait, lorsque nous adoptons les valeurs et les critères des « spécialistes de la solution des problèmes [1] » pour penser le monde et notre existence, et même si cette transmutation des valeurs s'avère inappropriée à notre vie, ce n'est pas seulement tel ou tel problème qui demeure sans solutions, mais c'est bien le monde comme notre existence que nous risquons de perdre. C'est ce que Hannah Arendt montre en analysant les documents du Pentagone qui rendaient compte de la manière dont aux États-Unis la guerre du Vietnam avait été préparée à partir des scénarios des spécialistes de résolution de problèmes et de leurs ordinateurs. Ce n'est pas seulement la guerre que ces experts ont perdue, mais c'est aussi le monde, *notre monde*, auquel ils avaient substitué un monde virtuel, abstrait, perdant au passage le goût de la vérité, du jugement et de la responsabilité pour remplacer par cet art du mensonge qui les conduisait en fonction du public auquel ils s'adressaient à se débarrasser des faits au profit de scénarios imaginaires composés à l'intention des auditoires réels. Hier, la guerre du Vietnam, aujourd'hui l'économie mondiale.

Il semble que nous n'ayons pas retenu cette leçon d'Hannah Arendt : « À la lecture des mémorandums, des options et des scénarios, à voir la façon dont des projets d'opérations sont affectés de pourcentages de risques et de profits [...] on a parfois l'impression que l'Asie du Sud-Est a été prise en charge par un ordinateur plutôt que par des hommes "responsables des décisions". Les spécialistes de la solution des problèmes n'« appréciaient » pas, ils calculaient. Leur confiance en eux-mêmes n'avait même pas besoin de l'autosuggestion pour se

1. Hannah Arendt, *Du mensonge à la violence* (1969), Paris, Calmann-Lévy, 1972, p. 40-41.

maintenir intacte en dépit de tant d'erreurs de jugement, car elle se fondait sur une vérité purement rationnelle et mathématique. Le malheur est que cette "vérité" était dépourvue de tout lien avec les données du "problème" à résoudre [1]. » Le calcul tombe juste mais le monde n'est plus là... Il en va ainsi des fameuses évaluations scolaires dans lesquelles les tests qui mesurent les connaissances donnent des résultats des élèves allant s'améliorant au fur et à mesure de leur passation. Mais qu'est-ce qui s'améliore ? Le niveau de connaissance des élèves ou leur adaptation aux tests ? Un chercheur en sciences de l'éducation, Robert Linn [2], a montré que les élèves s'adaptent aux efforts que le test exige, incitant parfois à des stratégies de triche, puis, passée la nouveauté, les enseignants comme les élèves s'en désintéressent et les indicateurs baissent. Il a montré par exemple que l'introduction d'un nouveau test se traduisait souvent par une baisse des performances. Il semblerait, comme le remarque également Maya Beauvallet, que « le test ne mesure que... la connaissance du test [3]. » Un autre effet pervers de ce type d'évaluation est qu'elle conduit les enseignants et les étudiants à se focaliser sur les tests, à ne travailler que pour eux et en conséquence à développer des stratégies d'apprentissage et d'adaptation non aux connaissances mais aux outils qui les mesurent. C'est également ce que l'on remarque dans toutes les situations d'évaluation où le contrôle des performances incitent non à l'amélioration des pratiques mais à satisfaire les instruments qui prétendent les mesurer. Ce type d'évaluation incite à la fraude, à l'imposture et à l'hypocrisie, et ce, d'autant plus que les protocoles d'évaluation

1. *Ibid.*, p. 40-41.

2. Robert Linn, « Assessments an Accountability », *Educational Researcher*, 29, 2, p. 4-16.

3. Maya Beauvallet, 2009, *op. cit.*, p. 65.

s'apparentent davantage au langage des machines, à leurs automatismes.

Dans le système technicien les machines commandent et exigent des hommes qu'ils suspendent toute pensée pour se transformer en instruments, en pièces détachées du grand ensemble de la production. Les machines aujourd'hui sont virtuelles, dématérialisées, façonnant, modelant, capturant les moindres actes symboliques et matériels dans des protocoles et des standards constituant la véritable organisation rationnelle du travail à partir de bases de données et de leurs traitements numériques. Ces machines et cette production qui se dématérialisent nécessitent toujours plus l'assujettissement des hommes, leur prescrivant non seulement de ne plus penser, de s'adapter aux signaux informatiques sans recourir à la pensée, mais encore, au fur et à mesure que s'impose la logique du capitalisme financier, d'incorporer les normes et les formes symboliques sans aucun rapport avec les significations concrètes des objets et des pratiques de l'existence. Là où naguère les chefs devaient surveiller la docilité du travailleur à se soumettre aux fonctions essentielles exigées par la machine, aujourd'hui c'est l'organisation bureaucratique avec son traitement des données et sa rhétorique d'expertise qui lui donne une légitimité permettant le développement infini de cette forme d'oppression sociale [1]. L'évolution des techniques et des sciences a immensément contribué à la psychogénèse et à la sociogenèse d'une société normative : « Le dispositif technique a également servi à la reproduction permanente et à

1. Claude Lefort écrivait déjà en 1981 dans *L'Invention démocratique* : « Quand l'expert – l'espèce pullule de nos jours – fait la somme, pour chaque camp, des divisions blindées, des rampes de lancement, des missiles, des ogives, il y a quelque bon sens populaire à juger que "vous et moi" ne comptons pour rien dans l'affaire. » (Paris, Fayard, 1994, p. 38.)

la diffusion des normes[1]. » Norme et technique s'avèrent fortement corrélées dans notre civilisation des mœurs.

La prolifération de machines numériques et l'hégémonie progressive de l'informatique, promue médiateur quasi exclusif des échanges symboliques entre les hommes et les objets, entre les hommes et leurs systèmes de production et entre les hommes eux-mêmes, a considérablement accru le pouvoir du savoir technicien. J'entends par « savoir technicien » une recomposition de la structure du savoir, dans sa nature et sa fonction, par le « système technicien » qu'a développé l'informatique en tant que « technologie interscientifique » : l'unification de « tous les sous-systèmes [...], lui a permis [au système technicien] de devenir un tout organisé, lequel vit à l'intérieur de la société, la modèle, l'utilise, la transforme[2] ». La dévalorisation incessante et infinie du savoir narratif au profit d'une rationalité technique a été la signature de la civilisation occidentale depuis le début[3]. Jamais autant qu'avec la naissance et le développement du capitalisme, cette forme de rationalité ne s'est imposée pour commander les conduites et civiliser les mœurs. Max Weber, là-dessus, nous a laissé une analyse incomparable. Mais c'est à Jacques Ellul que nous devons ce complément indispensable que constitue son travail sur *Le Système technicien* pour comprendre ce qui se produit de nos jours.

Le point important est que, aujourd'hui, ce calibrage du savoir et de sa valeur, dans la forme même de la « marchandise informationnelle », constitue la condition même du progrès de certaines sciences et techniques autant que du développement du capitalisme. Il y a des affinités électives entre certaines

1. Norbert Elias, 1973, *op. cit.*, p. 301.
2. Jacques Ellul, 1977, *op. cit.*
3. Roland Gori, 2011, *op. cit.*

formes de rationalités, certaines formes de gouvernements politiques et certaines formes d'économies [1], d'économies matérielles mais aussi psychiques. Le système technicien structure la totalité du vécu psychique et modèle entièrement les pratiques sociales. Il va donc fournir au marché un énorme facteur d'abstraction et d'homogénéisation conduisant à l'éradication des anciennes valeurs, ses caractéristiques de vitesse, de coordination, d'unification et de totalisation produisent un nouveau monde, prolongeant le monde industriel, mais plus radical et total dans sa métaphysique et ses dispositifs. Ellul décrit avec pertinence ce remaniement profond des secteurs de l'existence : « Il est aisé de constater que tout ce qui constituait la vie sociale, travail, loisir, religion, culture, institutions, tout cela qui formait un ensemble lâche et complexe, où la vie réelle s'insérait, où l'homme trouvait à la fois une raison de vivre et une angoisse, toutes ces activités "déchirées et plus ou moins irréductibles les unes aux autres", tout cela est maintenant technicisé, homogénéisé, intégré dans un nouvel ensemble qui *n'est pas* la société. Il n'y a plus aucune organisation sociale ou politique significative possible pour cet ensemble dont chaque partie est soumise à des techniques, et liée aux autres par des techniques [2]. »

Ce système technicien recompose tout autant l'économie matérielle de la vie sociale, que l'économie psychique des humains. J'ai souhaité insister sur cette contribution de la technique à la fixation d'habitudes nouvelles ou modifiées, non seulement dans les rapports sociaux que les humains entretiennent entre eux, mais aussi sur les recompositions de leurs sensibilités psychologiques, sur la manière dont ils entrent

1. Cf. Roland Gori, 2010, *op. cit.*
2. Jacques Ellul, 1977, *op. cit*, p. 27.

en relation avec eux-mêmes. Le système technicien devient lui-même son propre spectacle. Comme le monde de la marchandise qu'il sert, il se contemple lui-même dans le monde qu'il a créé. À condition que les hommes fassent partie de ce monde de la machine, de l'ordinateur qui ordonne, dans tous les sens du terme, le sens des existences. À la condition que « l'apparence fétichiste de la pure objectivité dans les relations spectaculaires cache leur caractère de relation entre hommes et entre classes : une seconde nature paraît dominer notre environnement de ses lois fatales [1] ». À ce moment-là, la société postmoderne est en marche, et la démocratie devient un genre politique obsolète dont on ne conserve les coutumes qu'à titre folklorique. Mais qu'est ce qui est nouveau aujourd'hui ? Qu'est ce qui fait qu'aujourd'hui nous pressentons dans la crise que nous traversons une maladie bien plus grave de notre civilisation que les traditionnels frissons des fièvres récurrentes des époques successives ? Qu'est ce qui fait qu'aujourd'hui nous percevons que l'homme en produisant de la technique *se produit autrement*, et qu'à travers chacun des humains se produit une nouvelle humanité, avec ses espèces et ses sous-espèces ?

Aujourd'hui le danger provient de mon point de vue de la rencontre des possibilités nouvelles et inégalées qu'offre le système technicien avec la dimension de tyrannie latente dans tout régime politique.

Paul Valéry a montré avec force que l'idée de dictature se trouvait en germe dans toute philosophie politique et dans tout système social qui « est plus ou moins contre nature, et la nature, à chaque instant travaille à reprendre ses droits. Chaque être vivant, chaque individu, chaque tendance s'efforce de rompre

1. Guy Debord, 1992, *op. cit.*, p. 26.

ou de désagréger le puisant appareil d'abstractions, le réseau de lois et de rites, l'édifice de conventions et de consentements qui définit une société organisée. Les personnes, les intérêts groupés, les sectes, les partis minent, dissolvent, chacun selon ses besoins et ses moyens, l'ordonnance et la substance de l'État[1].» Pour Valéry, toute philosophie politique contiendrait pour impensé l'idée de dictature dès lors que dans sa logique elle fait abstraction des êtres vivants et concrets de l'existence pour leur substituer les êtres imaginaires de son système. Toute philosophie politique serait donc susceptible d'ouvrir la voie à un régime qui conçoit la vie d'ensemble des humains comme devant s'organiser sur un modèle intelligible, et échapper ainsi à la contingence, au hasard et au singulier concret. Mais cette tyrannie de toute philosophie politique que dénonce fermement Paul Valéry trouve dans le vivant une résistance qu'elle ne peut parvenir à vaincre, quelles que soient par ailleurs les contentions contre-nature qu'elle lui impose.

Je voudrais encore et encore souligner à quel point cette thèse est forte : à considérer la vie d'ensemble des humains comme devant s'organiser sur un modèle intelligible, on voit poindre à l'horizon de toute politique, de tout système social, l'idée dictatoriale. Il suffit pour cela de réduire la complexité des êtres, leurs conditions singulières de vie concrètes à quelques schémas et combinaisons qui n'en retiendront que les propriétés nécessaires et suffisantes, simplistes, dont le système a besoin pour fonctionner. Il suffirait d'en finir avec une pensée de la «complexité[2]». Le système politique, dit Paul Valéry, préviendra, par le dressage et l'assouplissement des volontés

1. Paul Valéry, *Regards sur le monde actuel et autres essais*, Paris, Gallimard, 1945, p. 78.

2. Edgar Morin, *Introduction à la pensée complexe* (1990), Paris, Seuil, 2005.

individuelles, toute objection, exploitera toutes les sensibilités, utilisera tous les moyens de domination matériels et symboliques afin de s'assurer le règne d'un ordre établi sur « la masse de la population – les uns, réels ; les autres, imaginaires [1] ». Et comme il le souligne : « Dans les types modernes de dictature, la jeunesse et même l'enfance sont l'objet d'une attention et d'un travail de formation tout particuliers [2]. » Le vivant, concret, singulier, celui qui fait l'humanité dans l'homme, le « pluriel singulier », travaille à miner le champ d'un système politique qui veut le réduire à un schéma, à une combinaison intelligible, à un « segment de population [3] ».

On mesure alors le pouvoir considérable que confère le système technicien dans nos sociétés hypermodernes aux régimes politiques, et on peut aisément concevoir comment la mondialisation qui réduit la biodiversité des cultures et des langues, comment la civilisation des mœurs qu'accomplit un « rationalisme morbide [4] » peuvent devenir la « seule volonté libre, seule pensée intégrale, seul possesseur de la plénitude de l'action, seul être jouissant de toutes les propriétés et prérogatives de l'esprit, en présence d'un nombre immense d'individus réduits indistinctement – quelle que soit leur valeur personnelle – à l'état de moyens ou de matière –, car il n'y a pas un autre nom pour toute chose que l'intelligence peut prendre pour son objet [5]. »

C'est un peu comme si avec le système technicien et l'économie capitaliste à laquelle il appartient, nous risquions de rendre possible ce rêve, ou plutôt ce cauchemar, d'une tyrannie

1. Paul Valéry, 1945, *op. cit.*, p. 83.
2. *Ibid.*, p. 83.
3. Michel Foucault, 2004, *op. cit.*
4. Roland Gori, 2011, *op. cit.*
5. Paul Valéry, 1945, *op. cit.*, p. 84.

en germe dans toute philosophie politique, ce que l'écriture de fiction d'un Orwell[1] avait anticipé sans l'avoir analysé.

De la liberté postmoderne

La question d'une nouvelle tyrannie rendue possible par le système technicien est d'autant plus aiguë que notre conception de la liberté a évolué au cours du temps. Et avec cette évolution du concept de liberté les relations que la démocratie entretient avec la norme se sont aussi transformées.

Au début du XIXe siècle, Benjamin Constant a donné une description de cette distinction entre, d'une part, la liberté des Anciens, qui se manifeste dans « la participation active au pouvoir collectif[2] » des affaires de la cité antique, notamment chez les anciens Grecs, et, d'autre part, l'idéal de liberté individuelle qui caractérise la liberté des Modernes. À la suite des philosophes des Lumières, Benjamin Constant pose l'individu comme autonome, souverain, se donnant sa propre loi, jouissant des garanties de liberté d'action, de conviction, d'expression et d'intégrité physique. Alors que chez les Anciens, la liberté est le partage du pouvoir social entre tous les citoyens égaux d'une même cité, chez les Modernes la liberté est la sécurité des jouissances privées, c'est-à-dire une liberté de « copropriétaires » de la nation. Benjamin Constant pressent le sombre pronostic de cette liberté des Modernes qui tendent à perdre la foi dans les institutions politiques : « Les affections domestiques remplacent les grands intérêts publics[3]. » L'affaiblissement moral qui s'ensuit frappe toutes les sphères de la

1. George Orwell, *1984*, Paris, Gallimard, coll. « Folio », 1972.

2. Benjamin Constant cité par Tzvetan Todorov, *Benjamin Constant. La passion démocratique*, Paris, Hachette, 1997, p. 47.

3. Benjamin Constant cité par Todorov, *ibid.*, p. 47.

vie, l'amour comme la religion ou la politique, et conduit à l'extrême solitude de l'homme moderne. Si la liberté est politique chez les Modernes, elle l'est au titre de la vie privée. Cette liberté permet d'exercer les « vertus domestiques [1] »de chacun au risque de conduire à une « société d'individus » isolés. Cette solitude pourrait être du pain béni pour les ambitions d'un tyran. Comme Benjamin Constant l'écrit : « Quand chacun est son propre centre, tous sont isolés [2]. » Dans une telle société individualiste, l'égalité se réduit aux droits politiques de l'espace domestique, c'est-à-dire de ce qui concerne l'économie de la famille et de la maison.

Cette conception d'une liberté politique modelée sur le régime de l'économie familiale se révèle aux antipodes de la conception antique de l'égalité et de la liberté. La famille est par excellence le lieu du domaine privé où s'exerce le pouvoir absolu d'un chef, comparable à celui des empires barbares de l'Asie. Comme l'a développé Hannah Arendt, chez les Anciens la liberté est le droit du citoyen authentique à se soustraire à « l'inégalité inhérente au pouvoir », en participant à la gestion du domaine public. C'est un droit d'accès au domaine public. Hannah Arendt écrit : « La *polis* se distinguait de la famille en ce qu'elle ne connaissait que des "égaux", tandis que la famille était le siège de la plus rigoureuse inégalité. Être libre, cela signifiait qu'on était affranchi des nécessités de la vie et des ordres d'autrui, *et aussi* que l'on était soi-même exempt de commandement. Il s'agissait de n'être ni sujet, ni chef [3]. » Est citoyen libre celui qui ne vit politiquement qu'au milieu de ses pairs et n'a à traiter qu'avec eux des affaires de la cité. Les lois votées par la cité sont les siennes, et même lorsqu'elles sont

1.Benjamin Constant cité par Todorov, *ibid.*, p. 47

2. Benjamin Constant cité par Todorov, *ibid.*, p. 52.

3. Hannah Arendt, 1994, *op. cit.*, p. 70.

contraires à son vote initial, elles sont du fait de la démocratie devenues les siennes. Le Moderne est libre dans l'espace privé, l'Ancien est libre dans le domaine public. Ce sont les lois et les politiques qui les inspirent qui établissent les lignes de démarcation entre les deux domaines.

Mais l'extension sociale des *normes,* aux dépens des lois, bouleverse, me semble-t-il, le fragile équilibre de ces usages de la liberté dans les domaines public et privé. Si bien que nous aurions aujourd'hui avec nos « démocraties normatives » une troisième conception de la liberté, une conception postmoderne, en somme, dont il resterait à définir le genre. Ce qui suppose que soit préalablement défini le rapport de la démocratie à la norme.

Depuis ses origines, la démocratie entretient avec la norme une relation à la fois ambiguë et paradoxale. Placée sous le signe de l'égalité, de la justice et de la rigueur, la norme (*norma*, « équerre ») participe à la construction de la démocratie. La société des égaux ne saurait se concevoir sans cette égalité, cette *isonomie*, qui, dans la mesure et la proportion, assure l'équilibre des pouvoirs de chacun dans les décisions qui concernent tous les citoyens. La norme ne définit aucun contenu de conduite politique ou privé mais pose l'idéal d'une égalité virtuelle, donnant un accès juste et rigoureux de tous les citoyens aux affaires de la cité. Les lois garantissent ce principe normatif dénué de tout contenu, de toute substance de comportement. La norme devient alors un idéal transcendantal, la norme devient la liberté et l'angoisse du possible, le cadre formel dans le périmètre duquel les hommes doivent prendre leurs responsabilités, doivent décider et mériter leur liberté.

Mais l'extension sociale des dispositifs de normalisation et la prolifération linguistique du terme « norme », depuis le XIXe siècle, conduit à faire de la norme ce au nom de quoi le pouvoir politique prétend gouverner, gouverner pour le bonheur des populations. Faute de pouvoir se prévaloir de la vertu républicaine, des idéaux aristocratiques ou des principes philosophiques transcendantaux, le pouvoir cherche alors dans les sciences la légitimité des normes qu'il prescrit ou sélectionne pour réclamer l'obéissance. À partir de là, la norme est moins le concept d'une égalité potentielle et transcendantale, qui permettrait à chacun de faire valoir en toutes circonstances son excellence singulière, comme chez les Grecs de l'Antiquité, qu'un modèle comportemental qui arase toute singularité au profit d'un conformisme généralisé. Foucault nous a laissé sur cette question un héritage conséquent sur lequel je ne reviendrai pas et qui a inspiré la plupart de mes derniers travaux. La norme détient alors « la puissance englobante » d'une *normativité* qui permet de prescrire des conduites ou des usages sans avoir à en débattre, comme c'est le cas habituellement pour les lois, par exemple. La norme devient alors ce au nom de quoi s'installent de nouveaux dispositifs de censure sociale, parfois avec des effets bénéfiques, comme le « principe de précaution » qui, à l'origine simple principe déclaratif, a acquis par l'usage puis par son intégration à la Constitution, une normativité juridique conséquente [1].

La plupart du temps les dispositifs normatifs qui se sont développés tout au long des deux siècles précédents, sans cesse et toujours plus agressivement, avaient des objectifs sociaux et économiques fortement utilitaires : confisquer le temps de travail des individus, leur prescrire des formes de vie et leur épargner l'exigence et la dignité de penser [2]. Rien ne saurait nous assurer que cette démocratie de conformisme social et de lâcheté politique, si intensément cultivée par le capitalisme

1. Catherine Thibierge, 2008, *op. cit.*
2. Roland Gori, 2011, *op. cit.*

actuel, soit toujours de même nature que la démocratie des citoyens égaux. Aujourd'hui c'est bien au nom de normes qu'une police des mœurs et des esprits progresse et s'étend à l'infini pour faire obstacle au processus démocratique. La norme n'est plus alors le cadre formel à l'intérieur duquel, à partir d'une égalité de principe, peuvent se prendre des décisions, la norme est le contenu, le savoir extrait d'un ensemble de conduites individuelles et de populations sur la base duquel le pouvoir prescrit, sans débat citoyen, un comportement social conforme. La pression sociale normative s'est accrue du fait d'une globalisation du monde et de la réduction de la biodiversité des cultures, des langues et des opinions.

Le lien que le concept de norme entretient avec son étymologie, étymologie qui inclue les valeurs de justice et d'équité, s'est relâché au profit d'un modèle de contrainte et de calibrage des comportements. À la puissance du principe d'égalité des humains la norme substitue aujourd'hui la faiblesse d'un pouvoir politique qui ne prétend gouverner qu'au nom de la médiocrité et de l'uniformité. Et cela dans tous les domaines, aussi bien ceux de l'espace public que du domaine privé. À la liberté des Anciens, puis des Modernes, succéderait la liberté contemporaine d'*aimer* les normes que l'on nous impose, au nom du pragmatisme. La nouvelle conception de la liberté serait la liberté d'aimer son bourreau.

Je ne fais que radicaliser mon propos pour mieux mettre en relief ce qui pourrait constituer une troisième conception de la liberté, après celle des Anciens et celle des Modernes, une liberté des postmodernes. À moins qu'une nouvelle politique ne s'en mêle qui vienne rappeler que la notion d'économie politique est une contradiction dans les termes [1].

1. Hannah Arendt, 1994, *op. cit.*.

La conjonction d'un système totalitaire de normes imposé par une évaluation généralisée prétendument objective qui transforme les humains en choses, leurs actes en marchandises, dont les effets sont amplifiés par la puissance de la technique, la destruction progressive des tissus démocratiques, fait d'autant plus courir un risque à la démocratie que l'avenir semble incertain, confus, indécis, et que le corps social perd lentement ses repères. Paul Valéry encore avait souligné que les idées de dictature, d'ordre, d'organisation systématique, de tyrannie intelligente s'imposaient en chacun au moment même où historiquement les repères vacillaient. Il écrit : « C'est alors que se forme inévitablement, dans les esprits, l'idée du contraire de ce qui est – l'idée complémentaire de la dispersion, de la confusion, de l'indécision… Ce contraire est nécessairement quelqu'un. Ce quelqu'un germe en tous [1]. »

Là peut-être se trouve l'une des raisons qui peuvent conduire un être à s'abandonner à la servitude volontaire dans cette *passion de l'ignorance,* passion à la source de laquelle s'abreuvent toutes les autres folies, singulières autant que collectives. La raison pour laquelle « le grand homme » acquiert en général une importance décisive dans ces moments de vacillement des repères n'est pas ignorée de la psychanalyse, et se ramène aisément à cette « nostalgie du père [2] » dont parlait Freud et qu'il attribuait bien volontiers au « besoin de la masse ».

C'est un défi politique et éthique que nous devons aujourd'hui relever tant il apparaît, comme l'écrit Lacan, que « l'idée que le savoir puisse faire totalité est, si je puis dire,

1. *Ibid.*, p. 86

2. Sigmund Freud, *L'Homme Moïse et la religion monothéiste* (1939), Paris, Gallimard, coll. « Folio », 1986, p. 207.

immanente au politique en tant que tel[1] ». À partir de quoi le risque totalitaire est réel et toujours présent en politique, et ce, d'autant plus si les « experts » s'y prêtent en fournissant aux politiques un savoir « total » qui fasse suppléance de la religion[2]. Ce risque est d'autant plus grand aujourd'hui que les figures de l'intellectuel et du savant ont été démolies et disloquées au profit de ces « petits maîtres » que sont devenus les experts. Jamais autant qu'aujourd'hui la démocratie n'a été menacée par un « coup d'État permanent », insidieux, doux et féroce à la fois, une inclination généralisée des masses à s'en remettre à un pouvoir anonyme, injuste et lâche mais redoutablement efficace, garant des inégalités sociales et de leur accroissement obscène, et largement légitimé par un « savoir non narratif » des chiffres et des notations que lui procurent les « imposteurs de l'économie[3] » et autres « scribes de nos nouvelles servitudes[4] ». C'est aussi la science que l'on assassine en son nom.

Comme le remarque Winnicott, « l'idée d'un savoir total est un cauchemar pour le scientifique. La pensée d'une chose

1. Jacques Lacan, *Le Séminaire, Livre XVII, L'Envers de la psychanalyse*, *op. cit.*, p. 33.

2. Michel Blay montre comment la prise en main du CNRS par Charles Jacob en 1941 sous Pétain avait impulsé une nouvelle organisation antidémocratique marquée à la fois par l'empreinte idéologique de la figure du « chef » et par celle, en gestation, de la future technocratie. Les « maîtres » pour lesquels les institutions technocratiques « roulent » importent peu. Il suffit parfois d'un presque rien pour précipiter une institution, un pays, une région, un individu dans la tourmente, le chaos et la tyrannie. Face au désarroi de l'inconnu, à l'angoisse d'une menace, aux incertitudes, le besoin d'un savoir, savoir total et totalisant, constitue une redoutable tentation. Cf. Michel Blay, *Les Ordres du chef*, Paris, Armand Colin, 2012.

3. Laurent Mauduit, *Les Imposteurs de l'économie,* Paris, Jean-Claude Gawsewitch Éditeur, 2012.

4. Roland Gori, 2009, art. cit., p. 65-76.

pareille lui donne le frisson. Quand on compare cela avec la certitude qu'apporte la religion, on voit combien diffèrent la science et la religion, qui, elle, remplace le doute par la certitude. La science comporte une infinité de doutes et suppose une foi. La foi en quoi ? Peut-être en rien ; juste une capacité d'avoir la foi ; ou s'il y a foi en quelque chose, ce sera la foi dans les lois inexorables qui gouvernent les phénomènes [1]. » Là où s'arrête le royaume des lois de la science s'ouvre l'empire de la politique autant que celui de la psychanalyse, c'est-à-dire celui des *passions humaines* et de leur redoutable et merveilleuse fécondité culturelle. Pour explorer ce champ des passions politiques, il faudra bien que la psychanalyse s'en mêle. Il nous faudra sortir de la *sidération* du réalisme et du pragmatisme, réenchanter par le rêve le monde de demain. Faute de quoi le règne de l'homme mutilé par le lavage de cerveau du prétendu réalisme se poursuivra indéfiniment : « On a volé à l'homme sa part imaginaire, mythique, et cela ne donne pas un homme "vrai", cela donne un homme infirme et mutilé, parce qu'il n'y a pas d'homme sans part de poésie, il n'y a pas d'Europe sans part d'imaginaire, sans la "part Rimbaud", ce n'est pas le règne du réalisme, c'est le règne du zéro [2]. »

1. Donald W. Winnicott, *Conversations ordinaires*, Paris, Gallimard, 1988, p. 17.

2. Romain Gary, *La Nuit sera calme*, Paris, Gallimard, 1974, p. 309.

CHAPITRE IV

L'inhibition de rêver et le trauma de la civilisation

« Est-ce qu'une personne aliénée, peu aimante et ayant un sens de l'identité assez faible n'est pas mieux adaptée à la société technologique actuelle qu'une personne sensible, aux sentiments profonds ? Lorsque l'on parle santé dans une société malade, on utilise le concept de santé en un second sens, sociologique, qui signifie l'adaptation à la société. Le problème est précisément celui du conflit entre la "santé" termes humains et la "santé" en termes sociaux : une personne peut être bien adaptée dans une société malade, précisément parce qu'elle est malade en termes humains[1]. »

L'œuvre de Norbert Elias a parfaitement mis en évidence que l'évolution sociale des mœurs déclenchait, au-delà des singularités, une recomposition de leurs sensibilités psychiques. Il souligne tout au long de ses travaux l'« interdépendance étroite entre structures sociales et structures émotionnelles[2] », entre le comportement social des humains et leur économie psychique. L'évolution des mœurs opère par leur constante

1. Erich Fromm, 1973, *op. cit.*, p. 35.
2. Norbert Elias, 1973, *op. cit.*, p. 218.

civilisation codifiant toujours plus les manières de se conduire en société, à table, dans la chambre à coucher, dans la manière de parler et dans les cérémonials de la vie publique. Norbert Elias émet l'hypothèse selon laquelle, pour chaque individu, en raccourci, s'accomplit un processus de civilisation qui, dans l'évolution sociale et historique, se serait étendu sur plusieurs siècles. L'intériorisation de ces normes serait constitutive d'un surmoi qui en agrégerait les contraintes : « Les normes sociales qui ont été imposées à l'individu du dehors se reproduisent ensuite sans à-coups par l'autocontrainte qui jusqu'à un certain degré opère automatiquement même si, au niveau de la conscience, la personne en cause la refuse [1]. »

Dans notre société moderne, l'humain est soumis à un réseau étroit et serré, de préceptes et de règlements, de censures et de conditionnements, qui s'étend toujours plus à mesure que son *interdépendance* avec les autres s'accroît. Cette transformation des relations humaines qui incite, paradoxalement, à l'autonomie et à la maîtrise de soi dans un univers d'interdépendance accrue, ne résulte pas de connaissances rationnelles [2], malgré les apparences, mais de structures sociales et de logiques de distinction [3]. Par exemple, Norbert Elias montre

1. *Ibid.*, p 274.

2. De la même manière à la fin du XIXe siècle la transformation des mœurs, le souci d'ordre et de régulation des promiscuités ouvrières, l'insistance sur le logement « individualisé » de ses lieux les plus intimes, les ambitions de la propreté rejoignant celles de la morale, sont venus conforter les découvertes des microbiologistes et assurer la promotion de l'hygiène. Au point, comme le remarque Georges Vigarello, que « la tenue de l'habitat est projetée en pédagogie de comportement comme jamais elle ne l'avait été jusque-là [...]. » Georges Vigarello, *Histoire des pratiques de santé. Le sain et le malsain depuis le Moyen Âge* (1993), Paris, Seuil, 1999.

3. Norbert Élias écrit : « La motivation sociale précède de beaucoup la motivation scientifique. » Norbert Elias, 1973, *op. cit.*, p. 341.

que si la chambre à coucher est devenue l'une des enceintes les plus privées, les plus intimes des humains, si la toilette de nuit, apparue en même temps que l'usage de la fourchette et du mouchoir, se développe, c'est moins de la connaissance rationnelle des maladies que provient ce nouveau code de conduites que de la logique des processus sociaux de civilisation. C'est cette logique sociale qui confère aux marques de pudeur et aux tabous du corps une *valeur sociale* de distinction. Il écrit : « Comme la plupart des fonctions corporelles, le "sommeil" s'est également retiré "derrière les décors" de la vie sociale. La "famille restreinte" est aujourd'hui la seule "enclave" légitime et sanctionnée par la société, où cette fonction du corps puisse, comme beaucoup d'autres s'accomplir [1]. » Une modification de la vie en commun et des structures sociales affecte les sensibilités affectives et les fonctions psychiques des individus. Mais, en retour, les changements affectifs dans le comportement des humains, leur tolérance à l'égard de leurs vies pulsionnelles érotiques et agressives, leurs privations et leurs tabous, la sélection de leurs sentiments moraux, leurs idéaux et leurs penchants éducatifs, révèlent *les structures sociales* dans lesquelles ils sont immergés, et les traumatismes collectifs qui sont les leurs, individuellement et collectivement. Dès ce moment-là, et à distance d'une psychologisation des problèmes sociaux, il doit être possible de rendre compte d'un phénomène de civilisation à partir de l'analyse psychopathologique d'un phénomène *singulier* suffisamment significatif pour révéler une évolution sociale des mœurs. L'un éclairant l'autre et réciproquement. C'est la problématique qui organise cet ouvrage et qui rejoint le travail de Christopher Lasch : « La psychanalyse clarifie le mieux les relations entre la société et

1. *Ibid.*, p. 349.

l'individu, entre la culture et la personnalité, lorsqu'elle se limite précisément à un examen attentif de l'individu. C'est quand elle est le moins soucieuse de le faire qu'elle nous en dit le plus sur la société. L'application par Freud des principes psychanalytiques à l'anthropologie, à l'histoire et à la biographie peut être négligée, avec bonne conscience, par le sociologue, mais ses investigations cliniques constituent une mine indispensable d'idées lorsqu'on a compris que l'inconscient représente la modification de la nature par la culture, la pression de la civilisation sur l'instinct [1]. » Si on veut comprendre « qu'est-ce qui nous arrive ? », « comment en sommes-nous arrivés là ? », la clinique des singularités est indispensable pour éclairer les phénomènes collectifs, « le collectif n'est rien que le sujet de l'individuel [2] ».

Le rêve inhibé

> *« J'ai maintenant cherché dans un dictionnaire au mot "créer" et j'ai trouvé ceci "donner vie"* [...]. *Une création peut être une « production de l'esprit humain »* [...]. *Par vie créatrice, j'entends le fait de ne pas être tué ou annihilé continuellement par soumission ou par réaction au monde qui empiète sur nous ; j'entends le fait de porter sur les choses un regard toujours neuf. »*
>
> Donald W. Winnicott [3]

Dans son livre *Comprendre Winnicott,* Jean-Pierre Lehmann relate un événement de la vie de Donald Winnicott qui prend, selon moi, une grande portée anthropologique à devoir être

1. Christopher Lasch, 2000, *op. cit.*, p. 66.
2. Jacques Lacan, *Écrits*, Paris, Seuil, 1966.
3. Donald W. Winnicott, 1988, *op. cit.*, p. 57.

rapporté à ce que je considère comme un *traumatisme collectif* de l'histoire de notre civilisation.

Jean-Pierre Lehmann écrit : « Il semblerait que le jeune Donald se rappelait fort bien ses rêves mais *qu'après la première guerre mondiale**, en ayant perdu la faculté, il en ait été sérieusement affecté [1]. » Que l'on puisse entrer en analyse parce que l'on souffre de ne plus pouvoir se souvenir de ses rêves, c'est-à-dire de ne plus pouvoir en faire à soi-même et aux autres le *récit* peut paraître à une oreille peu avertie surprenant. On imagine sans peine ce qu'une telle préoccupation, souci de soi et souffrance intime, pourrait constituer comme *objection* aux pratiques actuelles des grilles d'évaluation en santé mentale ! Comment parvenir à faire entrer dans la série des items conduisant aux diagnostics psychiatriques un item du style : « ne se rappelle pas ses rêves » ou encore « souffre de ne pas se rappeler ses rêves ». Mais il est vrai que le propre du traitement statistique des comportements, auquel se réfèrent actuellement ces méthodes de diagnostic, consiste à oublier le sens des questions pour ne se concentrer que sur l'évaluation des moyens de traiter les réponses. *Là encore la forme prévaut sur le sens.* Ce que, d'une certaine façon, Winnicott souligne lorsqu'il écrit : « Et la statistique ? Est-ce une science ? On peut l'utiliser pour prouver que la réponse à une certaine question est bonne ; mais c'est la question de qui ? Et de qui est-ce la réponse [2] ? »

Pour revenir à la question qui nous préoccupe ici, c'est par la voie du rêve que Winnicott rencontre la psychanalyse, précisément parce qu'il souffrait de ne plus pouvoir s'en faire le récit,

1. Jean-Pierre Lehmann, *Comprendre Winnicott*, Paris, Armand Colin, 2009, p. 47.

2. Donald W. Winnicott, « Psychanalyse et science, amies ou simples relations ? » (1961), 1988, *op. cit.*, p. 22.

s'en souvenir. Dans une culture purement utilitaire, dans une civilisation strictement technique il paraît incroyable que l'on puisse souffrir de la perte d'une faculté comme celle du rêve. Dans notre civilisation de vigilance, à la limite de l'insomnie et des opérations cognitives à flux tendu, une telle perte pourrait se voir agréablement compensée par l'accroissement du temps disponible pour des activités bien plus sérieuses que celle du rêve. Telle ne fut pas l'attitude du pédiatre Winnicott. Après avoir lu un ouvrage du pasteur Oskar Pfister sur la méthode analytique, il entreprit l'étude de *La Science des rêves* de Freud et ces lectures le passionnèrent. Son intérêt pour la psychanalyse ne cessa de croître.

On connaît la suite : la vie conjugale tourmentée de Winnicott avec sa première femme, l'expérience malheureuse de son couple, le décida dès 1923 à entreprendre une psychanalyse. Winnicott débuta son analyse avec James Strachey, auquel Jones l'avait adressé et, comme il le note dans son article, « La haine dans le contre-transfert [1] », cette expérience lui donna l'occasion de « rêves curatifs ». Il le précise dans ce texte : « J'ajouterai incidemment qu'au cours de mon analyse et dans les années qui se sont écoulées depuis sa conclusion, j'ai eu une longue série de ces rêves curatifs ; quoique désagréables dans bien des cas, *chacun d'entre eux a marqué mon avènement à un nouveau stade de développement affectif* [2]*. » Cette thèse du rêve comme facteur du développement psychique, je dirais même comme moteur de civilisation, vient heurter, on s'en doute, notre culture rationnelle, technique et gestionnaire. Combien ça vaut un rêve ? Combien de protocoles standardisés, combien de cohortes épidémiologiques

1. Donald W. Winnicott, « La haine dans le contre-transfert » (1947), in *De la pédiatrie à la psychanalyse*, Paris, Payot, 1969, p. 51.

2. *Ibid.*, p. 51.

faudrait-il pour prouver que le rêve *sert* à quelque chose et à quelqu'un ?

Il arrive que, sous l'effet de traumatismes, des sujets ne puissent plus rêver, rêver au sens psychanalytique du terme. Ils ne sont plus en mesure de *transformer* des bribes de souvenirs préconscients des événements de la veille, de les agencer, de les modifier et d'en faire une histoire, plus ou moins cohérente, mais différente des événements qui ont permis au rêve d'apparaître. Autrement dit le rêveur *crée* à partir des matériaux de la veille, à partir des restes diurnes – souvenirs des événements du jour précédent –, une *œuvre* qui, pour étrange, angoissante, fantaisiste qu'elle soit, demeure sa production la plus personnelle, singulière, artistique. Cette « création », Winnicott en fait en elle-même un traitement du psychisme. Tout autre est le cauchemar traumatique qui reproduit la scène à l'origine de l'effroi, sans modification, sans création, sans éléments nouveaux ajoutés ou retranchés, sous l'effet d'une pure compulsion de répétition, d'un *automatisme de machine*.

Le processus de guérison de ces cauchemars traumatiques advient bien souvent au moment où ils commencent à se transformer en rêves d'angoisse, échappant à la série des répétitions de la scène de sidération, pour devenir des « créations », esquisses et fictions. C'est l'exemple clinique de ce cheminot heurté par un wagon alors qu'il travaillait sur une voie ferrée, surpris et sidéré par un choc qui, pour ne pas avoir été très violent et ne lui avoir causé que des blessures physiques sans grande gravité, développe une authentique névrose traumatique. C'est moins la commotion physique qui fut à l'origine de ses états d'angoisse, d'insomnie, de sueurs intenses, de tremblements divers et variés, d'inhibition à sortir dans la rue et à retourner sur son lieu de travail que le trauma psychique. Pendant de longs mois, ce patient revécut sous la forme de cauchemars traumatiques la scène précédant de quelques secondes l'événement de l'accident. Il revoyait de manière extrêmement précise les détails de la voie sur laquelle il se trouvait, les odeurs et les sensations de l'époque de l'accident. Ces souvenirs étaient « anormalement clairs [1] », comme dans une hallucination, toujours les mêmes. Les cauchemars reproduisaient à l'identique ses souvenirs. C'est seulement au cours du traitement que surgirent, au moment même où son état s'améliorait, des modifications, des déformations, des ajouts et des omissions dans ses récits de la scène. Nous sortions du cauchemar traumatique proprement dit. Dans ces nouveaux types de rêves, qui faisaient progressivement leur apparition, des éléments nouveaux de la journée, agrégés aux souvenirs anciens, apparaissaient, d'autres contenus disparaissaient, le récit se modifiait, lentement mais constamment. Ce n'était plus un récit automatique restituant les informations disponibles sur l'accident mais une élaboration subjective, une création singulière et sans cesse à réinventer en fonction de nouvelles expériences. *Le cauchemar traumatique prenait la voie du rêve.*

Il convient de distinguer, comme le propose Conrad Stein [2], le facteur du traumatisme de la cause du traumatisme. Le facteur du traumatisme, c'est l'événement accidentel qui constitue les circonstances d'apparition de la névrose. La cause du traumatisme, c'est l'état d'impréparation du sujet au moment où il a été confronté à cette situation dont le caractère soudain a fait intrusion dans son psychisme. Le trauma est psychique, mais il peut être produit par une commotion aussi

1. Sigmund Freud, « Constructions dans l'analyse » (1937), in *Résultats, idées, problèmes,* II, Paris, Puf, 1985, p. 278.

2. Conrad Stein, (dir.), « Freud-Ferenczi. Chronique d'une correspondance », in *Études freudiennes,* 1993, 34.

bien physique, morale que psychique. C'est la soudaineté de la commotion psychique qui produit une véritable effraction dans la subjectivité, saisissant le patient jusqu'à le déposséder de lui-même, lui donnant le sentiment d'un effondrement, d'un anéantissement ou une perte de confiance dans ses capacités ou dans celles des autres. À partir de ce moment-là, le trauma, demeurant encapsulé dans le psychisme, est voué à la pure et simple répétition de ce qui l'a produit. Parfois, « un choc inattendu, non préparé et écrasant, agit pour ainsi dire comme un anesthésique [1] ». Le sujet devient insensible à certains événements de sa vie, voire à des expériences, qu'il n'éprouve plus comme étant siennes. D'autres fois, les traumatismes psychiques conduisent à des inhibitions, des évitements, des réactions de défense, pouvant aller jusqu'à la phobie, par exemple de sortir dans la rue, de conduire une voiture ou de prendre un avion. D'autres fois encore, ce ne sont plus des limitations qui accompagnent le traumatisme psychique, mais bien plutôt des fixations au traumatisme avec une contrainte de répétition. Le sujet a alors tendance à se replacer dans les situations qui furent à l'origine de son effroi. On connaît ces histoires d'accidents à répétition, d'échecs compulsifs en amour et dans la vie sociale.

C'est la confrontation des psychanalystes aux névroses de destinée, aux névroses de guerre et à certaines formes cliniques de masochisme, qui les a conduits à une révision critique de leur doctrine, doctrine qui affirmait la suprématie du principe de plaisir dans l'étiologie sexuelle des névroses et la fabrique des rêves. « L'au-delà du principe de plaisir [2] », comme « Le

1. Sandor Ferenczi, *Psychanalyse IV*, in *Œuvres complètes*, Paris, Payot, 1990, p. 143.

2. Sigmund Freud, « Au-delà du principe de plaisir » (1920), in *Essais de psychanalyse*, Paris, Payot, 1984, p. 41-116.

Problème économique du masochisme [1] », ou encore *L'Homme Moïse et la religion monothéiste* [2] attestent la reconnaissance de ce *réel* du traumatisme au sein des conceptions psychanalytiques, et de la nécessité de devoir les modifier. Avec Ferenczi d'abord, Winnicott ensuite et enfin Lacan, la prise en considération d'une violence originaire, qui pousse les sujets à la répétition du trauma, a permis de mettre en relief l'existence d'un réel insoluble dans le rêve, comme dans le fantasme, le jeu ou les passions. Ce noyau de réel, encapsulé comme un kyste dans les tissus du psychisme, demeure irréductible aux formations de l'inconscient. Le rêve, les passions, le jeu, la poésie, la culture en général bordent ce réel, tentent sans cesse de le dissoudre dans le tissu du psychisme, sans jamais y parvenir totalement. L'important est qu'il y ait suffisamment de jeu pour que la dynamique psychique ne soit pas totalement bloquée. Elle se grippe quand des situations d'effroi sidèrent les possibilités de création. La terreur que les réminiscences du traumatisme inspirent, et qui font du sujet « un enfant blessé [3] », le fixe à ce traumatisme et le conduit, par la contrainte de la répétition, à reproduire dans l'actuel les plaies de la mémoire, à reproduire sans cesse les conditions de la situation traumatique, soit pour éprouver l'affect d'effroi, d'horreur qui a fragmenté son psychisme, soit pour l'induire en l'autre en se parant lui-même d'une insensibilité vengeresse. La « passion pédagogique [4] », par exemple, peut venir constituer la satisfaction d'un désir d'emprise sur l'autre,

1. Sigmund Freud, « Le problème économique du masochisme » (1924), in *Névrose, psychose et perversion,* Paris, Puf, 1973, p. 287-297.

2. Sigmund Freud, 1993, *op. cit.*

3. Sandor Ferenczi, *Journal clinique* (1932), Paris, Payot, 1985, p. 71

4. Conrad Stein, *Effet d'offrande, situation de danger,* Paris, Études freudiennes, 1988.

d'une jouissance à le modeler à son image, à l'inclure dans son monde et ses valeurs; désir d'emprise suscité par des expériences scolaires vécues comme des traumatismes par le pédagogue au moment où il était enfant. Ce qui, bien évidemment, n'autorise en rien une interprétation générale des motivations à la pédagogie. Mais ce qui ne manque pas de nous inviter à nous interroger sur ce qu'il convient de considérer aujourd'hui comme une véritable *folie pédagogique* de *la société tout entière* prise par le désir de classer, évaluer et modeler. Pédagogie non de la liberté mais du contrôle.

Il existe donc une autre forme de clinique psychanalytique que celle des névroses, c'est celle à laquelle nous sommes confrontés lorsque le patient a *oublié d'oublier* la souffrance et l'effroi du trauma de l'événement. C'est-à-dire que nous sommes alors face à une souffrance qui a exproprié le sujet de lui-même. Ferenczi le premier a su rendre compte de cet état psychique de sidération : « Que se passe-t-il quand la souffrance augmente et dépasse la force de compréhension du petit être ? L'usage commun caractérise ce qui s'ensuit par l'expression : "l'enfant est *hors de lui*" [1]. » Faute d'avoir oublié, l'individu est *ravi* à lui-même. Ne pouvant oublier l'événement traumatique il est conduit à s'oublier lui-même, il se tue psychiquement, il s'anéantit réellement ou symboliquement. Il en va ainsi aujourd'hui dans certaines situations de souffrance au travail [2] où la douleur est telle, l'humiliation si grande que le sujet s'abolit par le suicide, l'immolation ou s'anéantit dans sa fonction, en s'identifiant à l'automate qui l'a fait souffrir, ou

1. Ferenczi, 1985, *op. cit.*, p. 79.

2. Yves Clot, *Le Travail à cœur : pour en finir avec les risques psychosociaux*, Paris, La Découverte, 2010; Christophe Dejours, *Souffrance en France : la banalisation de l'injustice sociale* (1998), Paris, Seuil, 2009.

s'épuise jusqu'à en mourir[1]. À moins qu'il ne retourne cette souffrance contre les autres chez lesquels il induit la terreur qui s'est emparée de lui et dont il n'a même plus conscience, terreur sans nom et sans visage. On comprend aisément que ce type de patients puisse être une proie idéale pour toute entreprise sectaire, pour toute emprise normative. Et ceci d'autant plus que le sujet aura été pris au dépourvu par l'entreprise sectaire, saisi dans un état d'impréparation, dépouillé des capacités de résister et de comprendre. D'où il ressort que l'emprise sectaire agira d'autant plus facilement que le sujet se sera trouvé ou aura été placé dans un état de vulnérabilité, de faillite, dépourvu de cette intelligence et de cette volonté qui lui permet de prétendre à une *majorité*. Dépouillé il se saisira d'autant plus vite et facilement des habits idéologiques et moraux que le maître lui fournira.

Mais, pour en revenir à la psychopathologie individuelle notons que l'individu ne peut sortir de cet état de déréliction subjective dans lequel il est plongé que s'il trouve un environnement, un collectif « suffisamment bon », une nouvelle société « suffisamment bonne » pour élaborer ce qui l'a détruit. Faute de quoi l'événement traumatique ne sera pas élevé à la dignité d'une trace psychique, persistera dans l'acuité de l'hypermnésie sans rêve, ou se trouvera retranché de la mémoire, *dissocié*, et voué à se reproduire d'une manière ou d'une autre. Nos pratiques cliniques témoignent de l'importance pour nos événements quotidiens qu'ils puissent être promus restes diurnes permettant à nos rêves d'être créés. Or, pour ce faire, il est nécessaire que nos événements de vie ne soient pas trop traumatiques, que leur évidence ne s'impose pas avec trop de cruauté. De l'empêchement, de l'inhibition, de l'embarras, de

1. *Encyclopédie du BIT*, « Le karoshi ou mort par surmenage », <http://www.ilocis.org/fr/samplilo.html>.

l'échec de cette incitation à créer ce qui existe pour le découvrir vraiment, dont le rêve est le paradigme, se déduit pour le psychisme la persistance et l'effraction du trauma. L'automatisme de répétition supplante le rêve dès lors que celui-ci se trouve inhibé.

Dans une société et une civilisation qui incitent les individus à s'adapter à leurs fonctions, à faire prévaloir la rationalité pratico-formelle et économique des dispositifs sur le désir et ses fictions, dans une telle « société de fonctionnaires [1] », ne risquerions-nous pas d'être condamnés à un traumatisme de l'ordinaire ? Hans-Georg Gadamer écrit : « Dans notre civilisation technique, il est en fin de compte inévitable que *ne soit pas tant récompensée la puissance créatrice de l'individu que son pouvoir d'adaptation**. Dit en une formule : la société des experts est en même temps une société de fonctionnaires. Car ce qui constitue le concept du fonctionnaire, c'est qu'il se concentre lui-même sur l'exercice de sa fonction [2]. » Tel est le défi aujourd'hui que doit relever notre civilisation des mœurs, dans l'organisation du travail, certes, mais aussi dans les dispositifs qui fabriquent nos existences dans leur totalité : inciter à l'adaptation ou à la création.

Ne faut-il pas impérativement restaurer le rêve dans ses droits pour sortir notre civilisation de l'empire du traumatisme d'une vie ordinaire réduite à des fonctions normatives ? Le rêve, ce paradigme de l'autoguérison dont Winnicott eût très tôt l'intuition et dont il plaça l'expérience au centre de sa pratique et de sa pensée. Une société où la *raison instrumentale* façonne l'ensemble des dispositifs de civilisation dévalorise la fonction du rêve, et par là même la place de la subjectivité dans la conduite de l'existence. Michel Foucault rappelle à

1. Hans-Georg Gadamer, *Langage et Vérité*, Paris, Gallimard, 1995, p. 288.
2. *Ibid.*, p. 288.

partir de l'analyse d'un texte d'Artémidore l'importance de l'interprétation des rêves dans l'Antiquité pour définir une conduite et promouvoir une « culture de soi [1] ». Analyser ses rêves, c'est prendre soin de soi-même, être le *thérapeute de soi*, s'engager dans une pratique morale autant que sociale : « On ne doit pas oublier que l'analyse des rêves faisait partie des techniques d'existence [2]. » Dans le cadre de cette culture de soi, l'analyse des rêves constituait une réflexion sur la morale des plaisirs, définissait des critères esthétiques et éthiques de l'existence, participait à une conversion du sujet à soi-même et dirigeait son rapport aux autres.

Dans un passé récent, ainsi qu'aujourd'hui encore dans certaines régions d'Europe, l'analyse des rêves participait d'un travail de l'âme pour se corriger elle-même, pour conduire le corps et intégrer des messages d'un au-delà de la réalité dans l'expérience que le sujet fait de lui-même et dans ses rapports aux autres. À partir de récits de rêve et de visions à caractère prémonitoire qu'elle a recueillis en Corse depuis le début des années 2000, Françoise Hurstel [3] témoigne de l'omniprésence et de l'importance des rêves dans la culture insulaire : ils unissent le monde des vivants au monde des morts, ils annoncent l'avenir, ils construisent à partir de l'arrière monde du village sa véritable communauté. Les rêves et visions en Corse acquièrent une fonction de communication sociale autant qu'une fonction prémonitoire de révélation d'un monde au-delà de l'évidence, ce monde dont Dominique Fernandez [4] avait également montré l'omniprésence dans la

1. Michel Foucault, *Le Souci de soi* (1984), Paris, Gallimard, 1997.

2. *Ibid.*, p. 17.

3. Françoise Hurstel, « Rêves et visions comme intermédiaires entre les vivants et les morts en Corse », *Études sur la mort*, 2006, 128, 33-42.

4. Dominique Fernandez, *Le Banquet des anges*, Paris, Omnibus, 1987.

culture quotidienne des Siciliens. Les idéologies positivistes méthodiques de notre civilisation occidentale, formatées par une rationalité instrumentale, scientifique autant qu'économique, pourront toujours rétorquer qu'il s'agit dans ces cultures-là de coutumes obscurantistes, de pensées magiques et de traditions animistes. À quoi il serait aisé de répondre qu'en matière de pensée magique, le rituel contemporain des évaluations généralisées et incontrôlées en comporte une bonne dose, qu'en matière d'animisme le « romantisme des chiffres » dont parle Max Weber nous conduit à croire en eux comme jadis on croyait aux esprits.

Sans devoir faire l'éloge de ces cultures qui présument un au-delà du monde visible, un au-delà de l'évidence et de l'apparence, il nous faut souligner qu'elles font *objection* à une civilisation purement instrumentale, fonctionnelle et économique des mœurs. La communication par une parole allant au-delà de l'information restitue aux mots et aux discours une fonction de révélation, révélation d'un monde invisible, du monde des morts et des forces de l'esprit, révélation d'un mystère que ne saurait épuiser le savoir objectif. C'est cette intuition du caractère polysémique, polyphonique, ambigu du monde sensible qui me paraît fondamentale, en tant que pressentiment sur lequel se déposent les mystères et les interprétations. À partir de là, les mots, les paroles, les signes et les êtres *excèdent* leur apparence, leur fonction, leur valeur instrumentale et économique. Cette restitution d'une polysémie du monde est extrêmement importante car elle est la condition préalable à toute pensée poétique et politique, elle ouvre le champ des possibles où l'avenir ne se réduit pas à des prédictions établies à l'image du passé. Cette polysémie du sensible détermine de multiples formes de discours qui organisent le champ social autant que subjectif. Quand je dis « discours », c'est au sens fort du terme, celui des champs de parole et de langage bien sûr, mais aussi celui des institutions, des formes de savoir et des formes de pouvoir. C'est-à-dire des discours en tant que machines de gouvernement autant que fabriques de subjectivité. Il va de soi par exemple que les cultures corses et siciliennes dont j'ai parlées précédemment impliquent un rapport différent avec la sépulture, avec l'autorité du mort et les rites sociaux que nos civilisations urbaines hypermodernes prises dans le culte de l'urgence et de la fonctionnalité. Que ces cultures méditerranéennes soient celles où prédomine encore le récit, la capacité de raconter des histoires, ne nous étonnera pas. Laisser une place à l'*extraordinaire* revient à postuler un lieu qui excède la pure raison, un site où peuvent venir se loger la subjectivité, l'art, l'éthique, le politique, bref les passions humaines qui bordent le « réel ». Comment une fois encore ne pas évoquer Walter Benjamin : « L'information en prise sur la réalité la plus immédiate trouve désormais plus d'audience que les nouvelles venues de loin. Celles-ci [...] jouissaient d'une autorité qui les rendait valables en l'absence même de tout contrôle. L'information, elle, prétend être aussitôt vérifiable. [...] Souvent, elle n'est pas plus exacte que les nouvelles colportées aux siècles passés. Mais alors que ces nouvelles prenaient bien souvent un aspect merveilleux, il est indispensable que l'information paraisse plausible. Elle s'avère par là inconciliable avec l'esprit du récit. Si l'art de conter est devenu chose rare, cela tient avant tout au progrès de l'information.

Chaque matin, on nous informe des derniers événements survenus à la surface du globe. Et pourtant nous sommes pauvres en histoires remarquables [1]. »

1. Walter Benjamin, *Œuvres III* (1972), Paris, Gallimard, 2000, p. 122-123.

Il ne s'agit bien évidemment pas de cultiver la nostalgie ou de célébrer romantiquement l'exotisme. Il ne s'agit pas davantage d'accentuer les particularismes culturels ou de tomber dans l'illusion d'un «évolutionnisme» des sociétés humaines dont Lévi-Strauss[1] a montré le caractère fallacieux. Il s'agit simplement d'admettre la diversité des cultures et des modes de civilisation des mœurs qui constitue des manières de gouverner et de fabriquer de multiples subjectivités. Nous avons trop souvent tendance à admettre comme allant de soi et constituant une évolution positive la prédominance actuelle de la raison instrumentale dans nos manières de vivre et de sentir, et dans nos manières d'élaborer nos expériences. Dans l'histoire de nos sociétés, cette manière de penser le monde, soi-même et les autres est datée, localisée par l'espace et le temps. Il convient en conséquence de ne pas oublier que ces mutations dans les manières de vivre et de sentir sont des mutations dans le champ des valeurs et des rapports sociaux et qu'elles ne sont pas immuables. On se souvient par exemple de la question posée par Max Weber[2] quant à l'esprit du capitalisme et à son rationalisme marchand : comment se fait-il que l'on soit parvenu à un moment donné à considérer comme honorables des activités lucratives telles que le commerce et la banque alors même qu'elles ont été méprisées et réprouvées durant des siècles et qu'elles incarnaient l'avarice, la cupidité et la passion du gain ?

Dans ces conditions il convient non pas de se satisfaire d'un état actuel des choses conçu comme un stade de progrès dans le développement des sociétés, ni même d'établir une hiérarchie des cultures maquillant les problèmes politiques et

1. Claude Lévi-Strauss, *Race et Histoire* (1952), Paris, Gallimard, 1987.
2. Max Weber, 2002, *op. cit.*

philosophiques que l'on se pose, mais plutôt d'essayer de comprendre ce qu'implique comme *sacrifices* singuliers et collectifs une forme d'organisation sociale. Toute organisation sociale suppose des sacrifices, c'est-à-dire institue des valeurs qui définissent le champ du sacré, de ses tabous et de ses obligations. Autrement dit, les *valeurs* qui méritent que l'on vive ou que l'on meure pour elles impliquent en elles-mêmes ces sacrifices. Une fois encore, la notion de valeur ne saurait s'identifier au prix marchand fixé par l'esprit du capitalisme et dont nous voyons aujourd'hui l'extension sociale débridée. Évaluer, c'est d'abord établir les sacrifices qu'exigent à un moment donné les dispositifs sociaux fabriquant les subjectivités et organisant le gouvernement.

Si nous voulons évaluer authentiquement le sacrifice psychique et social auquel notre civilisation des mœurs, organisée par la rationalité instrumentale, nous contraint, il nous faut rappeler l'analyse que propose Adorno de la ruse du rationalisme moderne. Cette ruse de la raison instrumentale des civilisations modernes consiste à transformer le *sacrifice humain et rituel originaire en renoncement subjectif* : l'individu sauve sa vie tout autant qu'il la néglige en se dominant et en se maîtrisant par la raison instrumentale. Dans l'histoire de l'Occident, Ulysse est la figure mythique de la ruse et de la raison qui lui permet de surmonter les épreuves, épreuves qu'il affronte au cours de son odyssée, odyssée qui n'est rien d'autre que la métaphore de l'existence et de la condition humaine.

Prisonnier avec ses compagnons d'infortune de la grotte du cyclope Polyphème, qui les croquait les uns après les autres, Ulysse profite de l'assoupissement du monstre pour crever son œil unique à l'aide d'un pieu rougi au feu du brasier. Le géant hurle de douleur et appelle ses frères à l'aide. Lesquels lui demandent : « Qui te fait souffrir ? » « Personne ! » hurle

Polyphème, désignant ainsi Ulysse du nom que le « rusé » et rationnel héros avait donné à son adversaire lorsque ce dernier lui avait demandé son nom. Ainsi procède la raison moderne, elle sacrifie ce qui lui est propre pour vaincre ce qui menace son existence. Adorno écrit : « L'esprit instrumental, détaché, en se résignant et en se soumettant à la nature, lui donne ce qui lui appartient et, de ce fait même, la berne [1]. » À propos de la ruse d'Ulysse au moment de sa rencontre avec Polyphème, Adorno précise : « Il répond à son nom et le désavoue [...]. Il fait une profession de foi en sa faveur et se renie en même temps en se dénommant *Personne*, il sauve sa vie en se faisant disparaître. Cette adéquation linguistique à ce qui est mort contient le schéma des mathématiques modernes [2]. » La rationalité instrumentale permet une adaptation au monde objectif, mais au prix d'un écrasement de la subjectivité incitée à se soumettre aux exigences de l'environnement pour continuer à survivre. Cette raison instrumentale de l'espace culturel de l'Occident a réduit la polysémie du signifiant, son homonymie, son excès de sens à la signification plus univoque du signe. Le sujet survit aux épreuves qui le guettent mais au prix d'un sacrifice considérable de la richesse extraordinaire des mythes et des récits qui le constituent. Dans le commentaire qu'il fait de *L'Étudiant de Prague,* Jean Baudrillard [3] a radicalisé l'analyse de cette « aliénation contemporaine » évoquée par Adorno.

L'Étudiant de Prague, film muet des années 1930, raconte l'histoire d'un étudiant pauvre et ambitieux qui a vendu au diable son image dans le miroir. L'or que lui a donné le diable permet à l'étudiant de vivre la vie mondaine dont il

1. Max Horkeimer, Theodor W. Adorno, *La Dialectique de la raison* (1944), Paris, Gallimard, 1974, p. 71.

2. *Ibid*, p. 74.

3. Jean Baudrillard, 1970, *op. cit.*

rêvait, de séduction et de succès. Ce marché diabolique ne lui pèse pas trop sur la conscience jusqu'au jour où il s'aperçoit que l'image spéculaire que Satan avait détachée du miroir se promène dans le même monde que lui, provoque les pires incidents, commet bavures et crimes. À partir de ce moment-là, non seulement il évite les miroirs pour ne pas être démasqué, mais encore il fuit en permanence cette image qui le traque partout comme pour se venger d'avoir été vendue par lui. Il finit par fomenter le projet de tuer sa propre image afin de mettre un terme à ses tourments. Au cours d'une rixe avec son image dans sa chambre, il tire sur elle, brise le miroir, tue son double et meurt en même temps. Comme le remarque Baudrillard, « en tuant son image, c'est lui-même qu'il tue, puisqu'insensiblement c'est elle qui est devenue vivante et réelle à sa place. [...] L'image spéculaire représente ici symboliquement le sens de nos actes. Ceux-ci composent autour de nous un monde *à notre image.* [...] Symboliquement donc, si cette image vient à nous manquer, c'est le signe que le monde se fait opaque, que nos actes nous échappent – nous sommes alors sans perspective sur nous-mêmes. Sans cette caution, il n'y a plus d'identité possible : je deviens à moi-même un autre, je suis *aliéné*[1] ». Baudrillard montre que la traque dont l'étudiant devient l'objet, la fuite devant cette image dissociée de son être qui agit à sa place et le dépossède de sa vie, est « la vérité, non édulcorée, du processus d'aliénation[2] ». Cette aliénation est une expropriation subjective qui conduit à une confiscation de l'être par l'image, l'image des objets du travail et de la consommation qui nous hantent. Comme le souligne encore Baudrillard, cette « aliénation ne peut être dépassée :

1. *Ibid.*, p. 303.
2. *Ibid.*, p. 305.

elle est *la structure même du marché avec le Diable.* Elle est la structure même de la société marchande[1] ». La société marchande est « diabolique ».

Il faut le garder à l'esprit : « Cette image n'est pas perdue ou abolie par hasard – elle est vendue. Elle tombe dans la sphère de la marchandise, pourrait-on dire, et tel est bien le sens de l'aliénation *sociale concrète*[2]. » C'est l'image qui devance l'être dans le drame des événements de la vie, le précipite et l'engage dans des catastrophes. Elle est à la fois le double dissocié et inséparable de l'être.

Le film illustre avec une profonde vérité le drame ontologique de la captation par l'image de la subjectivité, de la manière dont elle l'aliène et la fait apparaître en même temps au champ social, au champ d'une société de la consommation et du spectacle. Le sujet se réduit au prix et au spectacle de la comédie sociale, dont il devient le martyr, le sacrifié.

Winnicott et Ferenczi ont décrit avec une acuité clinique incomparable cette torsion de l'être qui conduit le sujet à se fabriquer une personne, un « faux self », un moi, conforme aux adaptations exigées par l'environnement en retournant sa haine contre lui-même. Cette haine que le sujet retourne contre lui-même en devenant le spectateur de sa propre aliénation, de sa propre chosification, trouve dans le développement intellectuel dissocié de l'expérience corporelle une issue subjectivement délabrante. Le sujet adhère à son désaveu en retranchant alors de son expérience vécue ce en quoi sa souffrance l'affecte dans son histoire et dans son corps. Cet oubli de soi-même et des autres que convoque notre civilisation conformiste se trouve parfois levé par de bien curieuses

1. *Ibid.*, p. 307.
2. *Ibid.*, p. 303.

voies qui restituent au sujet les capacités de création et de rêve que la souffrance mobilise et que les dispositions sociales peuvent compromettre. Le rêve peut disparaître et laisser place à la ruse de la raison et à la force de la technique. Mais à quel prix ?

Winnicott situe, on l'a vu, l'expérience du rêve, son récit intime comme curatifs en eux-mêmes, et ce, au-delà du déchiffrage interprétatif qu'ils permettent dans et de la situation analytique. L'« aménagement de la situation », l'ajustement constant du « cadre » que Winnicott place au centre de sa théorie et de sa pratique analytiques me semblent inséparables de cette *fo*nction assignée au rêve, fonction au cœur même de l'expérience subjective. Le rêve est l'appropriation subjective des événements de vie, la substance d'une expérience dramatique sans laquelle l'existence elle-même deviendrait traumatique. Sans la « mise en sépulture du rêve », pour reprendre l'expression de Pierre Fedida [1], il n'y aurait pas de *subjectivation* des événements du jour, il n'y aurait pas d'instanciation dans le psychisme du moindre des actes de l'existence. Ce qui compte ce n'est pas seulement ce que fait le sujet, mais c'est ce qu'il est dans ce qu'il fait, c'est sa position subjective, son investissement psychique. Nous voilà aux antipodes de notre société de production industrielle des comportements et des émotions, de leur objectivation impérieuse, de l'idéalisation des formes et des apparences sans lesquelles l'être ne serait pas, nous voilà bien loin aussi du temps court et des événements en surface, du rythme effréné des anecdotes et des excitations éphémères, des relations liquides que l'on consume en les consommant.

Par exemple, au moment où nous perdons un être cher, nous savons, comme dit Freud, *qui* nous avons perdu mais

1. Pierre Fédida, *Crise et Contre-transfert*, Paris, Puf, 1992.

nous ne savons pas *ce* que nous avons perdu. C'est au moment où nous rêvons des morts que nous les insérons dans le tissu du rêve, dans sa puissance imaginaire et symbolique, que nous approchons de *ce* que nous avons perdu. Freud sait qu'il a perdu son père en octobre 1896, mais il ne sait pas encore *ce* qu'il a perdu en perdant son père. Ce n'est que dans les rêves et les symptômes qui suivirent cette disparition qu'il approcha la signification de *ce* qu'il avait perdu, par exemple un an plus tard avec la découverte du concept de complexe d'Œdipe, ou trois ans plus tard après le décès de son père, dans son ouvrage cardinal, la *Science des rêves*. Dans la préface de 1908 de cet ouvrage, il précise : « Pour moi, ce livre a une autre signification, une signification subjective que je n'ai saisie qu'une fois l'ouvrage terminé. J'ai compris qu'il était un morceau de mon autoanalyse, ma réaction à la mort de mon père, le drame le plus poignant d'une vie d'homme[1]. » Seul le rêve nous révèle la signification psychologique des événements de notre vie. Shakespeare fait dire à Prospero dans *La Tempête*[2] : « Nous sommes faits de nos rêves. »

Et dans une civilisation qui les méprise ?

Eh bien c'est une civilisation qui s'appauvrit dans son humanité, dans les styles esthétiques et éthiques de vie, dans ses manières de *donner* le monde, dans son ontologie. C'est dans les rêves, les contes, les mythes, le folklore que le poète tragique puise pour donner matière à son art, c'est à cette source aussi que s'alimente « la voix poétique de la révolte[3] », voix par le truchement de laquelle il secoue le joug de ses aliénations. Faute de quoi la vie ne serait que cette damnation de l'existence, cette ombre funeste du non-sens, de ce non-sens

1. Sigmund Freud, *L'Interprétation des rêves* (1900), Paris, Puf, 1987, p. 4.
2. William Shakespeare, *La Tempête*, Paris, Le Livre de Poche, 2011.
3. Patrick Chamoiseau, « Grand témoin », *Cassandre*, 2009, 78, p. 7-13.

déclamé par *Macbeth* : « La vie n'est qu'un fantôme errant, un pauvre comédien qui se pavane et s'agite durant une heure sur la scène et qu'ensuite on n'entend plus. C'est une histoire dite par un idiot, pleine de fracas et de furie, et qui ne signifie rien [1]. »

Ce travail de démantèlement et de reconstitution que l'on trouve, tant dans le travail du deuil [2] que dans le travail du rêve est véritablement la condition de la créativité du psychisme. C'est à cette condition, comme le remarque Winnicott, que la vie vaut la peine d'être vécue, que l'action dérive de l'être, que la pensée est authentiquement création, que les individus se sentent authentiquement vivants.

Le travail du rêve, c'est authentiquement un travail de transfert, de transfert au sens psychanalytique du terme. C'est-à-dire un travail de *transformation* par lequel les événements de la veille, restes diurnes, sont vidés de leur sens, deviennent un matériel proprement signifiant pour faire passer un autre message, un message en lien avec l'histoire du sujet. J'ai ailleurs [3] amplement développé cette conception du rêve et de son récit et je ne m'y attarderai pas. Je voudrais simplement montrer ici que la réalité psychique procède de ce travail de mise en sépulture des événements et de leur restitution sous une forme vivante, celle de la création sans laquelle il n'y a pas de vraie vie. C'est dans les archives et les feuillets du psychisme, dans l'économie symbolique des discours singuliers et collectifs que s'inscrivent les secrets de fabrique de la vie de tous les jours. C'est par eux que se réalise la transmission d'une génération à l'autre, que les mots et les émotions surgissent

1. William Shakespeare, *Hamlet – Othello – Macbeth*, Paris, Le Livre de poche, 1984, p. 358.

2. Pierre Fédida, *Des bienfaits de la dépression*, Paris, Odile Jacob, 2001.

3. Roland Gori, 1996, *op. cit.;* Roland Gori, « Le rêve n'existe pas », *Le bloc-notes de la psychanalyse*, 1997-1998, 15, p. 139-153.

pour dire que l'on ne vit pas en vain et que nos actes ont un sens. Un sens et pas seulement une fonction. Comme le dit Antoine, le héros du roman *Les insurrections singulières*, ouvrier au trajet atypique, décalé à l'usine comme parmi les siens, en lutte et en rébellion avec lui-même et les autres, qui ne reçoit en héritage que le carnet où son père avait jour après jour écrit les événements d'une existence ordinaire : « Ce qu'il savait, ce qu'il écrivait jour après jour, c'était la valeur de son travail d'être humain et ça n'a pas de prix.

Un carnet fait par un ouvrier pour un ouvrier. Un homme pour un homme. La valeur du travail de vivre qui passe de main en main.

Aujourd'hui c'est une relique.

Aujourd'hui on veut juste savoir ce qui est utile pour fabriquer des choses. Pas la vie. C'est ringard, c'est perte de temps, c'est pas efficace, de noter les jours de rien. Juste pour qu'un autre, un jour, le sache [1]. »

Ces quelques lignes de Jeanne Benameur témoignent de l'importance pour chacun de nous du sens et de l'autre auquel le message s'adresse, et que notre culture de l'interdépendance, de l'autonomie et des solitudes extrêmes, *désavoue* au nom de l'utilité et de la raison économique et instrumentale. Toute création suppose une promesse et un espoir, promesse de trouver un sens dans ce que l'on dit et ce que l'on fait, espoir qu'un autre valide et reconnaisse authentiquement la fécondité de la démarche. Un autre auquel on serait susceptible de manquer et sans quoi, et sans qui, surgit l'angoisse. Mais dans une société de l'adaptation dont l'idéal est l'organisation sociale d'une termitière, à quoi servirait une *création* ?

1. Jeanne Benameur, *Les Insurrections singulières*, Arles, Actes Sud, 2011, p. 130.

Comment traiter l'angoisse, si ce n'est par ces inhibitions que la psychiatrie contemporaine prend pour des habiletés sociales acquises par des programmes rééducatifs. Ce traitement cybernétique des symptômes et des inhibitions, qui fait de l'autre un partenaire de jeux expérimentaux et virtuels, configuration de signaux et d'interactions, fait l'impasse sur la question de l'angoisse et de sa valeur anthropologique. La reconnaissance par l'autre et de l'autre se maintient au niveau d'une reconnaissance d'objet, par et dans une manipulation de signes, en écartant de l'échange ce manque dans lequel s'engouffrent le désir, l'amour et la création. Précisons.

Comment procède la création ? La création procède d'une rencontre qui transforme l'objet, telle la passion amoureuse. André Breton [1] montre ce travail à l'œuvre dans *L'Amour fou.* Dans la rencontre amoureuse, comme dans la rencontre avec l'objet qui va devenir support de la création, les signes, les traits, les indices, convoquent des traces de la mémoire qui vont pouvoir donner au « jamais-vu » cette impression du « déjà-vu » que portent en elles-mêmes les choses révélées. Tout se passe comme si l'objet rencontré, qu'il s'agisse d'une personne aimée ou d'un objet matériel, faisait fonction de *catalyseur* électif permettant la précipitation, la cristallisation et l'élaboration des vœux refoulés, des rêveries inconscientes. Il suffit pour cela qu'un indice nous parle. La cuiller de bois achetée par Breton sur le marché en compagnie de Giacometti vient, dans l'après-coup d'une « phrase de réveil », figurer l'objet onirique de la pantoufle perdue de Cendrillon : « La pantoufle merveilleuse en puissance dans la pauvre cuiller. [...] Il devenait clair que l'objet que j'avais désiré contempler jadis s'était construit, hors de moi, très différent, *très au-delà*

1. André Breton, *L'Amour fou* (1937), Paris, Gallimard, 1989.

de ce que j'eusse imaginé, et au mépris de plusieurs données immédiates trompeuses [1]. » Si cet « au-delà » évoqué plus haut, à propos des cultures qui cherchent au-delà des apparences, de l'évidence et du visible, une communication, un sens avec le monde du rêve, des visions et des morts. Comme on peut le constater, il ne s'agit pas de faire l'éloge de l'occultisme, de l'animisme, mais d'admettre que certaines cultures en se référant à un au-delà de la forme visible et de la fonction instrumentale des objets créent une *place vide* où peuvent se loger la création artistique, la passion amoureuse et l'art politique, place vide que saturent frénétiquement nos sociétés de consommation et d'information.

À propos de la rencontre de Giacometti avec un autre objet actuel, un masque, catalyseur de la création d'une sculpture, André Breton rapproche la création du rêve. Il écrit : « La trouvaille d'objet remplit ici rigoureusement le même office que le rêve, en ce sens qu'elle libère l'individu de scrupules affectifs paralysants, le réconforte et lui fait comprendre que l'obstacle qu'il pouvait croire insurmontable est franchi [2]. » Il y a un autre monde, disait Éluard, mais il est dans celui-ci. Cette « surréalité », dont le surréalisme fait son miel, provient de cet état particulier où « l'ombre et la proie [sont] fondues dans un éclair unique [3] ». Peut-on trouver plus belle métaphore pour évoquer ce travail du rêve, comme de la création ? Les peintres connaissent cette valeur de support et d'obstacle à la fois de l'objet, du modèle, permettant la création de l'œuvre. Les objets nuisent à ma peinture, disait Kandinsky. Et Bonnard précisait : « La présence de l'objet, du motif, est très gênante pour le peintre [...] au moment où il peint. Le

1. *Ibid.*, p. 50.
2. *Ibid.*, p. 44.
3. *Ibid.*, p. 38.

point de départ d'un tableau étant une idée, si l'objet est là au moment où l'on travaille, *il y a toujours danger pour l'artiste de se laisser prendre par les incidences de la vue directe, immédiate**, et de perdre en route l'idée initiale... Par la séduction ou idée première, le peintre atteint l'universel. Si cette séduction, cette idée première s'effacent, il ne reste plus que le motif, l'objet qui envahit, domine le peintre. À partir de ce moment, il ne fait plus sa propre peinture [1]. » Pour créer, pour penser, pour vivre, il est nécessaire de rêver le monde, de le recréer en le dépouillant de ses évidences. Faute de créer le monde, nous y serions soumis, comme excroissance, automatisme, fonction, instrument, chose. Nous lui appartiendrions sans pouvoir le vivre, ne resterait plus alors que la possibilité de le dominer, et en le dominant nous ne ferions que davantage appartenir à ce monde des choses. Nous serions captifs des illusions de l'évidence et des formes imposées. Le monde, les mots, les autres, les objets ne nous apparaîtraient plus comme fendus, mystérieux, avec des significations multiples, foisonnantes et inaccessibles. Fente par laquelle s'engouffrent l'amour et le désir, surgit la création des choses révélées. Non, nous deviendrions réalistes, c'est-à-dire haineux puisque c'est par la haine que s'impose aux sujets ce monde extérieur qui fait objection à leurs fantaisies et à leurs illusions [2]. Dans un monde où la reconnaissance des autres et par l'autre passe par le réalisme des formes objectivées, des signes univoques, la seule médiation qui demeure est celle de la violence et de la destruction. Je ne veux pas dire par là que la violence surgit toujours comme un événement dans le monde des objets, dans le monde objectivé auquel appartiendrait le sujet dès lors qu'il devrait

1. Cité par Roger Bordier, *L'Art moderne et l'Objet*, Paris, Albin Michel, 1978, p. 53.

2. Roland Gori, 2005, *op. cit.*

renoncer aux illusions de l'amour et du rêve. Le réalisme peut être raisonnable et inhiber une violence dangereuse pour les partenaires. Je dis seulement que le réalisme objectif contient presque toujours la violence destructrice, au moins potentiellement. Nous aurons l'occasion d'y revenir mais *l'adaptation* est cette violence faite à soi-même que le sujet s'impose du fait de son environnement ou de ce qu'il a intériorisé de l'*habitus* de ses relations antérieures. Ce qui ne veut pas dire bien sûr que ces adaptations ne contiennent pas des possibilités de progrès ou de changements positifs, mais elles sont bien le résultat de *renoncements*.

Que l'on me comprenne bien. Si nous ne nous résignons pas à voir inhibé, empêché, dans leurs fonctions subjectives et sociales, le rêve et tout ce qui en dérive dans la culture, au nom d'une raison instrumentale blanche et sèche en saison néolibérale, ce n'est pas pour autant être conduit à jeter le bébé avec l'eau du bain, en renonçant, par exemple, au progrès de la science et de la technique. C'est bien au contraire pour promouvoir la biodiversité culturelle, celle de la raison, comme celle de la poésie, celle de la vérité comme celle de l'exactitude. C'est par un rêve que Dante Alighieri ouvre sa *Divine Comédie*, c'est à la suite d'un rêve que Constantin se convertit au christianisme [1] et ouvre ainsi l'ère chrétienne de l'Occident. Qui pourrait sous-estimer chez Léonard de Vinci ou Newton la participation des rêves à leurs découvertes ? Le rêve fait *penser*, la pensée invite à calculer, le calcul fait agir et l'action fait rêver : « Il convient que la poésie soit inséparable du prévisible, mais non encore formulée [2]. » C'est le

1. Paul Veyne, *Quand notre monde est devenu chrétien*, Paris, Albin Michel, 2007.

2. René Char, *Dans l'atelier du poète*, Paris, Gallimard, coll. « Quarto », 1996, p. 403.

monothéisme de la rationalité formelle et instrumentale que je mets en cause et l'hégémonie culturelle qu'il permet dans les sociétés capitalistes. Je revendique avec Édouard Glissant et Patrick Chamoiseau *L'Intraitable Beauté du monde*[1], la « créolisation » des sociétés modernes et de leurs cultures, les métissages des traditions et des formes de rationalité[2], la magie du signifiant et l'efficace du signe, l'abandon créateur du rêve et la saisie-arrêt du réalisme, le potentiel du chaos et l'ordre insurgé de la pensée vigile, la rigueur de la poésie et la beauté des mathématiques, l'impensable et le prédictible, le labeur et le jeu, le mélange des genres et la police du raisonnement, le lâcher-prise et le choix calculé, la « diversité consentie » et la transmission assumée, les archipels de l'imaginaire et les océans de la technique, les éclairs des poèmes et les foudres du savoir, « le jazz et la java ». J'exige une « pensée de la diversité[3] » qui refuse les morales d'État civil et les assignations à résidence des individus et des formes de vie, des formes du penser et de l'éprouver. Je revendique le tour de main de l'artisan et la haute technologie des tours de contrôle, je revendique l'esprit du village grec ou corse et la liberté des villes, la haute solitude de l'Alta Rocca et le bruissement de Montparnasse. Je revendique la biodiversité, la « créolisation » de l'existence, sans laquelle la liberté est un leurre. Je revendique la liberté de désirer en vain, celle qui trouve dans le réel les limites de l'impossible, sans concession aux conformismes et autres chloroformes de la nouvelle civilisation des mœurs.

Pour en revenir à l'importance du rêve dans l'expérience de subjectivation théorisée par Winnicott, il faut souligner un

1. Édouard Glissant, Patrick Chamoiseau, *L'Intraitable Beauté du monde*, Paris, Galaade, 2009.

2. Max Weber, 2002, *op. cit.*

3. Édouard Glissant, Patrick Chamoiseau, 2009, *op. cit.*

de ses aspects qui heurte profondément les valeurs de notre civilisation, ces valeurs de transparence et de surinformation dans les communications. Dans cette expérience du rêve, il importe *paradoxalement* qu'il soit à la fois raconté à l'autre, reconnu par un autre, et en même temps qu'il demeure en partie incompréhensible, expérience *non communicable*. À l'heure de la tyrannie de la transparence et de l'information, de l'illusion d'un donné immédiat du monde, des autres et de soi-même, je me plais à penser que demain la société sera winnicottienne ou ne sera pas.

Dans un article paru en 1963, intitulé « De la communication et de la non-communication [1] », Winnicott raconte comment il fut saisi, à l'occasion d'une conférence qu'il avait acceptée, d'une *inhibition à communiquer*. Le terme « inhibition » doit être ici entendu au sens du concept freudien, celui d'une limitation d'une des fonctions du moi du fait de son investissement par des conflits pulsionnels. Chez Freud, l'inhibition est intimement liée à une fonction, comme l'alimentation, la locomotion, la sexualité ou le travail professionnel, et elle se produit sous l'effet de l'angoisse devant l'investissement érotique. Le moi renonçant à des fonctions qui sont à sa disposition du fait de leur érotisation ou encore par autopunition pour satisfaire une exigence masochiste. L'inhibition chez Freud résulte d'une limitation de fonctions par mesure de précaution, par appauvrissement en libido ou par jouissance masochiste. Pour Winnicott, cette mise en panne de la capacité de communiquer, ce sabordage d'une performance socialement demandée et acceptée, révèle une *révolte positive*, un refus d'être exploité à l'infini, une protestation sortie du tréfonds du sujet.

1. Donald W. Winnicott, « De la communication et de la non-communication » (1963), *op. cit.*

Avec Winnicott, on se rapproche ici bien plus de Bartleby[1] et de sa fameuse réplique, « *I would prefer not to* », à chacune des demandes sociales qui lui sont adressées, que du névrosé empêtré dans ses conflits intimes. La capacité positive de cette inhibition est qu'elle révèle une grève bien involontaire du sujet, sa revendication au droit de ne pas communiquer, à affirmer les bases narcissiques de son être afin de ne pas être englouti par la demande sociale. *L'inhibition est ici une réaction à l'empiétement de l'environnement* qui peut produire aussi bien des tendances antisociales de révolte, de destruction, de mensonge, d'incontinence et de gloutonnerie que de l'apathie ou du repli sur soi. Ce sont la place et la fonction de l'environnement qui se trouvent ici mises en question. Le sujet peut tendre de différentes manières à se protéger des exigences et des intrusions qui menacent sa créativité. Comme nous le verrons par la suite, la protection d'un faux self peut s'avérer nécessaire pour permettre au sujet une adaptation aux exigences de l'environnement qui n'implique pas profondément sa *responsabilité* personnelle.

Dans l'exemple cité en référence par Winnicott, cette inhibition à communiquer révèle ce qu'il nomme le « fantasme d'être découvert » et les terreurs qu'il peut mobiliser. Le self s'affirme dans un nécessaire isolement qui vient sans cesse, dans le contact avec l'autre, revendiquer son irréductibilité à la communication sociale, langagière. Pour Winnicott, les terreurs que peut produire le « fantasme d'être découvert » sont aussi importantes que la non-reconnaissance de nos expériences intimes. Dans les deux cas, l'environnement semblerait exiger, par la voie de la négligence ou celle de l'intrusion, une soumission ou une transparence menaçantes pour l'affirmation de

1. Roland Gori, « De l'extension sociale de la norme à l'inservitude volontaire », *in* Gori R., Cassin B., Laval Ch., (dir.), 2009, *op. cit.*, p. 265-278.

la subjectivité. Ce refus de communiquer vient se heurter à sa tendance contraire, au désir tout aussi vif de communiquer, de faire apparaître et reconnaître ce que nous sommes et ce que nous désirons. Donc, c'est un peu comme si tout sujet était pris dans le conflit entre l'urgence d'une demande de communication pour être reconnu et le désir de non-communication, désir de se maintenir à l'abri de l'emprise de l'autre, de préserver ce qu'il est. Conflit entre la *demande*, demande d'amour, d'attention et de reconnaissance, qui s'appuie sur la recherche de l'image du semblable, et le *désir* opaque et mystérieux de l'être. Ce conflit, qui se manifeste dans la relation du sujet aux autres, œuvre aussi en lui-même. C'est un peu comme si nous nous trouvions en permanence entre le plaisir de se cacher à l'autre et la crainte catastrophique ne pas être cherché-trouvé. Dans ce jeu de cache-cache avec soi même et avec l'autre, la communication de l'intime révèle à quel point « *se cacher est un plaisir, mais n'être pas trouvé est une catastrophe* [1] ».

Cette conception winnicottienne de la communication sociale et de ses fondements psychiques éclaire d'un jour nouveau certains phénomènes psychopathologiques actuels. Il est curieux, par exemple, que notre époque n'ait pas reconnu dans les épidémies de dépression, de troubles des conduites, et de trouble oppositionnel de provocation (TOP) ou dans le trouble de l'attention et de l'hyperactivité (TDAH) les inhibitions, les révoltes et les tendances antisociales que favorisent les valeurs et les idéaux de notre civilisation. Autrement dit, ces « troubles du comportement » résulteraient, au moins en partie, au moins dans leurs modes d'expression, des exigences d'une civilisation qui fait vivre les individus qu'elle prend en charge au-dessus de leurs moyens psychiques et sociaux. La

1. Donald W. Winnicott, « De la communication et de la non-communication » (1963), *op. cit.*

manière même dont la psychiatrie aujourd'hui « traite » ces souffrances psychiques et sociales participe à leur émergence [1].

La dynamique des paradoxes est fondamentale pour la pratique et la théorie de Winnicott, non seulement pour expliquer la « localisation de l'expérience culturelle [2] » ou les « phénomènes transitionnels [3] », condition psychique de toute création authentique, mais plus encore pour montrer comment la santé psychique dépend de ce jeu des contraires. Le *paradoxe* est pour Winnicott au cœur du psychisme, au cœur de ce qui donne à un sujet l'expérience du vivant. C'est dans cet espace, espace du jeu et de la poésie, espace symbolique que prennent naissance les authentiques créations. Cet espace que Winnicott nomme « potentiel », dont il fait le lieu de l'expérience culturelle, l'émergence des *objets et phénomènes transitionnels* est paradoxalement un lieu qui n'est ni celui de la réalité partagée ni celui de l'hallucination, ni pleinement extérieur au sujet ni radicalement subjectif. C'est un lieu *d'illusion et de paradoxe* que l'on ne cherche pas à dissiper ou à réduire. C'est le « doudou » dont l'enfant ne peut se séparer et dont il a un impérieux besoin pour l'endormissement, c'est le jeu partagé de la poésie, de la parole politique, religieuse ou esthétique, c'est le chant de l'amour ou de la révolte, c'est en fin de compte cet ensemble *symbolique* auquel paradoxalement il n'est pas demandé de s'objectiver comme réalité extérieure ou d'être récusé comme fantasme. Sans cette expérience paradoxale, l'être humain n'accorde aucun sens à ses relations avec lui-même et les autres. Faute d'accepter le paradoxe, en

1. Roland Gori, Marie-José Del Volgo, 2008, *op. cit.* ; Roland Gori, 2010, *op. cit.*

2. Donald W. Winnicott, *Jeu et Réalité. L'espace potentiel* (1971), Paris, Gallimard, 1975.

3. *Ibid.*

précipitant l'adaptation à une réalité extérieure « la résolution du paradoxe conduit à une organisation de défenses qui, chez l'adulte, se rencontre sous forme d'une organisation du vrai et du faux soi[1]. » La créativité dépend avant tout du sentiment que la vie vaut la peine d'être vécue, sentiment qui pour Winnicott prend sa source dans cet espace potentiel, ce lieu de l'économie symbolique. Faute de quoi, ce sentiment de la valeur de la vie se perd, n'est plus perçu et « ce qui s'oppose à un tel mode de perception, c'est une relation de complaisance soumise envers la réalité extérieure : le monde et tous ses éléments sont alors reconnus mais seulement comme étant ce à quoi il faut s'ajuster et s'adapter. La soumission entraîne chez l'individu un sentiment de futilité, associé à l'idée que rien n'a d'importance[2]. » L'élève peut apprendre, se soumettre aux règles du savoir et à la discipline, satisfaire aux évaluations scolaires et sociales, progresser dans la distribution des rangs de l'ordre scolaire et social, mais il n'est pas concerné, du moins pas *subjectivement* concerné. Tout au plus il peut être narcissiquement satisfait d'avoir passé les épreuves qui lui permettent de rester à l'abri d'une responsabilité personnelle. Il s'est adapté, machinalement, sans avoir à comprendre par lui-même, à créer le monde dans lequel il vit. Il a appris à vivre et à penser comme on apprend une « langue étrangère », sans devoir la « téter » au sein de la « nourrice », pour reprendre l'expression de Dante Alighieri à propos de la « langue maternelle ». Tel peut être aussi le cas du patient auquel le psychanalyste « explique » ou « interprète » ses rêves. Il peut apprendre la « langue » de la psychanalyse, s'y soumettre mais sans qu'il y ait eu de psychanalyse. L'« explication » du psychanalyste aura

1. *Ibid.*, p. 25.
2. *Ibid.*, p. 91.

surtout montré au patient qu'il n'était pas capable de comprendre par lui-même ce qui le concernait, d'entendre par lui-même l'efficience de sa parole. Ne reste plus alors à l'analysant que la solution de l'*apathie* lui permettant de s'adapter aux exigences sociales de son milieu quand ce ne sont pas celles de la société psychanalytique à laquelle il pourrait être incité de s'affilier !

Toute la conception de l'interprétation analytique des rêves et des symptômes se déduit de l'existence de ce paradoxe relevé par Winnicott au cœur du psychisme et de ses manifestations. Cette conception guide la conduite de la cure elle-même en évitant que l'analyste dépossède l'analysant de sa capacité de découvrir par lui-même, d'interpréter, de « trouver/créer ». Winnicott élabore une conception originale de l'interprétation, qui prend en compte sa théorie d'un espace paradoxal essentiel au développement psychique de l'enfant. Paradoxe selon lequel « le bébé crée l'objet, mais l'objet était là, attendant d'être créé et de devenir un objet investi [1]. »

À partir de ce moment-là, l'analyste n'est plus seulement un déchiffreur, interprète et objet transférentiel du rêve, autre auquel le rêve est dans la cure adressé, l'analyste est aussi l'« environnement » qui favorise ou inhibe les possibilités créatrices du sujet, c'est-à-dire qui participe à la fabrique de la subjectivité. Une trop grande sagacité de l'analyste peut redoubler l'inhibition symptomatique de certains patients, les soumettre à l'emprise et l'apathie, les contraindre à s'adapter trop précocement au sens découvert par l'analyste et les exproprier ainsi d'eux-mêmes. C'est un des apports les plus originaux de Winnicott quant aux problèmes qui nous intéressent dans cet ouvrage : « On pourrait discuter ici le but de l'interprétation de

1. *Ibid.*, p. 124.

l'analyste. Quant à moi, j'ai toujours éprouvé le sentiment que l'interprétation a une fonction importante, qui est d'*établir les limites* de la compréhension de l'analyste [1]. » De même qu'un nourrisson peut avoir le sentiment d'être « dupé », c'est le mot de Winnicott, par une tétée trop satisfaisante, de même l'analysant peut avoir le sentiment d'être trop exposé, découvert par une interprétation trop habile de l'analyste qui le déposséderait de sa faculté de la créer lui-même. Winnicott écrit : « Si nous présentons une interprétation qui est un produit de notre habileté et de notre expérience, le patient est dans l'obligation de la refuser ou de la détruire. C'est un patient anorexique qui m'enseigne actuellement la substance de ce que j'expose maintenant tel que je l'écris [2]. » Expliquer et interpréter invitent à *s'adapter.*

Dans sa clinique et dans sa théorie, Winnicott met en évidence la violence d'une soumission du patient produite par un environnement trop contraignant, parce que trop précis et trop habile, qui n'a pas tenu compte de ses possibilités psychiques et sociales. C'est donc une théorie et une clinique qui mettent en relief les conditions nécessaires pour créer, pour se sentir vivant et faire l'expérience du monde et des autres. Winnicott renouvelle la conception classique de la situation psychanalytique approchée sur le paradigme du rêve et de son interprétation, théorie selon laquelle dans l'espace de la séance de psychanalyse l'inconscient ferait entendre son message par le jeu du transfert et actualiserait l'histoire infantile. Winnicott prolonge cette conception de la situation psychanalytique, de son cadre et de ses ajustements, en l'élevant au rang d'une *expérience* par laquelle la *fonction* du rêve a en elle-même, et à

1. Donald W. Winnicott, 1963, *op. cit.*, p. 164.
2. *Ibid.*, p. 155.

distance des interprétations de son message, une *valeur thérapeutique*, c'est-à-dire créatrice. Dans le droit fil des préoccupations qui sont ici les miennes, je soulignerai cette capacité de Winnicott à inventer une solution qui permet de sortir de la crise de la psychanalyse à son époque kleinienne.

Erich Fromm avait déjà souligné combien la crise de la psychanalyse était due à son mauvais usage, usage qui avait fini par transformer une pratique révolutionnaire en pratique *conformiste*. Il notait avec pertinence que le résultat le plus fécond et le plus radical de la découverte freudienne était d'avoir fondé une « science de l'irrationnel [1] », et d'avoir ainsi permis de comprendre les phénomènes d'aliénation, de tromperie et de « fausse conscience ». C'est en perdant son caractère révolutionnaire et en oubliant la culture historique dont elle provenait qu'elle est entrée en stagnation : « Parce qu'elle n'a pas réussi à développer sa théorie face au changement de la situation humaine opéré après la Première Guerre mondiale ; au contraire, elle s'est retirée dans le conformisme et la recherche de la respectabilité [2]. »

Ces lignes de Fromm n'ont pas pris une ride. L'innovation de Winnicott provient de sa capacité à restituer au patient son potentiel de créativité dans une civilisation qui prônait l'adaptation et au sein de laquelle certains praticiens se mettaient au service de la normativité. Nul doute qu'à sa manière, Lacan fut aussi un analyste génial, capable de créer un héritage qu'il avait reçu sans testament [3]. L'un comme l'autre se sont refusés à réduire le psychanalyste à un instrument qui permet l'adaptation du patient à une société

1. Erich Fromm, 1973, *op. cit.*

2. *Ibid.*, p. 12.

3. Pour reprendre l'aphorisme de René Char : « Notre héritage n'est précédé d'aucun testament. » (*Dans l'atelier du poète*, *op. cit.*, p. 457).

qui traite l'homme en instrument. L'évolution technique et fonctionnaliste de la psychanalyse après Freud appartient de pied en cap à la civilisation dont elle émerge, elle en devient le symptôme.

Nul doute qu'à sa manière et à l'instar de Freud ou de Lacan, Winnicott a participé non seulement à renouveler notre approche psychanalytique des rêves dans la pratique des cures, mais aussi à reconnaître leur importance dans nos vies. Winnicott a moins insisté sur le sens de ces rêves, de leur fonction de message transférentiel, que sur leur valeur *intrinsèque* de création ou de réhabilitation de l'intime. Ce faisant, Winnicott a produit une théorie de l'espace analytique, toujours structurée sur le paradigme du rêve, mais un rêve approché différemment qui inclut l'environnement dans lequel il se produit. Et la manière même dont cet environnement accueille et traite cette création subjective va l'inhiber ou la favoriser. C'est cette actualité des travaux de Winnicott que je veux souligner.

Souvenons-nous de ce « détail » rapporté par Jean-Pierre Lehmann : ce n'est « qu'après la première guerre mondiale » que Winnicott aurait perdu la faculté de se souvenir de ses rêves, faculté qu'il possédait auparavant. Je rapprocherai ce symptôme de la vie quotidienne de Winnicott d'une crise sociale, politique et anthropologique, celle-là même que mettent en évidence les travaux du philosophe Walter Benjamin et au sein de laquelle cet oubli singulier s'inscrit. L'oubli de Winnicott rejoint ici l'histoire collective, celle d'une crise de l'expérience et de la transmission qui a suivi la Première Guerre mondiale. Walter Benjamin écrit : « Avec la Guerre mondiale, on a vu s'amorcer une évolution qui, depuis, ne s'est jamais arrêtée. N'avait-on pas constaté, au moment de l'armistice, que les gens revenaient muets du champ de bataille – non pas plus riches, mais plus pauvres en expérience communicable? Ce qui s'est répandu dix ans plus tard dans le flot des livres de guerre n'avait rien à voir avec une expérience quelconque, car l'expérience passe de bouche en bouche. Il n'y avait à cela rien d'étonnant. Car jamais expériences acquises n'ont été aussi radicalement démenties que l'expérience stratégique par la guerre de position, l'expérience économique par l'inflation, l'expérience corporelle par la bataille de matériel, l'expérience morale par les manœuvres des gouvernants [1]. » C'est cette crise du récit, que j'ai développée dans mon ouvrage précédent, qu'il me faut brièvement rappeler pour mieux mettre en lumière les symptômes *d'inhibition*, de dépression, d'apathie et de révolte que produit notre culture.

L'histoire singulière de Winnicott perdant la faculté de se souvenir de ses rêves, c'est-à-dire de se les raconter, coïnciderait, selon moi, avec le moment même où selon Benjamin se produit dans l'histoire collective une perte analogue, celle d'une faculté qui nous paraissait inaliénable, celle du récit, celle du conte. L'histoire singulière rejoindrait ici l'histoire collective pour rendre compte d'un effet de *sidération*, de traumatisme, produisant l'empêchement et l'inhibition d'une fonction essentielle à la vie sociale et subjective, rêver et se raconter ses rêves. *Nous sommes les enfants trahis de cette civilisation* [2].

Dans un article publié pour la première fois en 1936 dans une revue suisse, *Orient und Okzident*, intitulé « Le Conteur [3] », Walter Benjamin constate : « L'art de conter est en

1. Walter Benjamin, *Œuvres III* (1972), Paris, Gallimard, 2000, p. 115-116.

2. Gilbert Levet, *Enfant hyperactif : enfant trahi*, Toulouse, Érès, 2011.

3. Une traduction française, due à Benjamin lui-même, est parue dans le *Mercure de France* (juillet 1952) sous le titre « Le Narrateur » (reprise dans

train de se perdre. Il est de plus en plus rare de rencontrer des gens qui sachent raconter une histoire. Et s'il advient qu'en société quelqu'un réclame une histoire, une gêne de plus en plus manifeste se fait sentir dans l'assistance. C'est comme si nous avions été privés d'une faculté qui nous semblait inaliénable, la plus assurée entre toutes : la faculté d'échanger des expériences.

L'une des raisons de ce phénomène saute aux yeux : le cours de l'expérience a chuté. Et il semble bien qu'il continue à sombrer indéfiniment[1]. » Et il poursuit, si l'art du récit tend à se perdre, c'est « parce que *l'esprit épique de la vérité*, c'est-à-dire la sagesse est en voie de disparition. [...] Il s'agit plutôt d'un phénomène concomitant à l'évolution historique des forces productives : ce mouvement qui, au cours des siècles et de façon tout à fait progressive, a éliminé le récit du domaine de la parole vivante[2]. » « Parole vivante » et « aspect épique de la vérité » sont des expressions majeures pour caractériser ce processus du déclin de la sagesse : « Si l'expression "être de bon conseil" commence aujourd'hui à paraître désuète, c'est parce que l'expérience devient de moins en moins communicable. C'est pourquoi nous ne sommes plus de bon conseil, ni pour nous ni pour autrui. Porter conseil, en effet, c'est moins répondre à une question que proposer une manière de pour-

Écrits français, Paris, Gallimard, 1991, p. 193 *sqq.)* pour traduire *Erzähler*. Dans les traductions suivantes les traducteurs ont choisi le terme « conteur » selon eux plus approprié pour rendre compte du mot allemand qui « désigne celui qui raconte une histoire ». Pour ma part je verrais bien volontiers dans le mot « narrateur » choisi par Benjamin lui-même, et au-delà des problèmes linguistiques, la valeur épique de la vérité au centre de l'article : une vérité « narrative » qui se dérobe au milieu de l'exactitude de la raison moderne. instrumentale.

1. Walter Benjamin, 2000, *op. cit.*, p. 115.

2. *Ibid.*, p. 120.

suivre une histoire (en train de se dérouler). Pour pouvoir demander conseil, il faudrait d'abord être capable de raconter cette histoire [1]. »

Sous l'effet des traumas, il arrive que l'on ne puisse plus *penser*, que l'on perde *l'expérience* de sa vie ou que l'on s'en détache dans une adaptation réussie à une subjectivité échouée. Telle est la leçon de la clinique de Winnicott, ou celle encore de Ferenczi : l'environnement peut conduire le sujet à vivre sans expérience subjective réelle, à l'abri d'un faux self, ou encore de ce qu'Hélène Deutsch [2] appelle les personnalités « comme si » auxquelles je me référerai plus longuement dans le prochain chapitre. Sous l'effet des traumas, les individus s'exproprient de leur corps, de leur être et des événements qui les saisissent. Adnan Houbballah [3] en a donné des exemples à partir de sa clinique psychanalytique durant la guerre civile au Liban. J'évoquerai une fois [4] encore l'exemple de cette jeune militante qui s'était séparée de son corps suite à un viol. Après être restée plusieurs mois prostrée, elle entre dans la guerre, elle entre dans la haine en livrant cette fois son corps à la sexualité de ses camarades pour servir la cause dans laquelle elle s'est engagée. Adnan Houbballah note qu'à partir du viol, elle s'est *séparée* de son corps dont le traumatisme a fait éclater l'unité.

Dans cette forme d'insensibilité vengeresse, nombre de pathologies sociales de notre civilisation se précipitent sans devoir pour autant passer à l'acte passionnel ou à la perversion. Il suffit à de tels individus de s'instrumentaliser comme ils instrumentalisent les autres en se métamorphosant en systèmes

1. *Ibid.*, p. 119-120.

2. Helene Deutsch, *Les « comme si » et autres textes, 1933-1970,* (1992), Paris, Seuil, 2007.

3. Adnan Houbballah, *Le Virus de la violence*. Paris, Albin Michel, 1996.

4. Cf. Roland Gori, Marie-José Del Volgo, 2008, *op. cit.*

« comme si », hyperadaptés, véritables « robocops », dépourvus de subjectivité, martyrs de notre civilisation ils se réduisent aux *performances* de leurs comportements, et aux excitations qu'elles procurent. De l'absence d'une expérience authentiquement subjective de la vie, ils font compulsivement l'*épreuve* sans parvenir à guérir du traumatisme de leur réification. Ils sont « normopathes », prédateurs parfaitement en accord avec les exigences sociales de nos dispositifs de normalisation. Ils sont malades, très malades mais parfaitement adaptés, « ils sont si solidement ancrés dans la réalité objectivement perçue », écrit Winnicott, qu'ils ont perdu le contact avec leur subjectivité et sont incapables de « créer » *l'expérience* de leurs surprenants exploits. Ils sont les enfants trahis de cette civilisation à laquelle, tels des *caméléons*, ils empruntent les formes et les couleurs.

J'ai tendance à penser que c'est ce type de traumatisme que nous avons collectivement subi lorsque les forces morales, idéologiques et symboliques qui s'opposaient au capitalisme (et le renforçaient en même temps) se sont effondrées. Fécondée par l'idéologie néolibérale, l'hégémonie culturelle qui s'en est suivie a permis une emprise sectaire sur les formes de vie en fabriquant les habitus de la postmodernité. Et ce avec d'autant plus de force que l'hédonisme de masse favorisé par cette civilisation des mœurs n'était pas dénué de charme.

Nous avons alors renoncé aux ambitions de la raison critique des Lumières, au souffle émancipateur des républiques triomphantes, aux rêves et aux projets humanistes, à la fraternité du socialisme, aux acquis de l'esprit de Philadelphie, nous nous sommes résignés à jouir sans entraves et, dans tous les domaines, seules les valeurs du marché se sont imposées. La religion du marché enfin promue religion universelle, ou presque. Nous avons ainsi abandonné l'exigence de création au profit de l'adaptation aux normes de la société du spectacle et de la consommation. L'émergence des symptômes individuels et collectifs qui s'en est suivie fut le prix social et symbolique à payer pour une génération incapable de se servir de son entendement sans la tutelle des sondages et des palmarès, reculant devant l'angoisse de la liberté et le courage nécessaire à la prise de risque que cette même liberté exige. Pour être enfin nous-mêmes nous devenions comme tout le monde, arrogants et soumis à la fois, conformistes et autoréférencés. Le terrain était prêt pour la culture du cynisme et du désespoir. Attachés au « piquet de l'instant [1] », nous étions disposés à accueillir une civilisation du *tittytainment*[2], faite de divertissement et de dépendance perfusée, une société de drogués et d'hyperadaptés à la fois.

Ce qu'avait pressenti Winnicott lorsqu'il écrivait : « Tout compte fait, notre théorie présuppose que vivre créativement témoigne d'une bonne santé et que la soumission constitue, elle, une base mauvaise de l'existence. Il est vraisemblable que l'attitude générale de notre société et l'atmosphère philosophique de notre époque favorisent une telle conception ; elle aurait pu ne pas être la nôtre en d'autres lieux et d'autres temps [3]. »

1. Nietzsche, 2000, *op. cit.*, p. 501.

2. Ce mot-valise condense « *entertainment* », « divertissement » et « *tits* », « seins » en argot américain. Selon l'ancien conseiller de Jimmy Carter, Zbigniew Brzezinski, le *tittytainment* consiste en « un cocktail de divertissement abrutissant et d'alimentation suffisante permettant de maintenir de bonne humeur la population frustrée de la planète. » (Jean-Claude Michéa, *L'Enseignement de l'ignorance et ses conditions modernes* (1999), Paris, Climats, 2006, p. 42).

3. Donald W. Winnicott, 1975, *op. cit.*, p. 92.

CHAPITRE V

La solution de l'imposture

« L'affaiblissement des liens sociaux, né de l'état de guerre sociale qui prévaut, reflète aussi une défense narcissique contre l'état de dépendance. Une société en proie à de graves conflits tend à produire des hommes et des femmes antisociaux, au fond d'eux-mêmes. Il n'est donc pas surprenant que, bien que Narcisse se conforme aux normes sociales par crainte d'être puni par autrui, il se voie souvent comme un hors-la-loi, et se représente les autres de la même manière[1]. »

De nombreux auteurs[2], tels Jean-Pierre Lebrun, Charles Melman, Dany-Robert Dufour et Gilbert Levet, ont avancé la thèse selon laquelle les changements majeurs de notre civilisation, les mutations dans les liens sociaux, les progrès techniques et la crise de l'autorité, le déclin de la fonction

1. Christopher Lasch, 2000, *op. cit.*, p. 84. Sous le nom de Narcisse, Christopher Lasch désigne les traits de l'homme psychologique de notre temps et analyse les conditions politiques et culturelles qui en ont permis l'émergence.

2. Jean-Pierre Lebrun, 2007, *op. cit.* ; Dany-Robert Dufour, *La Cité perverse*, Paris, Denoël, 2009 ; Charles Melman, *La Nouvelle Économie psychique : la façon de penser et de jouir aujourd'hui*, Toulouse, Érès, 2009.

paternelle, modifient la subjectivité des patients, leur économie psychique. Parmi les conséquences majeures de cette mutation anthropologique, certains d'entre eux mettent en avant un nouvel équilibre psychique des individus fondés sur la prévalence de la jouissance sur le désir, le déni de la perte, l'autonomie subjective, le rejet d'un tiers symbolique, la quête infinie d'excitation, le rapport d'addiction aux objets. Jean-Pierre Lebrun nomme ce fonctionnement psychique « la perversion ordinaire » et en décrit le fonctionnement psychique fondé sur le déni. Gilbert Levet montre de son côté, dans *Enfant hyperactif, enfant trahi*, que l'épidémie d'hyperactivité, de déficit de l'attention, de TDAH, de troubles oppositionnels avec provocation et autres troubles des comportements sont des « maladies de la culture ». Il approche l'hyperactivité de l'enfant, et autres « culturopathies », en recueillant à fleur de dire ce qui conduit ces enfants et leurs familles à consulter dans les centres médico-psychologiques au sein desquels il exerce. À mains nues, à oreilles ouvertes, il s'expose à l'agitation des enfants et aux désordres de leurs familles, sans items à cocher, sans ADN à prélever, sans Ritaline à prescrire, mais en se plaçant au ras du sens et de l'histoire de chacun, vulnérabilité contre vulnérabilité, comme on dit épaule contre épaule. Qu'on puisse offrir à ces enfants une vulnérabilité sans faiblesse, là où dans leur histoire familiale on leur impose plutôt une faiblesse sans vulnérabilité ; de même, qu'on puisse leur offrir l'espace d'un rêve et d'un désir sans inceste là où les familles imposent un climat incestuel sans désir ; cette volonté constitue l'essence de la prise en charge de ces pathologies. Dans ses récits cliniques Gilbert Levet nous montre, paraphrasant Simone de Beauvoir, qu'« on ne naît pas TDAH, on le devient ». On ne le devient pas dans l'éther d'une famille abstraite, universelle, fixée à jamais dans l'immortalité de nos théories, on le devient *radicalement* plongé dans l'humus d'une culture où se sont recomposés les rapports des hommes et des femmes à partir d'une « égalité différentielle [1] ». En quoi ces nouveaux symptômes sont bien révélateurs d'une nouvelle culture, d'une mutation sociale et d'une recomposition des « familles en désordre [2] ».

Ces travaux psychanalytiques mettent en évidence, chacun à sa manière, le délitement de l'autorité paternelle, la grégarisation paradoxale des individus autonomes, « l'entousement [3] », le passage d'une société hiérarchique à une organisation sociale massifiée qui « prétend à la complétude, mais au prix de l'inconsistance [4] ». Pour les uns comme pour les autres, ces « néosujets » auraient besoin d'excitations renouvelées, d'excès en tous genres pour se donner un sentiment de réalité dont la logique sociale les priverait [5]. Nombreux sont alors les auteurs qui en viennent à définir cette nouvelle économie psychique comme celle de « sujets sans autrui ».

Camille Laurens, avec la grâce d'écriture qui est la sienne et la lucidité d'analyse dont elle témoigne dans ses romans, a mis en scène littéraire ce personnage de notre époque postmoderne, ce « héros de notre temps », sous les traits d'un paparazzi sans foi ni loi, avide d'aventures sexuelles et d'images narcissisantes, chasseur du désir de l'autre, pour suppléer au

1. Gilbert Levet, *Enfant hyperactif, enfant trahi*, Paris, Éres, 2011.

2. Elisabeth Roudinesco, *La Famille en désordre*, Paris, Fayard, 2002.

3. Selon la très juste expression de Jean-Pierre Lebrun (2007, *op. cit.)* pour désigner l'agrégation de ces individus pseudo-émancipés, pris dans la masse, dans « le tous » de l'adhérence collective.

4. Jean-Pierre Lebrun, 2007, *op. cit.*, p. 146.

5. Sur ces questions, on pourra également se reporter aux travaux de Serge Lesourd, *Comment taire le sujet? Des discours aux parlottes libérales*, Toulouse, Érès, 2006 et à ceux de Marie-Jean Sauret, *Malaise dans le capitalisme*, Toulouse, Presses universitaires du Mirail, 2009.

vide sidéral de son espace subjectif. Camille Laurens écrit : « Il *trahit** tout – sa parole, ses amis, ses proches. Ses proches ? Il n'a ni proches ni prochain, il n'est fidèle à rien, qu'à son malheur. Il entraîne les autres dans sa chute, mais sans le vouloir, sans le décider, comme dans cet accident qu'il a raconté : s'il a tué quelqu'un, il ne l'a pas fait exprès. Il n'a pas de volonté de nuire aux autres, simplement il n'y pense pas. La place du mort, c'est la sienne. On peut comprendre qu'il veuille y échapper : il fuit en avant, il bouge tout le temps, il déplace la frontière du néant [1]. »

Ces auteurs sont des collègues dont j'estime au plus haut point les recherches et avec lesquels j'ai eu plusieurs fois l'occasion de débattre. Ils savent que mon désaccord ne porte pas sur leur *anthropologie,* à laquelle mes travaux contribuent à leur façon, mais sur le postulat de l'existence de « néosujets » révélés par la pratique clinique actuelle. Je pense en effet que la subjectivité dont nous parlons en psychanalyse n'est pas la même que la subjectivité dont nous parlons en sociologie des mœurs, en anthropologie. Quand je parle dans les chapitres précédents de « fabrique des subjectivités », je me réfère essentiellement aux travaux de Foucault qui considère le sujet et l'individu comme un produit des techniques de subjectivation, autrement dit des modes de civilisation et de pouvoir qui le font apparaître autant qu'ils le soumettent. Il s'agit donc des modes d'aliénation propres à une culture, d'une culture dans les enveloppes formelles de laquelle le sujet trouve des moyens d'identification. Radicalement différent est le concept de sujet en psychanalyse. Le sujet de la psychanalyse est celui qui, par ses symptômes mêmes, tente d'échapper à cette assignation de la culture et de ses modes de civilisation à l'assignation à

1. Camille Laurens, *Romance nerveuse*, Paris, Gallimard, 2010, p. 119-120.

résidence qu'elle tente de lui imposer. Le sujet dans ce cas n'est pas identique aux formes d'identifications que la civilisation lui impose, mais, bien au contraire, le sujet de la psychanalyse est ce qui fait objection à ces contraintes et à ces assignations sociales, ce qui *reste* irréductible à toute normalisation.

Faute de différencier ces deux concepts de sujet, la psychanalyse participerait aujourd'hui encore à ce « gommage anthropologique » des souffrances psychiques et sociales qu'impose notre civilisation, en accréditant malgré elle la thèse selon laquelle le sujet ne serait que ce qu'il paraît être. C'est d'ailleurs, me semble-t-il, le vif de la découverte freudienne que d'avoir montré par l'analyse des symptômes névrotiques que le lieu d'existence du sujet se trouvait dans ses dysfonctionnements et non dans ses adhérences à l'ordre social. Dès lors, ce ne sont pas les « sujets » qui sont nouveaux (« néosujets »), mais la manière dont la culture et les modes de civilisation autorisent l'expression d'une souffrance singulière et les dispositifs de diagnostic et de traitement qui appartiennent intégralement à cette culture [1]. Ainsi, par exemple, l'hyperactivité de l'enfant pourrait être ce symptôme qui *agite* les partenaires cliniques autant que sociaux, aveugles à reconnaître que les « maladies mentales », qu'ils prennent en charge sont en partie le reflet des valeurs d'une société qui refuse de se reconnaître dans ce qu'elle produit ; cet aveuglement risque de provoquer chez les partenaires de ces transactions thérapeutiques le trouble des conduites qu'ils se complaisent parfois à attribuer aux enfants qu'ils diagnostiquent. À ne rester qu'à ce niveau, la psychiatrie redoublerait la souffrance *singulière* de chacun des enfants qu'elle prend en charge, se faisant en somme, bien

1. Roland Gori, Marie-José Del Volgo, 2008, *op. cit.* ; Roland Gori, 2010, *op. cit.*

au-delà des divergences des doctrines, l'avocat des valeurs culturelles d'une société.

Comme Gilbert Levet, je suis profondément convaincu que le TDAH est une maladie de la culture, tout en précisant – la différence n'est pas mince – que c'est *une maladie de la culture de ceux qui posent ce diagnostic* ! Le diagnostic psychopathologique est un dispositif anthropologique par lequel on capture, on modèle et on fabrique le vif de nos souffrances psychiques et sociales. Le diagnostic psychopathologique résulte d'*une transaction thérapeutique* au cours de laquelle les patients négocient les modalités d'expression de leurs souffrances tant avec les enveloppes formelles de la culture, qu'avec les discours dominants des savoirs des experts. Wittgenstein se plaisait à dire que les lois de la nature n'étaient pas naturelles. Que dire alors des lois de nos natures psychiques et sociales dont la relativité s'avère d'autant plus grande qu'elles s'alignent sur la partition de nos normes sociales ?

Là comme ailleurs, il faut cesser de confondre la carte et le territoire. Ces remarques me conduisent à dire que ces pervers ordinaires, ces enfants trahis [1], le sont moins au niveau de leur subjectivité singulière, de leur vrai-self, pour parler comme Winnicott – qui ne se révèle qu'au *cas par cas* dans l'histoire d'une rencontre clinique – qu'au niveau des identifications [2] au travers desquelles ils appréhendent le monde social et culturel qui les contraint, et au nom desquelles parfois ils viennent nous adresser une demande. S'ils se présentent à nous, bien souvent comme des « pervers ordinaires », des Narcisses ou des « imposteurs », des faux self et des personnalités « *as if* », c'est bien souvent dans l'espoir autant que dans la

1. Pour reprendre l'excellent titre de l'ouvrage de Gilbert Levet, 2011, *op. cit.*
2. Ce à quoi j'ai fait allusion dans les chapitres précédents.

crainte de retrouver cette part d'eux-mêmes dont ils ont dû se dissocier pour se protéger. Pour se protéger de quoi ? Pour se protéger de l'empiétement d'un univers trop normatif, trop contraignant, qui a exigé d'eux, par sa culture et ses modes de civilisation, une adaptation trop précoce et féroce. Stigmatiser de tels patients par les diagnostics péjoratifs que je viens d'évoquer, c'est redoubler la souffrance du sujet dissocié du fait de normes abusives, d'exigences sociales inconsidérées, d'une civilisation conformiste, c'est valider, malgré tout, la culture qui a participé à l'émergence de tels symptômes.

A contrario d'une démarche qui fait peser sur les sujets tout le poids de la normativité culturelle qui les a contraints à la dissociation, ce qui serait se faire l'avocat et l'instrument de ses normes, il convient selon moi d'analyser certaines de ces figures cliniques comme les microcosmes d'une civilisation particulière, la nôtre, les approcher comme les martyrs, les témoins possibles d'une sociologie de nos mœurs.

Pour analyser les processus par lesquels s'organisent aujourd'hui les logiques de la domination symbolique et la civilisation de nos mœurs, il me semble évident que que nous devons appeler, au premier rang des témoins, la figure de *l'imposteur.*

Comme le remarque Paul-Laurent Assoun, dans le numéro de *Cliniques méditerranéennes* dirigé par Alain Abelhauser sur *L'imposture dans le siècle,* « si en effet la simulation est de toujours, un certain "héros de notre temps" – selon l'appellation de Lermontov – prend la forme de l'imposture, figure emblématique des "temps modernes" [1] ». Depuis le début de la civilisation des mœurs qui a accompagné le développement

1. Paul-Laurent Assoun, « L'imposture héroïque. L'art du semblant », *Cliniques méditerranéennes*, 2010, 81, *L'imposture dans le siècle*, p. 13.

du capitalisme, le *jeu des apparences* s'est avéré essentiel pour obtenir le crédit nécessaire à l'échange marchand. Que l'on me comprenne bien, le capitalisme n'implique pas forcément la tromperie, ne conduit pas forcément au jeu de dupes, mais il contient dans la *grammaire* de sa morale marchande le germe de l'imposture. Précisons. Étymologiquement, l'imposteur est celui qui fait payer à l'autre ses propres dettes, « qui cherche à en imposer par de fausses apparences », qui abuse par un « emprunt » de nom ou de qualité, qui désigne « une personne qui se fait passer pour ce qu'elle n'est pas [1] ». L'étymologie [2] rapproche l'imposteur et l'imposture du verbe « *imponere* », « imposer », « faire porter une charge », « imposer un tribut » et aussi « en imposer ». Le sentiment linguistique des termes « imposteur » et « imposture » nous conduit immanquablement sur la voie de la « dette », de la « créance », de la « lettre de crédit », emprunts qui ne seront jamais remboursés, approvisionnés par l'imposteur. En quoi ce défaut de remboursement est la signature même de l'imposture. Sans devoir forcer le trait, nous sommes bien aujourd'hui dans un siècle de l'imposture où l'économie et la finance fonctionnent sur les apparences et la tromperie, ou plus précisément invitent, incitent à fonctionner sur ce mode-là. On pourrait me rétorquer sans nul doute que mon discours est anachronique et que l'économie rationnelle qu'impliquait au départ le capitalisme n'exigeait pas forcément ce jeu de dupes, que cette économie n'invitait pas forcément à tromper sur les apparences pour obtenir des crédits que l'on ne rembourserait jamais. Oui et non. Oui, parce que bien évidemment il est possible de concevoir une économie capitaliste régulée qui évite de s'embarquer frénétiquement, par soif du

1. Alain Rey, 1992, *op. cit.*

2. Oscar Bloch, Walther von Wartburg, *Dictionnaire étymologique de la langue française* (1932), Paris, Puf, 1986.

gain, dans une tromperie généralisée sur la marchandise. Non, parce que, dès le départ, en faisant prévaloir dans sa morale et par sa police des mœurs la *rationalité* formelle, l'esprit du capitalisme favorisait les idéaux de l'apparence aux dépens de toutes les autres valeurs éthiques.

C'est cette éthique de l'apparence qui se trouve promue au sein même des dispositifs de normalisation des conduites depuis le début du capitalisme. Comme on l'a déjà évoqué, Max Weber concluait la remarque préliminaire de son fameux texte, rédigée en 1920, peu avant sa mort, par une incitation à « songer à l'aspect *anthropologique* de ces problèmes. Nous ne cessons de constater – y compris pour des sphères de conduite de vie qui évoluent (apparemment) indépendamment les unes des autres – que c'est en Occident, et *seulement* en Occident que se sont développés certains *modes* de rationalisation [1]. » C'est bien un *ethos* qui s'exprime ici avec l'esprit capitaliste dont Max Weber trouve justement en Benjamin Franklin l'incarnation exemplaire : *la morale est utilitaire ou n'est pas.* Ce principe contient en lui-même l'essentiel du problème. Pour Benjamin Franklin les vertus ne sont vertus que dans la mesure où elles sont *pratiquement utiles* à l'individu, en particulier dans le commerce : « L'honnêteté est *utile* parce qu'elle donne du crédit, de même que la ponctualité, l'ardeur à la besogne et la tempérance – c'est *pour cela qu'elles sont* des vertus. D'où il faudrait par exemple conclure que lorsque l'*apparence* de l'honnêteté rend les mêmes services, celle-ci est suffisante, et qu'un surplus inutile de vertu ne pourrait apparaître, aux yeux de Franklin, que comme une dépense improductive et condamnable [2]. »

1. Max Weber, 2002, *op. cit.*, p. 67.
2. *Ibid.*, p. 90-91.

Je prie le lecteur de bien vouloir se souvenir de ce fragment de texte terriblement visionnaire de Max Weber, qui définit un des principes de la morale utilitariste de Benjamin Franklin, pour comprendre en quoi dès le début le capitalisme contient cette dimension de « tromperie », d'« imposture » : lorsque l'apparence de la vertu suffit pour produire des bénéfices et des profits, ce serait pur gaspillage, péché aussi inutile qu'inefficace et improductif que de s'astreindre à exiger de cette vertu qu'elle soit réelle. Le commerce invite, dès le début du capitalisme à la Benjamin Franklin, à cette tartufferie florissant au sein des religions. Le rituel n'est plus le même mais la structure d'imposture demeure. Sauf que, comme nous l'avons vu, les moyens techniques et économiques dont le capitalisme se dote tendent à s'emparer radicalement de tous les secteurs de l'existence et, paradoxalement, venir heurter les principes philosophiques du libéralisme lui-même, cet éloge de la pensée critique, de la souveraineté de l'individu chers aux Lumières [1]. Nous retrouvons ici la maladie auto-immune de la raison critique qui se retourne contre elle-même en se satisfaisant de ses apparences.

Nous avons analysé dans un ouvrage précédent [2] l'importance de cette civilisation de l'apparence dans les logiques de l'exclusion sociale analysée par Norbert Elias. Nous aurions pu tout aussi bien prendre l'exemple de la « fraude scientifique [3] » déduite de l'exploitation délictuelle d'un système d'évaluation des travaux de recherche sur la base de données formelles et non réelles. Notons pour exemple que l'appel actuel à de véritables méthodes de marketing pour favoriser le financement de projets de recherches conduit à d'authentiques

1. Olivier Dekens, 2004, *op. cit.*

2. Roland Gori, Marie-José Del Volgo, 2008, *op. cit.*

3. William Broad, Nicholas Wade, 1987, *op. cit.*

supercheries. Un scientifique prestigieux tire d'ailleurs la sonnette d'alarme : « Comment ne pas s'inquiéter de l'apparition d'un monde scientifique où la *forme** prendra progressivement le pas sur le fond [1] ? » Cette dimension d'imposture des institutions de la science contemporaine est politiquement et éthiquement d'autant plus grave que c'est à ces savoirs que l'on s'adresse pour remplir le vide sidéral laissé par la désertion de Dieu, pour légitimer socialement les discours de pouvoir. La crédibilité à laquelle aspire la science est sans cesse mise en péril par les affaires d'imposture qui se révèlent au jour le jour. D'où ce mouvement constant qui agite les institutions scientifiques : traquer les fraudeurs, les imposteurs, qui trompent sur la marchandise du savoir et, en même temps, promouvoir des procédures d'évaluation formelle et de marketing qui *encouragent* ces mêmes fraudeurs. Comme le remarque Alain Abelhauser, la demande sociale, qui conduit le politique à chercher dans la science sa consistance et sa légitimité, se révèle inséparable des procédures inquisitoriales des évaluations : « "L'évaluation" s'avère bien n'être, de plus en plus ordinairement, que la méthode préférée de certains "scientifiques" pour rejeter sur l'"autre" la faute impardonnable, l'imposture dans laquelle ils peuvent craindre – très confusément, bien sûr – s'être euxmêmes glissés, précisément en s'étant arrogé le rôle de garants de la vérité [2]. »

Comme nous l'avons observé dans les chapitres précédents, cette prévalence de l'apparence se niche au sein même de l'évaluation de toutes les pratiques sociales. Cet *habitus* conduit à des traits de caractère que nous détaillerons plus loin, mais qui correspondent à l'analyse que fait Georg Simmel lorsqu'il

1. Pierre Joliot, *La Recherche passionnément*, Paris, Odile Jacob, 2001, p. 74.

2. Alain Abelhauser, « Exorde », *Cliniques méditerranéennes*, 2010, 81, p. 9.

évoque la posture typiquement moderne comme étant « celle du “blasé” : c’est un mélange de réserve, de froideur et d’indifférence, qui est toujours susceptible [...] de se transformer en haine [1] ». Le développement de la société de la marchandise et du spectacle a accru un « artificiel illimité [2] » qui falsifie la vie sociale et subjective. Le mensonge du message publicitaire, l’imposture de la satisfaction qu’il annonce, l’effacement des limites du vrai et du faux, la matérialisation de l’idéologie dans le spectacle et la consommation, la prolifération de « pseudo-événements », l’incitation aux instants gaspillés, la froide organisation sociale du travail et des loisirs sur les apparences et la maîtrise de leurs quantifications, le déguisement du temps marchandise, la fragmentation et l’homogénéisation des cultures et des conduites, assurent aux *maîtres* de l’apparence et autres *faussaires* un succès social incontestable.

D’Eugène-François Vidocq, ancien bagnard reconverti comme agent secret, puis fondateur de la première « agence de notation », « Bureau des renseignements universels pour le commerce et l’industrie », à Frank William Abagnale, célèbre faussaire et imposteur américain, faux pilote de ligne, faux pédiatre, faux avocat, faux procureur, reconverti conseiller du FBI et des banques, la liste est longue de ces étroites affinités électives des valeurs sociales qui sont en cours dans nos sociétés et des prouesses des grands escrocs. Au point que, une fois rangés des affaires, ces grands escrocs deviennent les conseillers idéaux pour démasquer les imposteurs et combattre ou mettre en œuvre les coups les plus tordus.

Ce n’est plus au regard de la religion ou de la loi que l’imposteur prend position, se fabrique et met en œuvre ses

1. Georg Simmel, *in* Eva Illouz, *Les Sentiments du capitalisme,* Paris, Seuil, 2006, p. 12.

2. Guy Debord, 1992, *op. cit.*

tartufferies. C'est dans le champ des « certifications » et « accréditations » diverses et variées qui normalisent les existences, qui les contraignent et dont notre époque raffole, imposant ses modes de visibilité sociale, ses rituels de reconnaissance et de mépris, dans le champ desquels l'imposteur doit puiser ses mises en scènes et jouer son drame. La « certification » est le dispositif, dans tous les domaines, le plus fréquemment pratiqué pour apparaître et être reconnu sur les scènes sociales [1]. La « certification », produit de l'évaluation, n'a bien souvent pour toute réalité que celle des apparences qui fabriquent les croyances, réalité qu'elle partage avec la religion, et dont l'efficacité symbolique est d'autant plus redoutable que leur discours détient la puissance du performatif. Remarquons par exemple la manière dont Christian Morel, après une longue enquête sur les « métarègles de la fiabilité » des décisions à risques, conclut son ouvrage : « La contre-culture de la fiabilité met en cause les pratiques de certification. La certification est une procédure par laquelle une organisation est déclarée conforme à un référentiel. Cette procédure peut prendre différents noms, comme *évaluation, notation, qualification**, etc., et concerner toutes sortes de domaines établissements de santé, aéronautique, services, etc.), *mais elle ne garantit en aucun cas la fiabilité**. D'abord, parce qu'elle n'évalue que la forme d'une action, et non ce qui se cache derrière. Ensuite, parce qu'elle n'évalue que la conformité à des référentiels, et non la culture de la fiabilité [2]. »

On trouve stéréotypées dans les figures *cliniques* de « l'imposteur » et plus insidieusement diluées dans l'art libéral de gouvernement des conduites une pathologie de la rationalité

1. Il est l'équivalent aujourd'hui d'un certificat de baptême d'hier ou d'une garantie d'identité nationale.

2. Christian Morel, 2012, *op. cit.*, p. 254.

formelle, un jeu sur les apparences qui révèlent une aptitude non dénuée d'efficacité à faire croire, à produire de la croyance plus ou moins fondée sur un mensonge. Je reprendrai volontiers l'expression de Paul-Laurent Assoun, « l'imposteur, petit messie du désir social [1] ». L'imposteur qui, par la ruse, le vol et le mensonge, vit d'expédients, n'est-il pas nommé justement, dans plusieurs langues, « chevalier d'industrie [2] » ?

L'imposture : un état « normal » de notre civilisation ?

« Il est intéressant d'observer la pathologie dans ce qui passe habituellement pour "normal". Le monde est rempli de personnalités "comme si" et plus encore d'imposteurs et de simulateurs. Depuis que je m'intéresse à l'imposteur, il me poursuit partout. Je le trouve parmi mes amis et mes relations aussi bien qu'en moi-même [3]. »

Le chevalier d'industrie, l'escroc, l'imposteur, c'est celui qui vit d'expédients, c'est-à-dire qui se tire d'affaire par tous les moyens possibles et inimaginables au premier rang desquels figure la crédulité qu'il fait naître chez ses victimes par le jeu des apparences. Il est important dès à présent de noter cette dimension d'*émancipation* que contient l'imposture. Comme l'indique l'étymologie, « expédient » est d'abord un terme dérivé du latin qui signifie « dégager des entraves, d'un piège [4] », à proprement parler se dégager des entraves, des fers qui emprisonnent les hommes par les pieds. Ce n'est qu'ultérieurement que l'expression prend le sens de « se tirer d'affaire »,

1. Paul-Laurent Assoun, 2010, *op. cit.*, p. 12.
2. Voir Thomas Mann, 1991, *op. cit.*
3. Helene Deutsch, 2007, *op. cit.*, p. 237.
4. Alain Rey, 1992, *op. cit.*

de « se tirer d'embarras » et enfin à partir du XVIIIe siècle de « trouver des moyens extrêmes pour se procurer de l'argent ». On ne s'émancipe que de ce qui nous emprisonne ou ce dans quoi l'on s'est emprisonné. La remarque est importante pour comprendre la suite, pour comprendre que l'imposteur est un *martyr* du drame social.

En effet, si je souligne ces éléments linguistiques et étymologiques, c'est parce que, plus que toute autre pathologie, l'imposture participe d'un *drame social* à double titre : premièrement, en tant que compulsion à répéter des délits qui conduisent bien souvent la psychiatrie à classer ces sujets dans la catégorie de la *psychopathie* ; deuxièmement, dans la mesure où les symptômes mêmes de ces sujets sont consubstantiels aux valeurs et aux rôles sociaux dont ils empruntent les apparences et le semblant avec une capacité extraordinaire, saisissant toute occasion pour mener à bien leurs entreprises, non sans parfois éprouver aussi l'impérieux désir de les faire échouer en se faisant démasquer, du moins pour ceux qui se font prendre...

On doit aux travaux pionniers de Karl Abraham [1] et d'Helene Deutsch les analyses psychopathologiques les plus fines pour rendre compte des processus psychiques qui déterminent le comportement d'imposture. Karl Abraham relate l'observation clinique d'un jeune homme qu'il eut à expertiser dans un cadre militaire judiciaire. D'emblée Abraham note l'aisance de N. – lettre sous laquelle il désigne ce patient – pour se concilier les faveurs de personnes de tous les âges, de toutes les conditions et des deux sexes. Dès le plus jeune âge, six ans, il commença à abuser de la confiance d'autrui. Brillant à l'école, pourvu de dons remarquables, il ne parvenait à d'excellents

1. Karl Abraham, *Développement de la libido. Formation du caractère. Études cliniques*, in *Œuvres complètes*, t. II, *1913-1925*, Paris, Payot, 1966.

résultats qu'à la condition de bénéficier de l'attention et des faveurs de ses maîtres. Ce qui ne l'empêchait pas d'obtenir de l'argent de leur part par le mensonge ou de les voler. Les dettes et les détournements des fonds qu'on lui confiait, les filouteries d'auberges et autres délits, jalonnèrent son épopée faite de désertion, de falsification, d'abus de confiance et, pour finir, d'usurpation de grade militaire. Séduisant aussi bien ses geôliers que ses partenaires d'affaires, virtuose des récits imaginaires, il s'engageait compulsivement dans des délits en cascades pour lesquels, note Abraham, il n'avait de cesse de se faire démasquer, et de montrer à tous qu'il était indigne de la grande confiance qu'il avait réussi à obtenir de chacun : « Une toute-puissante compulsion à la répétition l'obligeait à se faire rejeter, au moment précis où il parvenait à être le favori [1]. »

Après une première expertise qui conduisit Abraham à un diagnostic très péjoratif selon lequel ce patient dont la vie mensongère ne constituait que des moments successifs de satisfaction narcissique s'avérait incurable et inexorablement récidiviste [2]. Abraham fut amené à le rencontrer une deuxième fois. À sa grande surprise, Abraham constata chez ce sujet « une guérison par l'amour », dont il dit avec beaucoup d'honnêteté qu'elle s'avérait totalement contradictoire avec les conclusions de sa première expertise. N. avait rencontré une veuve bien plus âgée que lui, qui l'avait associé à son entreprise et à ses affaires, avait pris soin de lui et l'avait finalement épousé. À partir de ce moment-là, les délits avaient cessé et il ne s'était plus rendu coupable de rien, « nous en avons des preuves certaines [3] », ajoute Abraham. C'est d'ailleurs aussi à

1. *Ibid.*, p. 167.

2. On imagine sans peine ce qu'auraient pu en dire les méthodes actuarielles de la psychiatrie !

3. Karl Abraham, 1966, *op. cit.*, p. 165.

ce moment-là que le patient accepta de se livrer au psychiatre en lui faisant part de son histoire intime, ce qu'il avait refusé lors de la première rencontre. Je ne reprendrai pas en détail la lecture psychanalytique que fait Abraham du cas de N., reconstruisant une histoire selon laquelle, dernier-né d'une famille nombreuse qui le rejetait, créant chez lui une famine d'amour et de reconnaissance, l'incitant à s'inventer les parents prestigieux qu'il n'avait pas, se vengeant des parents réels par ses forfaitures autant que par un besoin masochiste de punition, le patient avait finalement trouvé *réparation* des injustices que l'environnement de son enfance lui avait fait subir dans les soins bienveillants de la veuve qui l'avait pris en charge. Preuve sans doute que la vie, parfois, fournit des occasions de guérir de pathologies que la science officielle échoue à traiter. Je voudrais simplement souligner dans ce cas l'existence d'une trahison de l'environnement, trahison précoce et féroce dont on retrouve par ailleurs de nombreuses descriptions dans les travaux d'Helene Deutsch et de Donald W. Winnicott.

Dans un texte majeur, Helene Deutsch rapporte le cas de Jimmy [1], un enfant de quatorze ans qu'elle suivit durant des années et qu'elle présente comme un imposteur passif et narcissique capable de ne se sustenter « que du sentiment qu'il était unique en son genre », et qui, pour satisfaire ce besoin d'être admiré, était prêt à toutes les mascarades, à toutes sortes de petites impostures. C'est un point important, Jimmy « n'était pas un imposteur extravagant, ce qu'il faisait semblant d'être n'était jamais loin de la réalité, c'était néanmoins des impostures [2] ».

1. Helene Deutsch, « L'imposteur : contribution à la psychologie du moi d'un type de psychopathe » (1955), *in* Helene Deusch, 2007, *op. cit.*, p. 217-238.

2. *Ibid.*, p. 227.

Jimmy était arrivé sur le tard dans le mariage des parents, le père, homme d'affaires américain, self-made-man et tyran familial, la mère soucieuse de satisfaire tous ses caprices et les grands frères le transformant en « jouet adoré ». Très tôt, il fut pris en main par ce père, puissant et dominateur qui voulait faire de Jimmy son prolongement, et cela d'autant plus qu'il était en conflit avec ses autres fils. Lorsque Jimmy eut sept ans, son père tomba gravement malade, provoquant semble-t-il un état d'authentique dépression chez l'enfant. Puis Jimmy devint très agressif, tyrannique et fugueur. Quand il eut douze ans, son père mourut, et son comportement délinquant débuta peu de temps après. *La promesse du père*, « tu seras mon successeur », fut mise en échec par le décès prématuré de ce modèle convoité. Helene Deutsch dresse le tableau psychopathologique de Jimmy comme celui du « type même du jeune psychopathe [1] », ne supportant pas la discipline, volant, s'endettant, séduisant et provocateur tour à tour, témoignant d'une absence d'affects, d'une incapacité à établir une relation humaine, au point qu'elle envisagea un diagnostic de « schizophrénie naissante ». Jimmy poursuivit sa carrière antisociale en s'identifiant successivement à des héros sociaux, militaire héroïque, gentleman-farmer, entrepreneur, écrivain, producteur de films, inventeur, philosophe, etc. Impliqué dans de nombreuses supercheries, il imputait aux autres la cause de ses échecs et de ses erreurs, tout en étant tenté par de nombreux « raccourcis » pour se faire passer pour ce qu'il n'était pas. Elle écrit : « En lisant l'histoire de sa vie, on voit qu'il était constamment en quête d'une identité qui aurait rendu justice à l'idée narcissique qu'il se faisait de lui-même en disant "je suis un génie" et qui lui aurait servi en même temps à nier

1. *Ibid.*, p. 221.

sa propre identité. Comme chez d'autres imposteurs, ce déni de sa propre identité me semble être le motif principal de ses actes [1]. »

Helene Deutsch, s'appuyant sur d'autres exemples cliniques et historiques, montre que le processus de l'imposture passe par la nécessité intérieure d'*agir sous un autre nom que le sien,* de se placer dans un état de tension, dans la situation précaire de quelqu'un qui risque à tout instant d'être découvert et a besoin de se cacher dans des mascarades successives. Elle note également la proximité de la psychopathologie des imposteurs avec celle des personnalités « comme si », analogues aux faux self de Winnicott : identifications multiples aux objets extérieurs, mimétisme de caméléon, recherche constante de stimulations pour combler le vide et l'indétermination de leur vie affective et morale. Deutsch note cependant des différences, entre autres qu'au contraire des imposteurs, les personnalités « comme si » ne sont jamais conscientes de leurs troubles. De manière très pertinente, Helene Deutsch rapporte la phrase clé du cas Jimmy, phrase prononcée lorsqu'il était venu la voir à l'âge de 14 ans : « J'ai grandi trop vite ». Elle précise : « Ce qui voulait dire qu'il ne se sentait pas encore capable de jouer le rôle que son père lui avait assigné pour le jour où il serait grand. Son haut idéal du moi, entretenu par son père, et une identification à ce "père formidable" ne lui permirent pas – en dépit d'une certaine dose de perspicacité – d'attendre d'avoir fini de grandir. Il exigeait que les gens le traitent non pas en fonction de ce qu'il réussissait ou pas, mais à la mesure de son haut idéal du moi [2]. » Autrement dit, il se faisait le porte-voix des idéaux de son père et s'en prenait

1. *Ibid.*, p. 228.
2. *Ibid.*, p. 233.

violemment à l'entourage qui se refusait à valider la réussite de cette identification imaginaire et aliénante.

Cette psychopathologie psychanalytique des imposteurs que propose Helene Deutsch entre fortement en résonance avec les thèses de Winnicott concernant les troubles du caractère et les tendances antisociales. La part de l'environnement, l'empiétement prématuré, l'intrusion normative des exigences de l'entourage conduisent les sujets caractériels et psychopathes à émettre compulsivement une dette qu'ils se refusent à payer puisque ce n'est pas véritablement en leur nom qu'ils l'ont contractée. Ils sont les prête-noms d'un environnement qui, au nom de ses propres idéaux, a exigé une adaptation normative bien au-dessus des moyens matériels et symboliques de l'enfant. D'où leur extrême facilité à se couler dans tous les rôles, à épouser toutes les causes et à imiter tous les personnages de l'environnement. Ils ne sont pas eux-mêmes engagés *subjectivement* par ce qu'ils font, ce qu'ils disent et les événements qu'ils vivent, qui n'existent que par procuration. La question de la dette et du nom est centrale, mais je ne la développerai pas davantage ici [1].

Je noterai simplement avec Helene Deutsch ce petit fait psychopathologique de la vie de Jimmy qui, après avoir abandonné ses passages à l'acte de tricheries, s'engagea peu à peu dans une affaire et des comportements plus réalistes et

1. Le pseudo se fabrique un nom plutôt que de le recevoir par filiation. Dans les histoires d'imposteurs, c'est une constante, l'amour du faux procède de ces identités fabriquées, parfois même de père en fille comme ce fut le cas de Thérèse Humbert, dont le père, Guillaume d'Aurignac, refusa très tôt son statut d'enfant trouvé en orthographiant son nom de telle sorte qu'une particule de pacotille lui était ajoutée, mystification que sa fille Thérèse fera fructifier par une escroquerie de près de 100 millions au début du XXe siècle et à laquelle elle finira par croire elle-même. Voir Philippe Di Folco, *Histoires d'imposteurs*, Paris, Vuibert, 2012.

manifesta alors une angoisse rarement éprouvée auparavant : « L'état auquel nous avons eu alors affaire semblait paradoxal : plus il jouait effectivement son rôle dans la réalité, plus il était angoissé. À l'époque où il avait réellement été un chevalier d'industrie, il n'avait jamais craint d'être démasqué. À présent qu'il travaillait plus honnêtement et qu'il simulait moins, la peur qu'on découvrît ses escroqueries le torturait ! Dans son nouveau rôle, qui consistait à faire un travail honnête, il avait l'impression d'être un imposteur [1]. »

On comprend mieux sans doute la thèse de départ qui est la mienne selon laquelle l'imposteur relève doublement d'une psychopathologie qui s'enracine dans le *social* et le symbolique. D'une part en tant que sa souffrance provient de l'environnement qui l'a obligé à vivre au-dessus de ses moyens en le conduisant à une *hyperadaptation* aux idéaux et aux normes, formes imposées par l'autre. C'est d'ailleurs sur cette scène-là qu'il va déployer ses symptômes, symptômes qui sont autant les siens que ceux de l'autre. D'autre part l'imposteur est pris dans le social, en tant que plus que tout autre pathologie il a compris la dimension de *semblant* [2] impliqué par tout discours, en particulier le discours organisé par la mascarade de l'éthique capitaliste. C'est bien pourquoi l'imposteur, du plus petit au plus grand, au-delà de toute psychopathologie, apparaît bien comme ce témoin de la scène sociale qui révèle l'imposture des signes qui en permettent le fonctionnement. C'est à ce titre que, pour le propos qui est le mien ici, j'ai cru bon de l'appeler à la barre des témoins d'un procès en accusation de cette pathologie de la *raison formelle* qui prétend aujourd'hui organiser nos existences.

1. *Ibid.*, p. 232.

2. Jacques Lacan, *Le Séminaire, Livre XVIII, D'un discours qui ne serait pas du semblant, 1971*, Paris, Seuil, 2006.

Peu importe que ce type de rationalité nous conduise dans le décor ou s'emballe dans la frénésie d'une pensée obsessionnelle qui ne sait plus où elle va, centrée sur les moyens dont elle se dote pour mieux se priver de savoir ce qu'elle fait, du sens de ce qu'elle fait. Cette civilisation dominée par ce style de rationalité formelle et instrumentale, par son allégeance au semblant, son aveuglement au sens et à l'histoire, ressemble à s'y méprendre à la problématique de l'imposture mise en scène dans un film récent : *À l'origine,* de Xavier Giannoli.

Dans ce film, le héros, Paul, petit escroc, « chevalier d'industrie », qui vit d'abus de confiance et de combines, se trouve, à la suite d'une méprise, pris pour le chef de chantier d'une grande multinationale de travaux publics qui, en stoppant ses travaux de construction d'une autoroute, a mis au chômage toute la population d'une petite ville. L'attente désespérée de cette population au chômage depuis deux ans et les impostures de l'escroc suffisent à produire l'illusion. Appâté par les propositions de pots de vin des entrepreneurs locaux qui magouillent pour l'attribution des marchés, Paul décide de continuer la supercherie à son bénéfice avec l'aide active de la municipalité dont il séduit la représentante et de la population locale affamée autant de pain que d'espoir. Paul réussit à relancer les travaux en prenant la tête d'une filière fictive d'un grand groupe. La machine s'emballe, il suffit de l'alimenter avec des *faux* en écriture, des usurpations de titres et de résultats à court terme. Le mensonge tend à se transformer en vérité. En jouant d'astuces, de cavaleries et d'escroqueries diverses auprès de vraies entreprises de travaux publics et de banques, Paul avance dans une réalisation à laquelle lui-même croit de plus en plus, et ce, au point de renoncer au pactole de ces pots de vin qu'il a reçu et mis de côté pour lui. L'illusion collective s'effondre, l'escroc est arrêté, le tronçon d'autoroute achevé. Et la dernière image montre une route construite, mais isolée de tout et n'allant nulle part. Le film est adapté d'une histoire vraie qui s'est déroulée à proximité du Mans en 1997, au cours de laquelle un *imposteur* se fit passer pour un entrepreneur, parvint à reprendre des travaux interrompus par décision administrative pour la protection d'une espèce rare de scarabée, et finit par construire un tronçon d'autoroute parfaitement fonctionnel. Ce fait divers invraisemblable qui a inspiré le scénario du film me semble la parabole de la civilisation dans laquelle nous sommes plongés. La réalité dépasse la fiction puisque le tronçon de route construit sous la direction de l'escroc, techniquement irréprochable, fabriqué plus vite et moins cher qu'à l'habitude, fut détruit parce qu'il était construit illégalement..., formellement irrecevable et reconstruit par la suite aux frais de la population ! Notons au passage que le personnage du fait divers qui a inspiré le scénario du film a récidivé, notamment au moment de la tempête Xynthia, en procédant de la même manière, usant de cette grammaire du semblant qui avait si bien produit ses effets sociaux.

Dans un monde où règne la rationalité formelle, en perdant le sens et la valeur de ce que nous faisons, nous risquons tous de devenir des imposteurs, ou du moins nous risquons tous d'être invités à le devenir. Ou alors à devenir des «*as if*» ? Car il ne faut pas s'y tromper : nous sommes bien les enfants trahis d'une civilisation, nous sommes bien les enfants trahis de la démocratie.

Nous sommes tous des personnalités « as if »

> *« L'homme crée seulement quand il aime, quand il baigne dans l'illusion de l'amour, c'est-à-dire quand il croit de façon inconditionnelle à quelque chose de juste et de parfait. Si l'on force quelqu'un à ne plus aimer de manière inconditionnelle, on tranche les racines de sa force : il ne peut, dès lors, que se dessécher, c'est-à-dire devenir malhonnête*[1]. »

Dans un texte inaugural de 1934, Helene Deutsch décrit un type de fonctionnement psychique dont les modes de vie et les sensibilités la conduisent au diagnostic de personnalités « *as if* », personnalités « comme si ». Ce type de « pseudo-affectivité », comme elle la nomme, se rencontre chez des patients normaux en apparence, chez qui on ne remarque rien de maladif en particulier, souvent parfaitement adaptés à leur environnement, avec des réactions intellectuelles et affectives cohérentes et appropriées qui pourtant induisent chez le clinicien et l'entourage le sentiment de quelque chose d'insaisissable et d'indéfinissable, ce qui les amène inévitablement à la remarque : « Il y a pourtant chez eux quelque chose qui cloche. »

Tout se passe comme si l'expression des sentiments de ces patients « ne subsiste plus que dans la forme et toute expérience intérieure a été éliminée – un peu comme le jeu d'un acteur doté d'une bonne technique, mais animé d'aucune vie véritable[2] ». Et Deutsch précise : « Ce qui est important ici, c'est le fait que les patients eux-mêmes ne ressentent aucun manque dans leur vie affective. Pour eux, les formes vides dans lesquelles elle se manifeste ne diffèrent en rien de ce que

1. Nietzsche, *Considérations inactuelles*, in *Œuvres I*, 2000, *op. cit.*, p. 542.
2. Helene Deustch, 2007, *op. cit.*, p. 55.

vivent les autres[1].» Ces personnalités sont souvent douées d'une grande ouverture d'esprit, d'un talent certain mais sans la moindre originalité personnelle, capables d'un mimétisme psychique extraordinaire les amenant à se couler dans les modèles privilégiés de l'entourage, fluctuant dans leurs identifications autant que dans leurs opinions, elles se révèlent de parfaits caméléons. Comme le remarque dans la préface de l'ouvrage Marie-Christine Hamon : «Trop adaptés à la réalité pour être psychotiques, trop fluctuants dans leurs identifications pour être "normaux", aussi doués qu'ils soient, les individus "comme si" poursuivront Helene Deustch trente années de sa vie : "J'en vois maintenant partout", reconnaît-elle en 1955[2].»

Et pour cause, aurais-je envie d'ajouter, la personnalité «*as if*» se révèle, selon moi, comme le modèle, la figure anthropologique de l'homme de notre temps, le héros des *Temps Modernes*, le travailleur idéal de l'économie capitaliste. La personnalité «*as if*» c'est le sujet débarrassé de toute subjectivité, de toute histoire, parfaitement syntone aux milieux dont il épouse la forme, les couleurs, les valeurs et les attentes.

J'évoquerai brièvement le cas d'une des patientes d'Helene Deutsch, peintre habile mais sans la moindre originalité. C'est d'ailleurs le professeur auquel elle l'adresse qui, après une période d'enthousiasme pendant laquelle il vantait la vitesse d'apprentissage et le talent technique de la jeune fille, finit par adresser à Helene Deutsch une lettre qu'il concluait par ces mots : «Il y a pourtant chez elle quelque chose qui cloche[3].» Très malléables, extrêmement doués dans les apprentissages, ces patients produisent un malaise chez les interlocuteurs du

1. *Ibid.*, p. 55.
2. Marie-Christine Hamon, préface à Helene Deutsch, 2007, *op. cit.*, p. V.
3. *Ibid.*, p. 54.

fait de l'absence de « la plus petite empreinte personnelle », la moindre trace de subjectivité. C'est « cette adaptation sans expérience d'affect [qui] est précisément ce que j'ai nommé "comme si" [1] ». Helene Deutsch souligne la grande passivité de ces patients, leur suggestibilité, leur identification automatique aux autres, aux manières de penser et de sentir de l'entourage et leur « très grande malléabilité à l'égard des signaux émis par le monde extérieur [2] ». C'est cette extrême porosité aux signaux du monde extérieur qui les amènent à se rallier très facilement aux valeurs et aux opinions de personnes et de groupes sociaux divers et variés, voire contradictoires. Véritables éponges, ces personnalités « *as if* » ont emprunté aux entourages successifs leurs manières de penser, de sentir et de vivre, « *sans* aucune transformation *intérieure* [3] ». Helene Deutsch note d'ailleurs avec perspicacité que ces personnalités « comme si » sont avides de trouver dans les mouvements de masse un étayage identificatoire susceptible de donner un contenu à leur « semblant d'existence ». L'article ayant été publié pour la première fois en 1934, cette phrase résonne d'un funeste pressentiment. Et aujourd'hui ? Avec nos opinions labiles et fluctuantes, le vide de nos existences sociales, la désertion de l'avenir, la fuite en avant du paysage des valeurs et de tout ce qui donne consistance au sens de la vie ?

Lorsque Helene Deutsch reconstitue la psychogénèse de la personnalité « comme si » de sa patiente, elle insiste sur le dispositif éducatif qui conduisait l'enfant à devoir être dressée à témoigner amour, estime et obéissance aux parents, sans jamais réellement ou directement avoir *éprouvé* les sentiments qu'elle se devait de manifester. Ce cérémonial, que l'on

1. *Ibid.*, p. 56.
2. *Ibid.*, p. 56.
3. *Ibid.*, p. 56.

désigne parfois comme politesse ou que l'on nomme ailleurs hypocrisie, avait dans le cas de cette patiente constitué ce que j'appellerai au sens fort du terme une forme de vie. Non seulement l'enfant fut formée de très bonne heure aux règles les plus strictes, aux normes et aux codes les plus exigeants, mais les sentiments eux-mêmes se voyaient prescrits par un appareil d'obéissance et de soumission. Le mot de « dressage » vient à plusieurs reprises sous la plume d'Helene Deutsch, de même ceux de « construction vide », d'« atrophie affective », d'« adaptation à la réalité ». L'histoire de ce climat familial, reconstruite au cours de l'analyse, s'est révélée pour Helene Deutsch comme une « atmosphère, marquée par l'absence des parents, [qui] était en même temps saturée de leur présence [1] ». C'est dans ce sillon de vide affectif, dont la patiente jusque-là ne s'était jamais plainte parce qu'elle n'en avait pas conscience, que s'étaient inscrites et développées dans le même ordre ses relations libidinales avec les éducateurs : « L'éducation, *dans le sens de l'adaptation à la réalité**, fonctionnait parfaitement : sur ce point l'enfant n'était pas laissée pour compte, *tout au contraire.* On lui apprit à imiter et à se conformer aux souhaits des éducateurs, mais il n'y eut jamais de lien libidinal et tendre.

Il semble donc que les circonstances défavorables de l'enfance aient été cause d'un grand vide affectif [2]. »

L'adaptation totale au monde extérieur quelle qu'elle soit se réalise de manière automatique et n'engage jamais subjectivement ces personnalités qui se présentent « comme si ». Comme le remarque encore Helene Deutsch, la « continuité du processus est assurée dans la réalité », autrement dit l'existence

1. *Ibid.*, p. 59.
2. *Ibid.*, p. 62.

n'est pas à proprement parler *subjectivée* et la fidélité de l'individu aux valeurs auxquelles il s'est identifié n'existe qu'au moment même où l'environnement qui les incarne est présent et l'exige. Ce n'est pas une fidélité intérieure, exigée par une intention morale. *C'est un comportement.* Ainsi, l'existence de ces personnalités « *as if* » se déroule à l'extérieur d'elles-mêmes, mais elles n'en souffrent pas car elles ne sont pas conscientes de cette déportation de leur être, de cette expropriation subjective qui les conduit à vivre dans le lieu même de ceux qui les entourent [1]. Ce qui conduit Helene Deutsch à une conclusion dont il m'importe de souligner la portée anthropologique eu égard à notre actuelle civilisation des mœurs : « Freud émit un jour en petit comité l'opinion selon laquelle nous pouvions considérer comme pleinement heureux le Narcisse qui vit en totale indépendance psychique vis-à-vis du monde qui l'entoure. Ce Narcisse heureux me semble une construction purement théorique : car celui que nous rencontrons dans la vie est si dépendant de l'affirmation de son autosatisfaction narcissique qu'il est bien plus esclave que l'homme gouverné par ses affects [2]. »

Comment ici ne pas évoquer la figure anthropologique de l'aliénation de l'homme dans la conception marxiste, de sa mutilation par les conditions sociales qui lui sont imposées dans l'économie capitaliste ? Cette bureaucratie intérieure à laquelle la personnalité « comme si » adhère sans réserve, la dislocation et l'identification automatique aux valeurs de l'environnement, cette « culture du potentiel » qui lui permet de réduire ses relations aux fonctions qui les occasionnent, ces comportements moraux ou affectifs qui se produisent sans intention morale ou subjective ne peuvent qu'évoquer

1. En ce sens ce sont des « déportés », des « déplacés » de l'existence subjective.
2. *Ibid.*, p. 70.

ce processus de la réification, si prospère en climat capitaliste. Cette subjectivité et cette objectivité fantomatiques qui n'obéissent qu'aux exigences formelles et factices des besoins de l'échange, qui avec une vigueur extrême déshumanisent l'être et le monde, comment ne pas les rapprocher, au moins analogiquement, de l'universalité abstraite de la forme marchande qui organise l'existence sociale et psychologique du « travailleur idéal » du capitalisme ?

À distance d'une psychogénèse naïve des personnalités « comme si », d'un naturalisme de leurs symptômes, ou d'une analyse sociologique caricaturale, je voudrais simplement rapprocher le contenu et les formes de ces souffrances psychiques et sociales des valeurs d'une société au sein de laquelle elles apparaissent. Que l'on me comprenne bien, à lire ces récits cliniques d'Helene Deutsch on ne peut qu'éprouver le sentiment étrange de rencontrer sous des traits appuyés les figures anthropologiques de notre modernité et de notre postmodernité. Comment ne pas penser ici à la série de ces figures que nous proposent les sociologues et les anthropologues, figures qui vont de l'homme moderne de Simmel ou de Weber au « sujet entrepreneur de lui-même » de Foucault en passant par l'« homme économique » de Mauss, l'homme réifié de Lukács, l'homme de la « fausse conscience » de Gabel, le Narcisse de Christopher Lasch, jusqu'au nouvel individu de la culture du capitalisme financier de Sennett. Et la liste pourrait être indéfiniment allongée.

Il ne s'agit pas de dire que le capitalisme rend fou, il ne s'agit pas de dire que la maladie mentale est une maladie sociale, il ne s'agit pas de dire que les formations subjectives et l'existence sociale se confondent. Il s'agit une fois encore de rappeler la thèse du premier Foucault, selon laquelle les symptômes des maladies mentales sont les reflets des valeurs d'une société qui refusent de s'y reconnaître. Et d'ajouter cette thèse qui court tout au long de mes derniers travaux, que plus encore que les maladies mentales, ce sont les dispositifs de diagnostic et de soin qui sont le reflet de l'*ethos* d'une époque et d'une société donnée. À ce titre, il me semble que psychanalyse et sociologie s'éclairent réciproquement et que les figures cliniques que construisent les récits de la psychopathologie nous renseignent avantageusement sur les valeurs et les pratiques sociales d'une civilisation.

Que nous enseignent ces personnalités dissociées des faux soi et des « comme si », ou de manière plus radicale des « imposteurs » ? Si ce n'est que les apprentissages prématurés, que les exigences normatives de l'environnement, les adaptations forcées qu'elles commandent, les identifications automatiques qu'elles prescrivent, le *réalisme formel* auquel elles réduisent la réalité et le vivant, se révèlent incapables de donner au sujet singulier autant que collectif un sentiment d'existence authentique et de consistance de l'expérience. Si on veut se représenter simplement ce qu'est la dissociation, il suffit d'évoquer ces moments que chacun d'entre nous a pu vivre et au cours desquels on lit quelques minutes un livre et on s'aperçoit au bout du compte que l'on ne sait pas ce que l'on a lu, que l'on était ailleurs et dans un autre temps, temps dissocié de celui de notre lecture. Nous avons lu automatiquement plusieurs pages du livre mais nous n'avons eu aucune *expérience* de ce que nous avons lu. Helene Deutsch et Winnicott évoquent cette figure de la clinique qui s'absentent des événements qu'ils traversent dans une distraction radicale. Ils jouent, ils peignent, ils rêvent, ils fument ou parlent compulsivement, ils ont des relations sexuelles, ils sont au milieu d'un groupe d'amis, ils sont sur le divan de leur analyste, ils remplissent leur temps mais ils ne sont pas là où leur comportement s'accomplit. Le

« je suis », « *being* », dit Winnicott, se trouve alors dissocié du « faire », « *doing* ». Ils ne sont pas dans les scènes du spectacle qu'ils offrent, ils sont les accessoiristes des représentations dont les autres ont écrit le scénario et qu'en bon public ces mêmes autres consomment, plus ou moins distraitement. Ils sont les ouvriers, les prolétaires des œuvres et des actions que d'autres ont créées. Winnicott écrit : « On pourrait démontrer que chez certaines personnes, à certains moments, les activités indiquant qu'elles sont vivantes sont simplement des réactions à un stimulus. Une vie entière peut être construite sur ce modèle. Supprimez les stimuli et l'individu n'a aucune vie. Dans ce cas extrême, cependant, le mot "être" ne convient pas. Pour pouvoir être et avoir le sentiment que l'on *est*, il faut que le faire-par-impulsion l'emporte sur le faire-par-réaction [1]. »

Alors, bien sûr, il serait tentant de considérer que les modes de civilisation techniques et pratico-formels sur lesquels j'ai insisté tout au long du premier chapitre conduisent forcément à une société moderne constituée comme un collectif de faux soi, d'imposteurs et de personnalités « comme si ». Et ce, d'autant plus que nos sociétés modernes ont pris la forme de la société de consommation et de spectacle qui participe à la *déréalisation* du monde extérieur et des sujets qui y vivent. Guy Debord écrit : « Le spectacle, compris dans sa totalité, est à la fois le résultat et le projet du mode de production existant. Il n'est pas un supplément au monde réel, sa décoration surajoutée. Il est le cœur de l'irréalisme de la société réelle [2]. » Le spectacle n'est pas ici « l'abus d'un monde de la vision, le produit des techniques de diffusion massive des images [3] ». Il est une vision du monde qui s'objective sous la forme de

1. Donald W. Winnicott, 1988, *op. cit.*, p. 54-55.
2. Guy Debord, 1992, *op. cit.*, p. 17.
3. *Ibid.*, p. 17.

marchandises auquel il appartient d'un bout à l'autre. Il constitue « l'autre face de l'argent : l'équivalent général abstrait de toutes les marchandises [1] ». Le spectacle est l'argent que l'on regarde et où « la marchandise se contemple elle-même dans un monde qu'elle a créé [2] ». Et la consommation frénétique de spectacles s'impose d'autant plus que l'atrophie affective s'installe, atrophie singulière autant que collective. Je parle bien de « spectacle » au sens moderne du terme, dont le lien avec la tragédie ou l'épopée s'est considérablement distendu [3]. Comme l'écrit Georg Lukács, « la tragédie n'a qu'une seule dimension : l'altitude. Elle intervient au moment même où des énergies extraient de l'homme son essence, le contraignent à ce qui est essentiel [4]. »

Mais peut-être est-ce plus compliqué ? Peut-être, si, malgré les conditions sociales et culturelles de notre postmodernité nous ne devenons pas tous des « comme si », des imposteurs, des faux soi, des atrophiés des affects et de la subjectivité, des mutilés de la raison critique, des sinistrés du courage, peut-être est-ce parce que « les lucioles » n'ont pas encore totalement disparu [5] ? Mais pour combien de temps encore ?

Helene Deutsch comme Donald Winnicott, tout en reconnaissant l'existence de faux soi, d'imposteurs et de personnalités « comme si » à l'état normal et à des degrés divers, se sont toujours montrés prudents à l'égard d'une extension trop large de leurs concepts psychopathologiques. Je partage leur

1. *Ibid.*, p. 44.

2. *Ibid.*, p. 47.

3. Cf. Friedrich Nietszche, « Introduction aux leçons sur l'*Œdipe-Roi* de Sophocle » (1869-1875), La Versanne, Encre marine, 1994.

4. Georg Lukács, *in* Nicolas Tertulian, 1971, *op. cit.*, p. 18.

5. Pier Paolo Pasolini, *Écrits corsaires*, *op. cit.* ; Georges Didi-Huberman, *Survivance des lucioles*, Paris, Minuit, 2009.

prudence afin d'éviter une psychopathologisation de notre vie sociale. Simplement, leur prudence est d'autant plus intéressante qu'elle me semble révéler la part culturelle des fonctionnements pathologiques qu'ils décrivent. Ainsi, dans un article de 1965, Helene Deutsch précise la différence entre le phénomène morbide du « comme si », finalement assez rare, et « l'expérience psychologique transitoire extrêmement répandue, presque universelle » des « situations "comme si" ». Nombreuses sont ces situations, ces expériences « comme si » que l'on « rencontre couramment parmi les dirigeants et les hommes politiques [1] », dans l'aptitude des acteurs à développer leur talent artistique et dans les déterminants psychologiques du plagiat et de bien d'autres activités. Dans tous ces cas, c'est un peu comme si la dissociation entre l'être et le faire permettait à un sujet d'énoncer cette phrase d'un patient d'Helene Deutsch : « Vous savez bien que tout ça n'existe pas vraiment pour moi [2]. »

Au point où nous sommes parvenus, il ne s'agit pas de savoir quelle est la part de l'éthique et de la culture dans la fabrique des symptômes psychiques, ni seulement d'analyser en quoi le contenu de ces symptômes révèle les mœurs et l'éthique d'une époque, mais plutôt d'évoquer en quoi les dispositifs de civilisation des mœurs mobilisent la *créativité* ou le *conformisme*. Autrement dit, comment retrouver aujourd'hui la créativité singulière et collective que la grande sidération des dernières décennies a inhibée ? Il ne s'agit pas non plus, comme certains auteurs s'y sont essayés, de savoir si l'imposteur relève d'une psychose plus ou moins bien « suppléée », mais de considérer sa *feinte*, sa duperie, sa mascarade comme une *solution*.

1. Helene Deutsch, 2007, *op. cit.*, p. 295.
2. *Ibid.*, p. 300.

J'emploie ce mot de « solution » au sens fort du terme, comme Allouch [1] par exemple a pu parler de la « solution » du passage à l'acte dans le crime immotivé des sœurs Papin. Sans reprendre des développements métapsychologiques qui furent les miens [2] à propos du transfert et du passage à l'acte, je dirais que l'imposture est *une solution au transfert*, qu'il le dissout ou le contourne selon les cas. Tout se passerait comme s'il n'était pas nécessaire de devoir aimer ou haïr l'objet pour s'identifier à lui. Lorsque Freud évoque l'« identification immédiate » ou Deutsch l'« identification sans objet » ou Eidelberg la « pseudo-identification » [3], ils révèlent, par leurs diagnostics péjoratifs, le malaise que produit l'imposteur. Ils transfèrent eux-mêmes sur une absence de transfert, d'affects d'amour ou de haine véritables dans la relation analytique, ils sont affectés par une absence d'affects véritables. C'est ce malaise que ressent profondément le clinicien qui prend en charge un imposteur, petit ou grand, ou lorsqu'il se trouve à un moment ou un autre de la cure confronté à l'imposture. Le déroulé d'une *identification sans transfert* qui désérotise le monde ; indifférent, le sujet se trouve sans affect authentique, mais « adapté » aux exigences d'une situation, court-circuitant les conflits, contournant l'amour comme la haine. Il adopte ainsi une position de retrait où ne subsisteraient que les satisfactions narcissiques, grâce aux réactions de l'environnement, donnant un *semblant* d'existence à l'imposteur, capturant dans une image le vide des affects, la vacuité d'un transfert dans la situation. C'est pour cela que l'imposteur peut passer d'une identification à l'autre, « il ne fait pas de sentiment », l'imposture est la « solution » de cette

1. Jean Allouch (Francis Dupré), *La « Solution » du passage à l'acte*, Toulouse, Érès, 1990.

2. Roland Gori, 2002, *op. cit.*

3. Voir le chapitre I de l'ouvrage.

insensibilité sentimentale. Difficile à la lecture de ces quelques lignes de ne pas évoquer la figure du « blasé » chère à Georg Simmel lorsqu'il décrit l'homme de la modernité, sa solitude et son indifférence. Bien sûr, chaque société a les imposteurs qu'elle mérite, la nôtre sent la médiocrité, la mort, le conformisme froid et instrumental des bureaucrates et des experts qui se maquillent avec les chiffres des statistiques et les algorithmes de leurs rituels spéculatifs. Aussi est-il difficile de ne pas voir dans l'imposture la solution par l'adaptation à un environnement inadapté, que l'on ne peut ou ne veut se résoudre à haïr et à aimer. L'imposture serait la solution à la désérotisation du monde, d'un monde réduit à ses fonctions ; l'imposteur, la figure du « travailleur idéal » de la postmodernité ? L'imposteur : un homme « normal » de notre civilisation d'apparences ?

La grande sidération

C'est à Karl Polanyi que l'on doit, on le sait, l'expression « la grande transformation », titre de l'ouvrage [1] dans lequel il a pensé la première mondialisation libérale de l'économie de marché et ses impasses. Une des thèses centrales de Polanyi est que si la dérive totalitaire, notamment sous sa forme fasciste, est immanente aux normes libérales, il convient d'autant plus de se montrer vigilant à toute extension de la société du marché [2]. La thèse typiquement polanyienne du capitalisme

1. Karl Polanyi, *La grande transformation* (1944), Paris, Gallimard, 1983.

2. Jérôme Maucourant *Avez-vous lu Polanyi?* (2005), Paris, Flammarion, 2011. Par « société du marché » j'entends l'économie capitaliste tant il est vrai comme l'a montré Laurence Fontaine, après Braudel, que toute société est à la fois « une société » et « un marché ». Mais l'économie capitaliste au fur et à mesure de son développement imprime la *forme marchande* à l'ensemble de la société.

comme *utopie* a été prise au sérieux par les néolibéraux qui ont tenté par tous les moyens de faire de la société du marché la clé du meilleur des mondes. Sans reprendre ici les analyses [1] de cette utopie politique et les conséquences désastreuses à laquelle sa logique a conduit – inégalités sociales, déflation salariale, explosion des dettes publiques et privées, destruction de l'état social et précarisation de l'emploi –, je voudrais simplement souligner la dimension de *sidération culturelle* à laquelle nous sommes parvenus.

Il me paraît incontestable que depuis au moins le début des années 1980 la pensée *Tina*, emblématique de cette utopie d'une société du marché totalitaire s'est imposée avec d'autant plus de facilités que les analyses et les idéologies politiques qui en assuraient la contestation se sont effondrées ou effacées. Le mur de Berlin ne s'est pas seulement effondré *matériellement* sous les coups de massue des partisans de la liberté, il s'est aussi effondré dans nos têtes *symboliquement*; et sans doute est-ce aussi parce qu'il s'était effrité symboliquement dans les têtes et les récits qu'il a pu matériellement s'écrouler? À partir de ce moment-là, un grand vide s'est créé dans les récits collectifs des utopies où se tressent les promesses, les espoirs et les craintes. Le social ayant comme la nature horreur du vide, ce fut le « tout marché » qui put remplir ce vide. Les libertés publiques et privées se réduisirent progressivement comme peau de chagrin à la liberté de commerce, connue sous le nom

1. Pierre Larrouturou, *Pour éviter le krach ultime*, Paris, Nova éditions, 2011 ; Les Économistes atterrés, *Manifeste des économistes atterrés*, Paris, Les Liens qui libèrent, 2010 ; Les Économistes atterrés, *Changer d'économie*, Paris, Les Liens qui libèrent, 2012 ; Jérôme Maucourant, 2005, *op. cit.* ; Alain Caillé, *Pour un manifeste du convivialisme*, Paris, Le Bord de l'eau, 2011 ; Bernard Maris, *Marx, Ô Marx, pourquoi m'as-tu abandonné?* Paris, Les Échappés, 2010 ; Gilles Dostaler, Bernard Maris, *Capitalisme et Pulsion de mort* (2009), Paris, Fayard, 2010 ; Susan George, *La Pensée enchaînée*, Paris, Fayard, 2007.

de « mondialisation » et dont j'ai essayé de montrer dans les chapitres précédents qu'elle avait trouvé dans l'évaluation son bras armé le plus policé et efficace. À partir de ce moment-là, les modes de gouvernance des organisations publiques et privées se développèrent sous l'emprise sectaire d'un nouveau management dévastant les entités singulières et collectives, les vidant de leurs fondements éthiques, étayé sur de nouvelles technologies de contrôle, exigeant une soumission aux normes de l'utopie néolibérale et à ses dispositifs formels. Sans développer ce que de nombreux auteurs [1] ont décrit ces dernières années, ce que les témoignages de nombreux collectifs [2] ont porté au jour, il est clair pour moi que les souffrances psychiques et sociales qui n'ont eu de cesse de se développer par la peur du lendemain, dans la « montée des incertitudes [3] », dans l'angoisse de la précarité, proviennent de cette hégémonie culturelle et politique du néolibéralisme.

Tous les dispositifs de ce nouveau management mis en place par le néolibéralisme triomphant ressemblent à s'y méprendre aux résultats des expériences de Milgram [4] des années 1960, ou encore à celles, plus récentes, de Jean-Léon Beauvois [5]. L'autorité de la science ou des médias peut conduire par

1. Robert Castel, 2009, *op. cit.;* Cornelius Castoriadis, 1996, *op. cit.*; Yves Clot, 2010, *op. cit.*; Pierre Dardot, Christian Laval, *La nouvelle raison du monde,* Paris, La Découverte, 2009 ; Christophe Dejours, 1998, *op. cit.*; Vincent de Gaulejac, 2011, *op. cit.*; Alain Caillé (dir.), *Revue du Mauss*, « Émancipation, individuation, subjectivation », 2011, 38.

2. Appel des appels, Pas de 0 de conduite pour les enfants de trois ans, Sauvons la recherche, Sauvons l'université, Sauvons les Rased etc.

3. Robert Castel, 2009, *op. cit.*

4. Stanley Milgram, *Soumission à l'autorité. Un point de vue expérimental* (1974), Paris, Calmann-Lévy, 1994.

5. Jean-Léon Beauvois, *Les Illusions libérales. Individualisme et pouvoir social,* Grenoble, Presses universitaires de Grenoble, 2005.

conformisme à une autorité à une soumission abominable au cours de laquelle les citoyens ordinaires peuvent se transformer en tortionnaires [1]. Et ce, d'autant plus que l'exécution de leurs basses œuvres peut se faire de manière anonyme et dans le cadre de dispositifs bureaucratiques dont ils deviennent les fonctionnaires. Dans ces cas-là, le *simple dispositif technique d'exécution administrative de masse* peut s'accomplir lorsque les conditions formelles de la réification, de la chosification et de la rationalisation des meurtres ou des tortures sont réunies. Des hommes ordinaires peuvent devenir des monstres dès lors que l'absence de lien personnel ouvre largement la porte aux comportements de soumission et de destruction [2]. Simmel disait déjà que l'argent permet aux hommes de ne pas se regarder dans les yeux. Dans les relations faites par leurs auteurs des exécutions barbares et des génocides nazis, rwandais, serbes et croates « la précision dans les détails techniques va de pair avec la description à la fois stéréotypée et floue des victimes [3] ». Dès lors que le meurtre devient administratif, l'opération se réduit à un problème *instrumental* : « Cet amour du détail technique, qu'on rencontre fréquemment dans l'évocation des exécutions, reflète combien les victimes apparaissent peu, dans ces récits, comme des personnes dotées de caractéristiques ou même de visages [4]. » Comme le montre Welzer, c'est parce que la tuerie se présente comme un travail pris dans la rationalité technique et instrumentale, cadré par des grilles normatives,

1. Harald Welzer, *Les Exécuteurs. Des hommes normaux aux meurtriers de masse* (2005), Paris, Gallimard, 2007.

2. Une des revendications « humaines » des exécuteurs des commandos nazis chargés du génocide était de ne pas avoir à tuer « soi-même » les filles avec lesquelles ils venaient d'avoir une relation sexuelle !

3. Harald Welzer, 2007, *op. cit.*, p. 148.

4. *Ibid.*, p. 147-148.

qu'elle pouvait parvenir à cette industrie du déshumain permettant aux bourreaux de *s'absenter* de leurs actes. La professionnalisation et la normalisation du meurtre disculpent celui qui l'accomplit lorsqu'il peut s'estomper par des dispositifs et des protocoles formels réglant techniquement les automatismes de masse.

Pour conclure cette partie, je ne souhaite nullement établir une hiérarchie des civilisations et des sociétés, rapprocher le nazisme et le néolibéralisme et réduire l'évaluation à cette exécution sommaire de masse qui produit, accompagnée par le chômage et la précarité, de vives souffrances individuelles et sociales. Il faudrait simplement essayer de comprendre comment nous en sommes arrivés là, là où nous sommes parvenus depuis trente ans et comment nous pourrions nous en sortir. Comment nous en sommes arrivés là et où nous en sommes ? Il me semble que, tout au long des pages qui précèdent, je n'ai eu de cesse de le dire et de le montrer, c'est par une *prolétarisation matérielle et symbolique* généralisée, liée au néolibéralisme en tant que forme de vie, et en conséquence par un renoncement du politique à exercer son mandat démocratique et, de ce fait, à rétablir la confiance [1]. La disparition soudaine de forces de contradiction à l'hégémonie culturelle et politique du néolibéralisme a fait fonction de trauma. Si on se souvient de ce qui précède, à partir de là les individus singuliers et collectifs se trouvent expropriés d'eux-mêmes, hors de soi, c'est-à-dire hors de leur culture, de leur langue, de leur éthique et de leur politique. À partir de là, ils ne peuvent, par identification à l'agresseur, que s'adapter férocement en empruntant ses valeurs et sa civilisation, en faisant « comme

1. « 1ers entretiens sur la confiance » le 20 février 2012 au Palais du Luxembourg à Paris, institut Confiances, <http://www.institut-confiances.org/fr/>.

si» ou en pratiquant l'imposture des chevaliers d'industrie. À moins qu'ils ne s'effondrent dans une apathie ou une dépression qui peut conduire au suicide individuel ou collectif, ou ne se réfugient dans d'autres mondes, comme ceux des sectes ou de la drogue dont Pasolini avait montré à quel point leur consommation abusive appartenait intégralement à la « religion du marché [1] ». Je suis intimement persuadé – peut-être est-ce l'effet d'un délire sectorisé – que nous tentons aujourd'hui de sortir de cette sidération, de ce trauma qu'a constitué la colonisation néolibérale des mœurs et que nous n'avons pas d'autres choix. Que nous n'avons pas d'autres choix parce que la simple adaptation sociale à une réalité purement formelle, technique et instrumentale, conduit le monde et l'humain à la facticité, à la vie inauthentique, aux âmes mortes, exsangues de tout potentiel de création. Vivre, c'est créer. Et nous n'avons pas d'autre choix que celui de créer pour vivre, faute de quoi, nous le savons, la question qui s'est toujours posée dans l'histoire au moment des crises, c'est combien faudra-t-il de morts en se précipitant dans le chaos pour que surgissent de nouvelles formes ? Comme disait Gramsci, la crise, c'est quand le vieux monde tarde à mourir et que le nouveau monde tarde à naître. Comment pourrions-nous aujourd'hui sortir pacifiquement du vieux monde pour en créer un nouveau ? Comment pourrions nous sortir de cette troisième catastrophe qui, après les Première et Deuxième Guerres mondiales, a toujours fait un peu plus « baisser le cours de l'expérience» et, creusant davantage une «crise du récit», a rendu ce monde un peu plus inhumain, affectivement atrophié, labile comme nos «*as if*» dans des émotions et des relations dans lesquelles ils ne s'engagent plus, fluctuant

1. Pier Paolo Pasolini, *Écrits corsaires*, *op. cit.*

dans des opinions qui se réduisent à l'humeur du jour, celle qui prend la couleur du moment, oubliant l'essentiel par fascination de l'utile ?

Pour quitter l'abri factice de nos faux soi, de nos personnalités « *as if* », dans ce monde d'imposture, peut-être nous faudra-t-il nous rappeler sans cesse cet aphorisme d'Edmond Jabès : « Le chemin est sans indulgence pour qui s'en détourne. L'avare n'a pas d'allié [1]. »

1. Edmond Jabès, *Le Seuil, le Sable*, Paris, Gallimard, 1990, p. 26.

CHAPITRE VI

La désidération indispensable pour vivre et créer

> *« L'expérience culturelle commence avec le jeu et conduit à tout ce qui fait l'héritage de l'homme : les arts, les mythes historiques, la lente progression de la pensée philosophique et les mystères des mathématiques, des institutions sociales et de la religion*[1]. »

Notre époque contemporaine aime follement la « passion pédagogique ». C'est la société tout entière qui se voue à sa pédagogie, qui se met à l'heure de la vieille méthode du « système explicateur[2] », qui se « pédagogise » follement. Cette passion pédagogique peut se dire en langue humaniste et vanter le savoir comme source de progrès social, ou elle peut s'exprimer dans le langage conservateur de l'instruction qui corrige et rééduque. Il n'empêche, elle vient dans tous les cas garantir un ordre, un ordre social, un ordre *inégalitaire*, fondé sur le partage du savoir et de l'ignorance. Après quelques

1. Donald W. Winnicott, 1988, *op. cit.*, p. 50.

2. Comme le nommait Jacotot, ce grand maître de l'enseignement humaniste dont je parlerai plus loin.

contestations salutaires, romantiques, marxistes ou anarchistes, qui n'ont parfois fait que l'immuniser, la passion pédagogique retrouve aujourd'hui les faveurs de l'opinion, croise l'intérêt des « experts » et conforte bien des politiques réactionnaires. Cette passion pédagogique est incluse dans le projet normatif de la modernité : la norme implique une « correction », une rectification qui tend sans cesse à prendre le masque du naturel et du raisonnable, surtout le raisonnable des belles formes calculatrices. La passion pédagogique fabrique bien souvent ce piège où l'adulte, exigeant de l'enfant qu'il fasse des progrès sur le chemin balisé des apprentissages, le prive de sa créativité. La pratique de la psychanalyse, quand elle s'embarque sur cette voie, « piège » l'analysant, en se faisant l'allié de son moi (et de ses idéaux) « en son impuissante visée meurtrière, ce qui n'aurait d'autre effet que d'assurer la condition de mort vivant à celui qui s'est engagé dans l'analyse [1] ». C'est cette même passion pédagogique qui œuvre aujourd'hui dans tous les domaines au nom des exigences de devoir *s'adapter*, aux normes des agences de notation financière, à celles des apprentissages cognitifs, aux programmes de rééducation des compétences, à celui des protocoles de bonnes pratiques, au classement des listes de revues scientifiques, à la logique de l'audimat des émissions radiophoniques, à ce qui accroît ou diminue le lectorat, fidélise les abonnés, satisfait les évaluations nationales, permet les crédits du CNL, ou de l'Europe, ou du téléthon…

Créer ou s'adapter ?

Dans le soin, l'éducation, la justice, les médias, le travail social, la culture et la recherche, le projet pédagogique est de

1. Conrad Stein, 1988, *op. cit.*, p. 12.

retour, le *programme technico-administratif* serait-il plus juste de dire. *Dans tous ces domaines, l'éducation deviendrait en elle-même thérapeutique.*

À y regarder de plus près, cette éducation n'est pas un foyer d'émancipation intellectuelle, personnelle, politique et culturelle, non, c'est bien souvent un mode d'emploi dans des situations d'interactions au cours desquelles le sujet doit acquérir des *patterns* de réponses comportementales sur lesquelles il sera évalué, encore et encore. L'évaluateur étant à son tour évalué de la même manière dans un emboîtement infini qui rappelle aux plus anciens cette publicité de la marque Dubonnet sur laquelle on voyait un personnage écrivant sur le dos d'un autre identique « Dubo » puis « Dubon », enfin « Dubonnet » et, de nouveau, un autre écrivant « Dubo » ainsi de suite à l'infini. C'est comme cela que l'on apprend aujourd'hui, et dans tous les domaines, au nom d'une efficacité qui se mesure avec les seuls dispositifs de *conformité,* que notre civilisation feint de prendre pour la *vérité.* Qu'une telle manière de s'y prendre pour, à l'instar de Pygmalion, adorer sa créature, a sans doute de quoi surprendre pour ceux qui ont eu la chance de connaître autre chose et qui, comme moi au début de ma vie professionnelle, se sont confrontés aux méthodes Freinet et Montessori et à l'oreille desquels résonnent encore les messages d'espoir et de gratitude des « libres enfants de Summerhill [1] » !

1. Voir Alexander Sutherland Neill, *Libres Enfants de Summerhill* (1960), Paris, Gallimard, 1985. Psychanalyste et pédagogue, Alexander Sutherland Neill (1883-1973) croyait en une école libre où l'enfant aurait droit au bonheur. Ce pédagogue britannique fonda son école de Summerhill en 1921. Dans cette école fondée contre l'école traditionnelle, l'enseignement reposait sur deux notions fondamentales : la liberté des élèves ainsi que l'autoresponsabilité. Paru à New York en 1960, en France au lendemain de mai 1968,

Car il ne faut pas se priver de le répéter, cette éducation généralisée de notre société, dont je crains qu'elle n'ait que peu de liens avec la pédagogie véritable, ne comporte aucune espèce d'ambition émancipatrice. Son but n'est autre que celui de l'adaptation, adaptation à des formes constituées qui privent le vivant de cette normativité essentielle qui lui permet de créer ses propres normes. C'est le grand enseignement de Canguilhem, la vie crée ses propres normes. Dans cette passion pédagogique qui incite à l'apprentissage d'habiletés cognitives et sociales, qui réduit l'enseignement à l'acquisition de

Libres enfants de Summerhill est vite devenu un best-seller (plus de 400 000 exemplaires vendus).

Neill y présente son expérience personnelle. La création de l'école tout d'abord, dont la mission première n'était pas d'instruire (puisque pour lui l'enseignement vient freiner l'éveil intellectuel) mais d'éduquer des enfants « normaux » âgés de 5 à 15 ans. Son objectif était de permettre à chacun d'accéder à la vérité de son propre désir : « Il est évident qu'une école où l'on force des enfants actifs à s'asseoir devant des pupitres pour étudier des matières inutiles est une mauvaise école ». Les cours étaient facultatifs, les enfants jouissaient d'une totale liberté, pouvaient jouer autant qu'ils le voulaient (car après avoir vécu pleinement le temps du jeu les élèves se mettraient d'eux-mêmes au travail), et Neill leur accordait le droit au bruit, à la masturbation, à la nudité, à la saleté, aux jurons, aux histoires grivoises (pour ne pas favoriser le refoulement sexuel), et même le droit de ne faire ni mathématique ni grec ni latin. Il faudrait ajouter qu'il y interdisait la censure des livres, ne dispensait aucune doctrine religieuse (selon lui, Dieu, « c'est le meilleur de chacun de nous »), et s'attachait à servir au mieux les besoins de ses 45 pensionnaires, par exemple en tentant de lever leurs inhibitions. En 1955, l'école de Summerhill bénéficia d'un rapport d'inspection plutôt flatteur, qui validait l'efficacité de la méthode : il y avait bien liberté et non pas anarchie. On peut lire dans ce livre le témoignage d'une expérience éducative riche et originale que l'on ne doit pas prendre comme un modèle à reproduire. Ce fut une vraie *expérience* et c'est en tant qu'innovation et création qu'elle détient toute sa valeur. Mais dans notre société de plus en plus sécuritaire, dans notre système éducatif ouvert à la compétition internationale, serait-elle encore possible, envisageable ou autorisée ? Qu'il s'agisse des enfants, des parents ou des éducateurs, où pourraient-ils la rencontrer ?

compétences, c'est l'aptitude humaine à inventer du nouveau, à partir de l'accidentel et du contingent, en faisant de *l'imprévisible* son miel, qui se trouve compromise. L'idéal de ce type d'éducation, c'est l'acquisition automatique de réponses automatiques à des situations automatiques, c'est l'automatisme de la machine ou de l'ordinateur.

Nous sommes loin de la revendication de Jaurès réclamant pour les enfants du peuple cette émancipation culturelle que leur donneraient l'école et l'art. On parle ici de l'école de la liberté, l'école démocratique qui, au moins depuis les Lumières, fait de l'histoire des hommes une aventure imprévisible qui met en jeu leur liberté. Car il faut le dire, il n'y a certes pas d'émancipation politique sans émancipation économique, mais il n'y en a pas non plus sans émancipation morale et intellectuelle. C'est un message qui revient en boucle dans les textes de Jaurès : pour que la liberté soit la liberté et qu'elle soit préservée au cœur de la tradition républicaine « il faut donner aux enfants du peuple, par un exercice suffisamment élevé de la faculté de penser, le sentiment de la valeur de l'homme et, par conséquent, du prix de la liberté, sans laquelle l'homme n'est pas. [...] Il ne me paraît pas juste que les enfants du peuple, précisément parce que leur vie sera faite de labeurs monotones et routiniers, soient déshérités des joies de l'art, et qu'ils ne soient pas mis en état de comprendre la beauté simple et grande des chefs-d'œuvre de notre langue [1] ». Le mépris dans lequel aujourd'hui on tient la formation des jeunes par les « humanités » constitue *une catastrophe écologique*. C'est la nature même de la pensée, l'environnement mental que l'on sacrifie aux intérêts directs des apprentissages techniques et instrumentaux.

1. Jean Jaurès, *Rallumer tous les soleils*, *op. cit*, p. 51.

Nous sacrifions délibérément ou inconsciemment le vecteur le plus profond et parfois le moins visible de la culture du sujet démocratique. L'apprentissage des modèles de réactions comportementales, et les évaluations programmatiques qui l'encadrent assurent aujourd'hui cette dévaluation des humanités qui constitue le moyen le plus sûr pour les classes dominantes de maintenir leur système de domination symbolique par lequel elles se reproduisent.

Cette éducation qui fait du savoir une marchandise informationnelle[1], qui modifie la nature du savoir, puise toute sa force et sa légitimité dans la *sidération* collective qui nous fit nous adapter au traumatisme du néolibéralisme. Il fallait plus que jamais que l'éducation se fasse l'instrument d'un pouvoir qui traite l'homme en instrument, et le prendre en mains de cette façon. Il fallait à la fois assurer la propagande de la « religion du marché », de son caractère inéluctable et naturel, et en même temps installer pour cela les dispositifs chargés de mettre en œuvre ce pragmatisme technique autant que moral, amplifier sa normativité autant que sa légitimité par l'unique moyen réellement organisateur du système : l'évaluation. Je prie encore une fois mon lecteur de bien vouloir prendre en considération cette hypothèse : l'évaluation quantitative, formelle et normative fut la seule vraie innovation pédagogique à laquelle l'informatique donna les moyens techniques d'un authentique projet politique : faire de l'humain un stock d'informations comme un autre, le traiter avec les mêmes méthodes, les mêmes logiciels; le capter comme une base de données, un profil biométrique, un paysage d'indices statistiques, le traiter, le prévoir et le corriger en conséquence; en faire un objet utile, un instrument adapté à la demande, une

1. Jean-François Lyotard, 1979, *op. cit.*; Roland Gori, 2011, *op. cit.*

fonction perfectible indéfiniment ; le performer à défaut de lui donner un « père ». La technique peut suffire, elle a absorbé tout le champ de la magie qui a contribué à la faire naître.

Il convient de le souligner, une éducation qui ne se fonde que sur l'utile, le rentable, le technique et l'instrumental est une éducation d'esclave, une éducation antidémocratique. C'est une éducation qui ignore la vie autant que le vrai. Qui ignore la vie, c'est ce à quoi nous renvoient sans cesse les enfants et les adolescents inadaptés dont nous nous occupons. Comment ne pas évoquer ici ces phrases justes et fortes de Maud Mannoni : « Dès l'instant où le savoir devient marchandise, il subit les effets de la loi d'offre et de demande. Ce qui importe, c'est non plus *le désir de savoir* (ou la vérité du savoir), mais son *utilisation* (« pervertie ») à des fins de promotion sociale, ce qui fait dire à un petit montagnard : "Pour se mettre volontiers à l'étude dans vos écoles, il faudrait être arriviste à douze ans" [1]. » Et encore à ce moment-là le système technicien de l'éducation n'en était qu'à ses débuts...

Une telle connaissance, réduite à l'apprentissage des compétences et autres habiletés cognitives et sociales, ignore l'importance du dire vrai, du débat qu'exige le savoir qui cherche les critères du vrai et offre l'espace démocratique de la critique et du désaccord. Une « connaissance » qui ne se soucie que de l'utile, que des services, était dans la cité antique celle que l'on réservait aux esclaves. *A contrario* de la formation des jeunes citoyens, l'instruction reçue par un esclave, cet apprentissage précoce des techniques, était en intime relation avec le type de services qu'il était appelé à rendre à son maître dans la maison ou à l'extérieur. C'est une éducation qui en centrant toute sa charge sur le comportement à adopter pour s'adapter obère les

1. Maud Mannoni, « Les exclus », *Les Temps modernes*, 1974, 340, p. 312.

possibilités morales et compromet *la dignité de penser*[1]. C'est une éducation qui n'engage pas celui qui la subit, et développe une protection, un faux self derrière lequel il demeure à l'abri de toute responsabilité subjective, de toute culpabilité.

L'enjeu est capital au moment où l'on peut penser avec de nombreux auteurs contemporains que l'hégémonie culturelle qui s'installe sur la planète, la réduction de la diversité des langues et des modes de raisonnement, constitue une profonde révolution anthropologique. Qu'on la déplore ou que l'on s'en réjouisse, comme semble le faire Emmanuel Todd lorsqu'il fait de la mondialisation « l'alphabétisation de l'ensemble de la planète à l'horizon 2030[2] », dans tous les cas le style d'éducation qui sera favorisé ou qui s'imposera de manière totale conditionnera le type d'humain que notre civilisation planétaire fabriquera. L'alphabétisation planétaire ? D'accord. L'écriture informatique du monde ? Formidable. Une lecture optique des signes par une interconnexion directe avec les circuits neuraux ? Pourquoi pas. Une écriture automatique des ordinateurs eux-mêmes chargés de combiner originalement des signes et des symboles pour créer des « livres » ? À voir. Mais pour dire quoi ? Pour fabriquer quel sens ? Si le message devait être réduit à sa syntaxe, c'est quand même toute la grammaire du sens qui s'en irait à vau-l'eau. Que devient le monde de l'intentionnalité ou celui de la subjectivité dans un système d'interactions comportementales ?

Walter Benjamin précise, par exemple, ce danger de surestimer l'enseignement de la morale avec son fondement rationaliste et psychologique qui n'atteint que la réalité empirique, le comportement prescrit, sans emporter la conviction intérieure

1. Roland Gori, 2011, *op. cit.*
2. Emmanuel Todd, *Après la démocratie*, Paris, Gallimard, 2008, p. 73.

du sujet. C'est là, dit-il, où « le sobre concept du devoir menace de se perdre[1] », car la « loi morale ne demande pas l'accomplissement de tel ou tel acte matériel, mais de l'acte moral. La loi morale est la norme de l'agir, elle n'en donne pas le contenu[2]. » On se souvient du film *Orange mécanique* dans lequel Alex, psychopathe violent, violeur récidiviste, entreprend une thérapie comportementale qui satisfait suffisamment les évaluations formelles des « experts », mais ne l'empêche nullement de poursuivre ses méfaits et de jouir intérieurement de leur immoralité. Bien que fiction, et peut-être parce que fiction, cette histoire révèle la profonde vérité d'une éducation purement comportementale qui ne modifie pas l'expérience subjective et n'affecte que les réponses exigées par l'environnement. Une éducation de faux soi en somme ?

Pour ce type d'acquisition et d'évaluation formelles, rien ne vaut mieux qu'un *bon* imposteur, apte à satisfaire aux critères de conformité, mascarade dans l'art duquel il est incontestablement passé maître ! Je peux témoigner, après plus de trente années de pratiques universitaires et soignantes impliquant des évaluations et des expertises de toutes sortes, que l'imposteur se révèle comme le point de faiblesse de tous les systèmes d'évaluation. Et s'il en est le point de faiblesse c'est bien parce que ce champ demeure celui des valeurs, valeurs auxquelles aucun fait, supposé le plus épuré de toute signification morale, n'échappe. Avec le dispositif des néoévaluations qui favorise les exigences de conformité des procédures aux dépens des autres critères, l'imposteur est comme un poisson dans l'eau, elles lui vont comme un gant, le « faire semblant », il connaît !

1. Walter Benjamin, *Enfance. Éloge de la poupée et autres essais*, Paris, Payot, 2011, p. 37.
2. *Ibid.*, p. 30.

Bien sûr, la passion pédagogique n'a pas attendu le néolibéralisme pour faire de l'élève, du « sauvage », du « dominé » l'« ignorant » parfait, l'écran vide sur lequel le maître, le savant, le dominant projette et écrit son propre savoir. On se souvient de l'histoire du Dr Jean Itard et de Victor l'enfant « sauvage » de l'Aveyron, alors âgé de douze ans, découvert en lisière de forêt au début du XIXe siècle. L'enfant, vraisemblablement abandonné vers l'âge de cinq ans, avait survécu seul jusqu'à ses dix ans, et c'est deux ans plus tard qu'il rencontre le Dr Itard. L'enfant ne comprenait pas le langage humain, se balançait à la manière de certains psychotiques, mordait, criait et regardait la lune en geignant. Le « grand » docteur Pinel l'avait considéré comme un « arriéré mental », incurable et incapable de progrès. C'est ce défi que le Dr Jean Itard relève quand on lui confie Victor en raison de son mutisme résistant. Jean Itard, spécialiste de la rééducation des sourds et muets, prend en charge l'« enfant sauvage » et entreprend de le rendre à la civilisation. Il le fait aussi bien en médecin qu'en pédagogue. C'est le pédagogue qui m'intéresse ici en tant que ce sont les principes philosophiques qui sous-tendent sa méthode et qui ont fait autant le succès que l'échec de cette prise en charge. Le Dr Itard d'entrée de jeu met en place un « programme » de rééducation en cinq « parties » que ne sauraient désavouer aujourd'hui les spécialistes du « développement » intellectuel et personnel. C'est un véritable prototype de thérapie « cognitivo-comportementale » qu'entreprend Itard auprès de Victor, avec des renforcements positifs et négatifs pour favoriser les apprentissages et le contraindre à parler et à se civiliser. Victor est initié aux « habiletés sociales » qu'il doit acquérir avec fermeté et compréhension. Il y a des passages franchement comiques dans le rapport du Dr Itard qui raconte par exemple qu'il veut contraindre Victor à mettre le couvert pour pouvoir bénéficier de son repas, et qu'en désespoir de cause Victor retourne à l'envoyeur, qui lui apprend le langage des signaux, son message en disposant en lieu et place de l'assiette un petit dessin à forme ronde utilisé par le docteur pour lui apprendre les mots. Mais les efforts de ce médecin humaniste sont admirables, et il convient de remarquer que c'est sa foi dans les thèses philosophiques de Condillac qui lui permet de les entreprendre. Aujourd'hui notre foi dans les protocoles conduirait peut-être Itard à abandonner ses efforts. Remarquons néanmoins qu'Itard « enseigne » à son « sauvage », que mu par une passion pédagogique il tente de l'« attacher à la vie sociale », de « réveiller sa sensibilité nerveuse », d'« étendre la sphère de ses idées », de « le conduire à l'usage de la parole », mais qu'il n'attend en retour aucun savoir. Itard ne cherche pas à comprendre comment et par quel autre type de savoir Victor a pu survivre dans des conditions extrêmes. Le savoir concret n'intéresse pas Itard, pas davantage que le rôle facilitateur du savoir *informel* que les jeux procurent à Victor. Le savoir c'est sérieux. Le monde de l'éducation est ce monde « où tout plaisir est une récompense, toute peine une punition, sinon ils sont sans signification. Le désir doit se ramener au besoin [1]. » Ce qu'apprend Victor auprès de Mme Guérin, la gouvernante, est ce savoir informel, cette connaissance épique du vrai que le pédant et l'homme du sérieux ont toujours méprisée, ou qui leur fait peur parce qu'ils ne le possèdent pas. Revanche de l'histoire, les seules syllabes que Victor va acquérir dans cette fureur du Dr Itard de lui apprendre la parole proviennent de ce monde-là. Pour le Dr Itard comme pour la majorité des pédagogues le langage n'est qu'un outil de communication

1. Octave Mannoni, *Clefs pour l'imaginaire ou l'Autre Scène*, Paris, Seuil, 1969, p. 191.

pour lequel les mots sont les signes qui désignent les choses et sont associés à elles. Dans cet apprentissage-là le docteur ne rencontra que « l'opiniâtreté de l'organe » et dut renoncer aux items de la quatrième partie de son programme. Les seules syllabes que Victor parvint à énoncer proviennent de cet univers récréatif de la vie, hors normes des apprentissages : « Ce sauvage incurablement muet émettait assez fréquemment la syllabe *gli* prononcée à l'italienne. Itard y reconnaît un nom propre, Julie, nom d'une jeune personne parente de Mme Guérin [1]. »

On voit ici, malgré toute l'estime pour les efforts prodigués par le Dr Itard, ce que rate la « passion pédagogique », passion de l'ignorance de la vraie nature du langage et du savoir qui excède les significations conventionnelles. C'est cette passion de l'ignorance qui conduit le maître à n'aimer que la statue qu'il fabrique et sous le plâtre de laquelle il ensevelit l'élève vivant. On voit donc comment Victor aurait pu enseigner à Itard que le langage n'est pas qu'une combinaison de signes, un agencement d'informations instrumentales, que c'est la polysémie même de ses signifiants que pétrissent l'amour et la poésie. Le projet éducatif du Dr Itard pour estimable qu'il puisse être révèle symboliquement la vérité de toute rééducation : « C'est l'observation du sauvage qui révèle (mais pas aux yeux d'Itard) ce qu'il y a de faux dans ses attitudes théoriques, et pourtant c'est seulement parce qu'il y a une attitude théorique inflexible qu'il a pu si bien observer et rendre compte [2]. »

Itard m'apparaît ici comme le martyr de cette « passion pédagogique » qui ignore ce qui la motive et opère par une tentative de maîtrise de l'ignorance, du sauvage en chacun de nous, et finit par duper celui qui s'en croyait le maître. L'imposteur est

1. *Ibid.*, p. 195.
2. *Ibid.*, p. 199.

au regard de cette passion d'emprise le comparse qui apprend les signes du langage du maître pour le mettre, à son tour, sous son emprise et abuser de lui. Réponse du berger à la bergère, l'imposture suit la passion de la maîtrise comme son ombre.

Mais de nos jours, nous l'avons vu, c'est toute la société qui s'abandonne à cette passion de la maîtrise et, ce faisant, à l'imposture. La passion de la maîtrise s'est en quelque sorte industrialisée, elle est sortie des égarements de l'artisan pédagogue d'antan, elle est devenue une *technique générale* de gouvernement de soi-même et d'autrui. Le savoir au nom duquel elle s'impose, je l'ai suffisamment dit et montré, se nomme « évaluation ». De ce fait le savoir formel que transmettent tous les dispositifs de rééducation de la société ne concerne pas tel ou tel enseignement mais les formes de vie que les normes imposent aux humains. Et au cours des dernières décennies la violence technique de ce programme de rééducation de nos formes de vie a produit une véritable sidération culturelle.

Alors, pour sortir de cette sidération culturelle qui, par l'usage intempestif des apprentissages formels et comportementaux, par l'addiction immodérée à des évaluations obsessionnelles conduit à la servitude volontaire autant qu'à la psychopathie et l'imposture, que faut-il faire ? Supprimer les programmes, copier les expériences innovantes, renoncer à la pédagogie ? Sûrement pas ! Il faut redonner à la vie comme à l'ambition de la démocratie cette part de liberté qui permet, à l'une comme à l'autre, de créer en échappant à la fatalité biologique et sociale [1].

1. Le manuscrit terminé, je suis allé séjourner quelques jours à Uzeste musical à l'invitation de Bernard Lubat, *35 Hestejada de las arts,* du 18 au 26 août 2012. Bernard Lubat est le promoteur de ce lieu de création « amusical » où foisonnent toutes ces transgressions des frontières du jazz, de la poésie, de la philosophie, de la politique, de la danse et de l'improvisation, où

Pour sortir de la sidération qui nécrose notre créativité, il nous faut mettre un terme aux évaluations purement formelles au profit d'une recherche de valeurs réelles des services que nous rendons et des actes que nous accomplissons au cours de nos existences subjectives et sociales. Il nous faut apprendre à naviguer sans cette inhibition que produisent les normes lorsqu'elles altèrent la normativité du vivant.

Comment ne pas évoquer ici l'extrême pertinence des propos satiriques de Lewis Caroll dans *La Chasse au snark*? Au cours de la tempête, alors que le navire dérivait, les hommes d'équipage hésitaient entre le beaupré et le gouvernail, confondant l'emplacement de l'un avec celui de l'autre :

> « *Et l'on confondait souvent gouvernail et beaupré* [...]
> Le Timonier observait la scène, les larmes aux yeux : il savait bien, lui, que quelque chose n'allait pas! Mais, hélas, l'article 42 du Code – "Personne n'adressera la parole à l'homme à la barre" – avait, de la main même de l'Homme à la Cloche, reçu le complément suivant : «"Et l'homme à la barre ne parlera à personne." Toute protestation était dès lors inutile, et il devenait, jusqu'au jour suivant, impossible de gouverner. Et c'est ainsi qu'habituellement, durant ces étranges intervalles, le bateau naviguait à l'envers [1]. »

En lieu et place des sous-préfectures de la désolation et de la destruction que sont les agences d'évaluation, qui vampirisent le vivant au profit du « travail mort » des notations, devraient être créés des conseils d'usine, de services, d'établissements, de

les mots swinguent et les notes de musique pensent, où se créent et se renouvellent une « poétique de la relation » qui soit aussi une politique.

1. Lewis Caroll, *La Chasse au Snark*, (1876), Montréal, Lux Éditeur, 2006, p. 10-11.

pôles ou de réseaux, qui chercheraient les meilleurs moyens d'accroître la valeur de nos actes professionnels et de ceux qui les accomplissent au profit des citoyens et du bien commun. Au sein de ces conseils, les professionnels et les citoyens utilisateurs ou concernés par ces pratiques seraient élus, de même qu'ils siégeraient à part égale avec ceux qui les financent, puissances publiques ou privées, et qu'un nombre *très modeste* de places seraient pourvues par tirage au sort pour laisser au hasard toute sa chance [1]. Quand je dis « très modeste », c'est pour inscrire symboliquement un principe de philosophie politique propre à la démocratie, sans devoir méconnaître pour autant ce qui dans les circonstances actuelles permet ou limite cette possibilité. Modifier modestement le système en

1. Dans le *Troisième Livre* des *Lois* Platon énonce les principes légitimes sur lesquels repose le pouvoir. Il en dénombre sept, dont quatre se présentent comme des différences qui touchent à la naissance, parents sur les enfants, vieux sur les jeunes, gens bien nés sur les hommes de rien, etc. Suivent deux autres principes qui se réclament de la loi de la nature, des forts sur les faibles, des savants sur les ignorants. Tous ces titres remplissent deux conditions : ils définissent une hiérarchie des positions fondant l'ordre de la cité sur la loi de filiation et ils définissent cet ordre en continuité avec les lois de la nature. *Mais c'est le septième titre qui inaugure le champ du politique*, ce titre qui définit les places de supérieur et d'inférieur ne repose sur rien d'autre que le tirage au sort, loi du hasard : « [...] *titre qui n'en est pas un* et que pourtant, dit l'Athénien, nous considérons comme le plus juste : le titre d'autorité "aimé des dieux" : *le choix du dieu hasard*, le tirage au sort, qui est la procédure démocratique par laquelle un peuple d'égaux décide de la distribution des places. » (Jacques Rancière, *La Haine de la démocratie*, Paris, La Fabrique, 2005, p. 47).

Je dirais avec Rancière qu'une distribution des places sociales qui se fonderait sur le seul critère de compétence pour organiser la société transformerait le politique en simple affaire de « police », ce à quoi d'ailleurs la forme actuelle du politique tend sans cesse. Quitte à manifester, une fois n'est pas coutume, un désaccord avec les positions sur ce point d'André Bellon (*Ceci n'est pas une dictature*, Paris, Fayard-Mille et une nuits, 2011).

y introduisant par le hasard un principe d'égalité pourrait le restructurer de fond en comble.

Nous n'avons plus le choix. Il nous faut inventer ou nous résigner. Inventer, ce n'est pas s'adapter aux normes, mais en créer sans cesse de nouvelles par le *jeu* d'une transgression des limites, des frontières, de l'évidence et des significations établies. L'éducation se doit impérativement de laisser une place à ce jeu qui n'est rien d'autre que l'aptitude humaine à se saisir de l'occasion pour transcender les contraintes d'un environnement naturel et social. Aucune connaissance, aucun savoir sans exception, n'est véritablement *émancipateur* s'il ne parvient pas à ces solutions de fortune qui transforment un point de vulnérabilité, de manque ou d'insuffisance, en progrès et en invention.

L'aventure révolutionnaire de Joseph Jacotot demeure à cet égard paradigmatique. On connaît l'histoire magnifiquement rapportée et commentée par Jacques Rancière [1] dans son livre *Le Maître ignorant*. Je la rappelle brièvement. Jacotot, après une carrière longue et mouvementée d'enseignant, d'artilleur, de secrétaire du ministre de la Guerre, d'instructeur d'un bataillon révolutionnaire, fut exilé par les Bourbons pour avoir pris parti pour Napoléon. Ayant obtenu à l'université de Louvain un poste de littérature française, il connut une expérience pédagogique exceptionnelle qui l'amena à croire dans « l'égalité des intelligences » et dans « l'émancipation intellectuelle » des esprits. Les leçons du modeste lecteur de Louvain qu'était alors Jacotot eurent un tel succès que des étudiants hollandais voulurent suivre ses cours. Comme Jacotot ne connaissait pas le hollandais et que ces étudiants ne connaissaient pas le français, ils se trouvèrent dépourvus. De

1. Jacques Rancière, *Le Maître ignorant*, Paris, Fayard, 1987.

ce dénuement naquit la plus extraordinaire histoire pédagogique qu'il m'ait été donné de lire.

En 1818, Joseph Jacotot reste un homme des Lumières qui croit dans l'émancipation du savoir dès lors que celui-ci n'est pas imposé, mais voulu. Cet état d'esprit le disposait à une trouvaille. Il fit remettre aux étudiants par un interprète le *Télémaque* de Fénelon qui venait de paraître à Bruxelles en édition bilingue. Il demanda aux étudiants d'apprendre tous seuls le texte français en s'aidant pour le comprendre de la traduction, ensuite il leur demanda de commenter en français et par écrit ce qu'ils avaient lu. Alors qu'ils s'attendaient à d'affreux barbarismes et peut-être à une incapacité absolue de répondre à sa commande, il fut vivement surpris « de découvrir que ces élèves, livrés à eux-mêmes, s'étaient tirés de ce pas difficile aussi bien que l'auraient fait beaucoup de Français ? Ne fallait-il donc plus que vouloir pour pouvoir ? Tous les hommes étaient-ils donc virtuellement capables de comprendre ce que d'autres avaient fait et compris [1] ? » Ce fut la révélation, à proprement parler révolutionnaire : enseigner ce n'est pas expliquer, c'est permettre aux autres d'apprendre ce que le maître lui-même ignore.

La pédagogie par explication ne trouvait son fondement que dans l'ordre social : diviser le monde entre expliqués et expliquants, placer les intelligences expliquées sous la férule des intelligences expliquantes, soumettre le monde à la hiérarchie des intelligences. À cette seule condition les expliqués pourront à leur tour devenir des expliquants ! Le moyen de fortune trouvé par Jacotot est analogue à l'acquisition de la langue maternelle. Nous voilà bien loin de la pédagogie du Dr Itard installée une dizaine d'années plus tôt.

1. Félix et Victor Ratier cités par Jacques Rancière, 1987, *op. cit.*, p. 9.

Pour Jacotot, l'ignorance du maître devint en elle-même une vertu, vertu qui le préserve de la tentation de l'explication et du désir de soumettre l'élève, en l'invitant en situation de contrainte à construire lui-même son propre savoir. Pour Jacotot, « la puissance ne se divise pas. Il n'y a qu'un pouvoir, celui de voir et de dire, de faire attention à ce que l'on voit et ce que l'on fait. On apprend des phrases et encore des phrases ; c'est-à-dire des rapports entre les choses, et d'autres rapports encore [...]. On ne dira pas que l'on a acquis la science, que l'on connaît la vérité ou que l'on est devenu un génie. *Mais on saura qu'on peut, dans l'ordre intellectuel, tout ce que peut un homme**[1]. » Cette découverte qu'apprendre est affaire de désir, que le postulat d'égalité des intelligences, pour faux qu'il se révèle dans les événements, s'inscrit bien évidemment dans cette philosophie des Lumières à laquelle Jacotot restait attaché. Principe philosophique pédagogique autant que politique qui promeut le savoir comme un moyen d'émancipation. On mesure aujourd'hui le chemin parcouru... Imaginons un instant de devoir transposer l'expérience de Jacotot en ce début de XXIe siècle, au moment où le libéralisme philosophique de l'autonomie des consciences a laissé place au libéralisme économique, au moment où l'émancipation par le savoir s'est effacée au profit du savoir qui classe, contrôle, archive et gère ! Imaginons un instant Jacotot confronté aujourd'hui aux évaluations scolaires de la « vieille » méthode, à l'« ordre explicateur » qui soumet jusqu'à les abrutir les intelligences, et ce, dès le plus jeune âge.

L'expérience de Jacotot l'a conduit à une condamnation irréversible de la vieille méthode d'enseignement où, quand

1. Joseph Jacotot cité par Philippe Meirieu, *Joseph Jacotot. Peut-on enseigner sans savoir ?*, Paris, Publications pour l'École moderne française, 2001, p. 13.

dans « l'acte d'enseigner et d'apprendre il y a deux volontés et deux intelligences. On appellera *abrutissement* leur coïncidence [1]. » De nos jours, on appellerait cela « accréditation », « mise en conformité », « évaluation réussie ». Comme quoi nous sommes vraiment dans un monde d'abrutis ! Ou de servitude, car la voie choisie par Jacotot, à son insu, fut celle de la liberté, celle qui convoque la raison critique des Lumières et qui conduit à demander à l'élève : « Que vois-tu ? Qu'en penses-tu ? Qu'en fais-tu ? » Nous sommes alors bien éloignés de cette société qui mettant « en ordre » la progression des actes éducation, de soin ou de vie, met « au pas » ceux qui les accomplissent. Nous sommes, avec Jacotot, bien éloignés de cette infantilisation généralisée des individus et des citoyens, qui maltraite leur part d'enfance, ce « levain de l'inachevé » par lequel se font l'expérience et sa transmission.

Rancière encore : « Cette voie que Jacotot avait expérimentée dans les armées de l'an II, la fabrication des poudres ou l'installation de l'École polytechnique : la voie de la liberté répondant à l'urgence de son péril, mais aussi bien celle de la confiance en la capacité intellectuelle de tout être humain [2]. » Cette « égalité des intelligences » que postule Jacotot pour valider sa découverte n'est pas qu'une nouvelle méthode pédagogique, ce dont il se défend constamment, c'est un projet d'émancipation politique universel ! C'est le refus d'une hiérarchie des intelligences qui viendrait justifier la soumission à un ordre établi et ranger chacun à sa place. Le projet politique de Jacotot s'oppose même, comme le remarque Rancière, au « socratisme » qui est « une forme perfectionnée de l'abrutissement [3] », parce qu'il fait semblant de ne pas savoir pour

1. Jacques Rancière, 1987, *op. cit.*, p. 26.
2. *Ibid.*, p. 27.
3. *Ibid.*, p. 52.

amener l'esclave à reconnaître les vérités mathématiques qu'il possède déjà. C'est une méthode pédagogique, une astuce et non pas un credo de philosophie politique. Avec Jacotot, c'est l'inverse, il y a d'abord le principe de philosophie politique que la pensée est un attribut de l'humanité et c'est cette « opinion de l'égalité des intelligences », comme il la nomme, qui prévaut. À partir de là, il ne s'agit pas de prouver que cette opinion est juste, mais « de voir ce qu'on peut faire sous cette supposition ». C'est ce principe qui est au cœur de l'émancipation que Jacotot poursuit dans des matières diverses et variées, comme la peinture et le piano, pour lesquels il n'avait aucune compétence, et avec des élèves tout aussi divers, ses étudiants bien sûr, des fils de notables et de princes, des concierges et des paysans, des militaires et des ouvriers. Ce qui aboutira à son *Journal de l'émancipation intellectuelle.*

Seul un homme émancipé peut permettre l'émancipation des autres, et j'insiste, cette émancipation repose sur le postulat d'une opinion. Jacotot sait par expérience que les intelligences ne sont pas équivalentes dans leurs manifestations, dans leur événement, mais il sait aussi qu'il n'y a pas d'expérience possible de la transmission sans l'opinion qui est la sienne, de cette égalité des intelligences, opinion supposée nécessaire, indispensable. C'est un point essentiel qui le conduit à récuser toute tentative de transformer son aventure émancipatrice en simple méthode d'instruction publique, en simple moyen de perfectionner les logiques d'abrutissement et de soumission. Il écrit : « Chacun de ces prétendus émancipateurs a son troupeau d'émancipés qu'il selle, bride et éperonne [1]. » À l'inverse d'une société qui « pédagogise » à l'infini, classe, range, ordonne et identifie en échange de la reconnaissance sociale dont toute

1. Joseph Jacotot cité par Jacques Rancière, 1987, *ibid.*, p. 214.

subjectivité est avide, Jacotot combat cette procédure de discrimination, enfantée par la « passion de l'inégalité ». Sa méthode désidentifie, elle « reconnaît » d'emblée, sans cette assignation à résidence des places ordonnées par un système de pouvoir, qui, en fin de course, ne fait que se légitimer lui-même. L'explication n'est pas nécessaire à la pensée et à la volonté de savoir. Il revient au maître, non d'expliquer ce qui constitue une façon de démontrer que l'enfant est incapable de comprendre par lui-même, mais de diriger l'attention et le travail de l'élève dans sa recherche.

C'est ce principe de philosophie politique que nous avons perdu, et que nous perdons tous les jours davantage lorsque le monde se résigne au savoir établi, à l'adaptation instrumentale et formelle. Ce monde résigné est un monde sidéré qui ne s'éclaire plus qu'aux lumières des astres qu'il perçoit, oublieux que certaines d'entre elles ne proviennent que des astres morts. Sortir de la sidération, c'est postuler en soi-même et chez les autres un désir qui conduit à cesser de contempler l'astre disparu, à se soustraire au désastre qui a frappé et anéanti les forces vitales en provoquant un état de mort apparente. C'est de cet état de stupeur culturelle, qu'a pu produire l'hégémonie de la raison calculatrice et technique, que nous devons sortir.

Ce qui suppose à l'évidence de l'expérience clinique du psychanalyste de devoir reconnaître une absence, de devoir accomplir ce travail de deuil que comporte le terme de désir. Faute de quoi c'est le fétiche qui s'impose, celui des impostures et des adaptations factices, à moins que n'émergent les ferments de la révolte, ceux de l'espoir social, mais aussi ces troubles de caractère que l'on dit antisociaux. L'imposteur est le martyr de cette aliénation de l'être dans le paraître, le fétichisme des signes dont il s'empare ne dénie pas la différence sexuelle, mais la différence ontologique, il ne masque pas la béance de la castration sexuée, mais la plaie de la vérité de l'être aliéné au champ social.

Fétiches et mascarades

Je m'appuirai sur un texte célèbre dans l'univers psychanalytique, celui de Joan Rivière intitulé « La féminité en tant que mascarade [1] ». Dans ce texte, Joan Rivière brosse le tableau d'une patiente qui se trouve conduite à revêtir le masque de la féminité pour éloigner l'angoisse et éviter la vengeance qu'elle redoute de la part de l'homme. Intellectuelle brillante, épouse accomplie, excellente mère, épanouie dans sa sexualité, au plus haut niveau dans sa profession, elle ne manifeste que quelques anomalies de comportement à certains moments bien particuliers. Elle souffre d'angoisses parfois intenses qui se manifestent après une apparition réussie en public, chaque fois par exemple qu'elle a donné une conférence. Malgré la réussite de sa prestation – ou à cause d'elle – elle est prise au cours de la nuit suivante d'état d'excitation, d'appréhension, de crainte d'avoir commis un impair, une maladresse impardonnable. À la suite de quoi, prise d'un besoin compulsif de se faire rassurer, elle quête auprès d'hommes, souvent plus âgés, des compliments et des réassurances. D'une manière plus générale, Joan Rivière note qu'au cours de l'analyse le comportement de sa patiente était destiné à provoquer des avances d'un type d'homme particulier, flirtant avec lui ou l'aguichant de façon plus ou moins voilée. Ce qui est important pour mon propos, c'est qu'elle note que « cette attitude, qui succédait si rapidement aux activités intellectuelles et qui contrastait

1. Joan Rivière, « La féminité en tant que mascarade » (1929), in *Féminité mascarade*, textes réunis par Marie-Christine Hamon, Paris, Seuil, 1994, p. 197-213.

tellement avec l'attitude objective et impersonnelle qu'elle avait au cours de ces dernières [1] ». Joan Rivière interprète le comportement de sa patiente comme la manifestation d'une angoisse face au sentiment de rivalité et de supériorité à l'égard des figures paternelles dont elle sollicitait ensuite des faveurs, qu'elle tentait de séduire pour éviter leur vengeance. À partir de l'analyse d'un rêve, Joan Rivière montre que « la féminité pouvait donc être assumée et portée comme un masque, à la fois pour dissimuler l'existence de la masculinité et éviter les représailles qu'elle redoutait si l'on venait à découvrir ce qui était en sa possession ; tout comme un voleur qui retourne ses poches et exige qu'on le fouille pour prouver qu'il ne détient pas les objets volés [2]. » Ici c'est donc le comportement lui-même qui fait fonction de fétiche, et de fétiche parfaitement adapté à sa condition sociale, aux contraintes de son sexe. En somme elle *donne le change* comme un imposteur, mais en s'adaptant parfaitement à ce que la société serait censée attendre d'elle-même. Et, en matière d'adaptation, cette patiente savait y faire, comme le remarque Joan Rivière : « Elle possédait au plus haut point la possibilité de s'adapter à la réalité et avait été capable d'entretenir des bonnes relations avec presque toutes les personnes de sa connaissance [3]. »

Tout se passe comme si nous avions affaire à un fétichiste, mais à un fétichiste qui utilise pour tout fétiche un *comportement*. Nous voilà ramenés à l'imposteur, à sa forme de fétichisme, c'est-à-dire au fétichisme des formes. C'est par la croyance dans les formes que l'imposteur, le fétichiste ou, ici, la mascarade conjurent l'angoisse. Dans tous les cas nous avons affaire à des formalistes, séduits par les formes, séducteurs grâce

1. *Ibid.*, p. 200.
2. *Ibid.*, p. 202-203.
3. *Ibid.*, p. 199.

aux formes ; ils congédient cette vérité, vérité de la castration, du dénuement, du vulnérable, source de l'angoisse. Que l'on puisse faire du faux à partir du vrai, tel est l'intérêt du cas rapporté par Joan Rivière, qui révèle en fait que les choses ne sont pas ce qu'elles paraissent être. Dans le même article, elle évoque le cas d'un patient homme, très inhibé et angoissé, qui jouissait en se masturbant devant un miroir et habillé d'une certaine façon. Elle note qu'il se servait de fétiches «*pour se déguiser* sous les traits de sa sœur à qui il empruntait la coiffure et les "rubans" [1] », au travers de l'image de laquelle il pouvait jouir. Cette dimension *imaginaire* est essentielle pour comprendre sur quel plan se joue dans l'imposture et la mascarade l'érotisme et les stratégies d'évitement de l'angoisse.

Dans *Les Formations de l'inconscient*, Lacan [2], qui commente l'article de Joan Rivière, rappelle qu'un exemple comme celui-là, aussi paradoxal qu'il nous paraisse, révèle la spécificité de la structure subjective quand elle est engagée dans un processus de reconnaissance. Après avoir souligné que le sort du sujet humain est essentiellement lié à sa relation avec son signe d'être, désir de reconnaissance qui est l'objet de toutes les passions, il commente la pièce de Jean Genet, *Le Balcon*. Dans cette comédie, des hommes ordinaires viennent chercher dans un bordel les illusions nécessaires à leur jouissance. Ils se déguisent en évêque, en juge et en général. C'est au travers du *simulacre* qu'ils parviennent à jouir, à condition que leurs partenaires leur donnent suffisamment la réplique en entrant dans leur jeu. Ils jouissent donc au travers d'une fonction, d'un uniforme, d'un symbole. Dans cette mascarade, comme le note Lacan, « nous voyons ainsi le sujet, pervers assurément,

1. *Ibid.*, p. 206.

2. Jacques Lacan, *Le Séminaire, Livre V, Les Formations de l'inconscient, 1957-1958*, Paris, Seuil, 1998.

se complaire à chercher sa satisfaction dans cette image, mais en tant qu'elle est le reflet d'une fonction essentiellement signifiante [1]. » On connaît la suite. À l'extérieur de cette maison d'illusion, une révolution éclate, un nouvel ordre s'impose par le truchement du préfet de police qui doit substituer à l'ordre ancien un nouvel ordre le conduisant à nommer chacun des personnages à la fonction grotesque dont il s'était affublé.

Sans reprendre ni le commentaire de Joan Rivière sur la féminité, ni celui de Jacques Lacan sur le phallus et la castration, je voudrais simplement souligner la dimension imaginaire du simulacre par le truchement duquel le sujet s'intègre dans le drame social. Ce que je veux dire par là, c'est que la psychanalyse nous amène à considérer que, dans la comédie sociale où se déploient le simulacre et l'imposture, les sujets sont parfaitement disposés à entrer dans une fonction qui les aliène et les mutile parce que cela donne une forme à leur angoisse, une image au travers de laquelle ils peuvent bénéficier des petits plaisirs de l'existence, à commencer par ceux qui satisfont les pulsions érotiques et agressives.

Il ne s'agit pas d'entrer dans les méandres des conceptions psychanalytiques, mais simplement de rappeler que le phallus de la forme [2] permet de se représenter un manque, et que sa promotion au sein du psychisme tend à faire de toute forme le soutien nécessaire pour se représenter et supporter le manque. Il me paraît nécessaire de garder en mémoire cet élément de la clinique psychanalytique pour comprendre aussi ce qui peut pousser psychiquement les sujets à s'aliéner dans une fonction, un modèle, une image. C'est aussi par ce truchement qu'ils

1. *Ibid.*, p. 264.

2. En ce sens le phallus est ce qui donne une forme à ce qui *manque* en se représentant symboliquement ce qui pourrait le combler. D'où cette affinité élective entre les formes et le signifiant phallique.

sont advenus au champ social et c'est ce dont témoigne en martyr l'imposteur.

La mascarade et l'imposture suivent, telles leurs ombres, les signes, les codes et les normes du champ social, et recouvrent l'extrême *vulnérabilité* humaine où se dresse sa dignité. Mais c'est dans le franchissement de leurs frontières qu'œuvrent les véritables créations.

La création est un détournement des normes

L'invention de Jacotot, l'expérience d'émancipation, en tant qu'il a pu se saisir d'une opportunité, d'une occasion dans une situation de crise et de contrainte, en détournant la fonction d'un livre, ici le *Télémaque* [1] de Fénelon pour en faire le moyen par lequel le maître allait enseigner à ses élèves ce qu'il ignorait lui-même. Cette part de création, d'invention qui permet à Jacotot de faire du neuf avec du vieux, que personne avant lui n'avait regardé de cette façon, me paraît la condition préalable à toute création, qu'elle soit culturelle, artistique, philosophique ou politique. Mais cette manière de s'y prendre, dont j'ai montré précédemment qu'elle s'apparentait à la rencontre amoureuse, encore faut-il lui laisser le champ libre pour qu'elle puisse se développer. Cette cristallisation d'événements et de processus qui permet le travail de création m'a semblé se rapprocher de la fabrique d'une figure de style du langage, que l'on nomme catachrèse. Mais qu'est-ce que la catachrèse ?

La catachrèse comme figure du langage provient d'un manque dans la langue, de son incomplétude à un moment donné pour désigner une réalité nouvelle. Par exemple,

1. Les commentateurs successifs de Jacotot ont peut être sous-estimé l'importance de ce détail, *Télémaque* est lui-même un roman d'initiation. Fénelon, *Les Aventures de Télémaque*, Paris, Gallimard, 1995.

lorsqu'il a fallu désigner la partie latérale d'un avion, réalité nouvelle qui n'avait pas de nom, le mot « aile » a acquis une extension métaphorique en raison d'une analogie de forme et de fonction entre l'organe de vol des oiseaux et cette partie de l'avion. Ou bien, lorsque le préfet Poubelle impose l'usage de boîtes pour recueillir les ordures, son nom se lexicalise très vite pour désigner par métonymie cette nouvelle réalité. De nombreuses figures sont ainsi « éteintes » ou « mortes » [1] dans le langage lorsqu'elles se trouvent absorbées par le lexique et que s'effacent leurs origines. Nombreux sont les mots de la langue qui ont été à un moment donné « inventés » pour dire une situation nouvelle pour laquelle aucun terme n'existait.

Dans son *Traité des tropes,* Du Marsais nous offre une belle expression, « la disette des mots », pour dire l'incomplétude de la langue. Cette expression apparaît au moment même où il déclare que les figures de la rhétorique (apostrophes, métaphores, métonymies et catachrèses...), loin d'être exceptionnelles ou secondaires, constituent ce qu'il y a de plus commun et de plus ordinaire dans le langage humain. La source et le principe du sens figuré des mots proviennent « des passions et des affects » (liés à ce qu'il nomme « idées accessoires ») hors de toute rationalité logique. Du Marsais insiste sur la place centrale de la catachrèse au sein des tropes, des figures du langage : « Cette figure mérite une attention particulière, elle règne en quelque sorte sur toutes les autres figures [2]. » En jetant un voile sur les trous, les incomplétudes de la langue, la catachrèse les dévoile, elle moule les formes de la langue et de ses manques. La manière dont elle procède, extension et détournement des significations premières, interroge jusqu'à

1. Marc Bonhomme, *Les Figures clés du discours*, Paris, Seuil, 1988.

2. Du Marsais, *Traité des tropes* (1730), Paris, Nouveau Commerce, 1977, p. 60-61.

l'existence même d'une signification originelle des mots. Les figures du langage comme la métaphore ou la catachrèse, en détournant le sens premier ou littéral d'un mot, ne feraient que révéler une propriété du discours que nous pourrions considérer comme relevant d'une *catachrèse généralisée**. Autrement dit, et comme le remarque aussi Michel Meyer, c'est tout le langage peut-être qui se trouverait sous l'emprise de ces détournements du sens des mots pour inventer de nouvelles significations : « Aussi *tout* discours peut, en un certain sens, être dit *figuré**, non pas au sens où il détournerait toujours quelque signification originelle, mais au sens où il se (ou nous) détourne d'une certaine habitude et manifeste par là la *liberté*, la *créativité** de son auteur (ou de son auditoire) [1]. »

Dès lors qu'on ne réduit pas cette figure du langage qu'est la catachrèse à sa signification d'origine, on peut approcher la manière dont procède la création, par un détournement des normes habituelles. J'ai essayé de montrer pour ma part comment les phénomènes d'amour et de haine transférentielles procédaient de cette manière pour permettre à un sujet de reconstruire son histoire [2]. En psychologie du travail, Yves Clot [3] a montré comment les travailleurs, au cours de l'exécution de leur tâche, pouvaient trouver des moyens de détourner les normes d'outillage et de contraintes imposées afin de rendre plus humain leur environnement. L'existence des « catachrèses » au travail témoignerait d'une opération

1. Michel Meyer (dir.), *Histoire de la rhétorique des Grecs à nos jours*, Paris, Le Livre de poche, 1999, p. 239.

2. Roland Gori, « Le Transfert : métaphore ou catachrèse ? », *in* Yves Clot et Roland Gori (dir.), *Éloge du détournement*, Nancy, Presses universitaires de Nancy, 2003, p. 27-50.

3. Yves Clot, « Le Problème des catachrèses en psychologie du travail : un cadre d'analyse », *Le travail humain*, 1997, 60, p. 113-129.

à proprement parler vitale pour l'humain : « Au travail les hommes ne se contentent pas de vivre dans un milieu. Ils se fabriquent aussi un milieu pour vivre[1]. » Ce que permet de réaliser l'outil, l'instrument, le mot, n'est qu'une partie de son réel. Porter à l'oreille qui me démange le crayon qui sert à écrire et le transformer ainsi en technique d'apaisement procède de la catachrèse, qui révèle une puissance inutilisée dans la fonction habituelle du crayon. La belladone qui dilatait les pupilles des jeunes femmes de la cour du roi a été transformée en produit pharmaceutique (Atropine) à des fins de soin et d'examen médical. Les verres grossissants, instruments ludiques des fêtes mondaines, ont été transformés en instruments de physique, de biologie et d'astronomie. C'est donc toujours de la transformation d'un usage *normal* que procède la création.

Autrement dit, il ne s'agit pas de supprimer des normes, mission aussi stupide qu'impossible, mais de permettre un jeu suffisant dans leur usage pour qu'elles n'empêchent pas l'invention. À partir de ce moment-là, la politique qui en établit leur usage ne doit en aucune façon se limiter à la police des techniques qui les ont établies. En quoi, on comprendra aisément qu'on ne puisse reproduire la méthode de Jacotot, la pratique de Freud ou de Lacan, le style de Céline, la posture de de Gaulle, les improvisations expérimentales de Pierre et Marie Curie, la découverte des vertus de la réserpine à partir de la forme des racines de la plante dont elle est extraite et bien d'autres innovations encore, sans qu'un usage normé les prive de ce qu'elles apportent d'invention. C'est le destin de tout conformisme de ne saisir d'une idée, d'un mot ou d'une découverte que la forme normative qui l'a permise, et qu'elle a transgressée. Le conformisme lâche la proie de l'invention pour l'ombre de ses résultats.

1. *Ibid.*, p. 127.

Comme je l'ai développé précédemment [1], Walter Benjamin, à la suite de Paul Valéry, ne cesse d'insister sur le caractère artisanal du récit. Cette dimension artisanale que contient le récit se trouve aujourd'hui bannie des dispositifs d'évaluation et de leurs injonctions normatives. Dans les comptes rendus des expériences professionnelles de la clinique médicale, du soin psychiatrique, de l'enseignement, de l'éducation, de la recherche, de la justice, des médias, du travail social, etc., on ne veut plus que des informations, si possible standardisées, mais pas de récit où subsisteraient comme des traces « les mains du potier ». C'est la dimension artisanale de tous ces métiers qui se trouve expurgée pour mieux aligner ceux qui les exercent dans ce processus général de la production industrielle permettant leur prolétarisation en *masse*. Ainsi, c'est le caractère unique de l'acte qui se trouve désavoué, et ce, au bénéfice des protocoles standardisés et du caractère reproductible de ses séquences. L'acte professionnel y perd de son authenticité, de cette *aura* qui échappe à toute reproduction en série. Il existe aujourd'hui chez les masses, poursuit Benjamin, un désir « passionné » de *déposséder* tout phénomène de sa singularité, de son unicité, en incitant à sa reproduction par standardisation. Ce faisant, c'est la place de l'*œuvre* propre à l'artiste et à l'artisan qui se trouve dans nos sociétés menacée. Cette place et cette fonction de l'œuvre dans nos pratiques sociales, professionnelles, culturelles et politiques ne déterminent-elles pas les chances que nous nous donnons de parvenir à la création ?

Comme Hannah Arendt [2] l'a montré, la vie humaine aujourd'hui n'a plus que le travail [3] pour s'exprimer ou le loisir

1. Roland Gori, 2011, *op. cit.*

2. Hanna Arendt, 1994, *op. cit.*

3. Dans une société où le travail occupe la place centrale du social, organise les rapports sociaux et humains en vue de la fabrique de travailleurs, un « tra-

pour s'occuper : « Le gouvernement au sens ancien a, à bien des égards, cédé la place à l'administration, et l'accroissement constant du loisir pour les masses est un fait dans les pays industrialisés[1]. » L'artiste qui constitue, comme on l'a vu, le lieu social et politique d'une résistance à cette transformation dans la civilisation technique du monde ne saurait, sauf à se désavouer, se réduire à un travailleur de la production culturelle. Il a au contraire pour fonction sociale et politique d'être le garant d'une pensée artiste, d'une forme épique de la vérité, quel que soit son art, potentiel à l'œuvre chez tout citoyen digne de ce nom. Tel fut le défi relevé par Jacotot. Œuvre ou travail ? Passion primitive de l'inégalité ou reconnaissance du semblable ? Tels sont les enjeux de notre futur pour que l'humanité puisse exister.

Pour répondre à une telle question il faut rappeler que pour le psychanalyste *l'œuvre* entretient une relation privilégiée avec le *jeu* par où l'enfant construit authentiquement sa subjectivité et élabore le monde, le monde dans lequel il vit. J'entends ici le jeu comme espace potentiel dans lequel Winnicott[2] localise l'expérience culturelle en tant que lieu où nous vivons vraiment, zone intermédiaire entre la réalité objective et la réalité subjective. Cet espace potentiel permet au sujet de se construire dans une pause des contraintes tant extérieures, qu'il doit sans cesse respecter pour ne pas devenir fou, que subjectives, en provenance des exigences pulsionnelles sans lesquelles il se couperait de son expérience corporelle. L'espace potentiel est le lieu où le sujet n'est pas contraint de choisir entre la brutalité des formes objectivées, en particulier des formes imposées, et le chaos des excitations

vailleur sans travail » est un mort-vivant. C'est sous cette menace de mort que fonctionne aujourd'hui le nouveau management.

1. Hannah Arendt, 1994, *op. cit.*, p. 32.

2. Donald W. Winnicott, 1971, *op. cit.*

de désir, informes, morcelées et morcelantes. Cet espace de l'illusion vraie, espace du jeu – *playing* – constitue le prototype de ce qui, au cours du développement, s'étend progressivement à l'art, à la culture et à l'œuvre de pensée. Le jeu, le rêve ou la poésie en train de se faire, de s'inventer, constitue, comme nous l'avons vu, une thérapie en soi, grâce à laquelle nous entrons en relation avec le monde sans devoir nous couper de notre intimité corporelle et des fantasmes qui lui sont associés. C'est le lieu où à notre insu nous ne cessons de pratiquer des catachrèses, des transformations des formes imposées du monde pour les inventer, nous les approprier subjectivement, les affecter de cette touche personnelle dont sont dépourvues les productions factices et les adaptations automatiques conformes.

Si le monde environnant ne permet pas cette transformation qu'autorise l'illusion du rêve, de l'amour, de l'art et de la culture, alors le sujet lâche le *playing* au profit du *game.* Le *game* est un jeu organisé dans les règles formelles et précises, qui nécessite davantage des stratégies cognitives et des satisfactions haineuses que le *playing.* De la même manière qu'il faut à l'enfant un « environnement suffisamment bon », « une mère suffisamment bonne » qui tolère qu'en partie son monde soit celui des « doudous » et autres objets « transitionnels », le jeu et la culture ne sont possibles que dans des « sociétés suffisamment bonnes ». Ce qui ne veut pas dire bien entendu des sociétés dépourvues de cruautés, d'exigences, de contraintes et de violences de toutes sortes, mais simplement des sociétés où on peut vivre, jouer, chanter et rêver de temps à autre, sans la pression de l'urgence, et sans cette « fuite maniaque » dans l'excitation permanente que connaissent bien les psys et dont Winnicott [1] a remarquablement décrit les symptômes et

1. Donald W. Winnicott, « La Défense maniaque » (1935), in *De la pédiatrie à la psychanalyse*, Paris, Payot, 1969, p. 15-32.

les processus : « L'expression "défense maniaque" se propose de couvrir la capacité dont dispose une personne pour dénier l'angoisse dépressive inhérente au développement affectif, angoisse qui appartient à la capacité de ressentir la culpabilité, de reconnaître sa responsabilité pour les expériences instinctuelles, et pour l'agressivité dans le fantasme qui accompagne les expériences instinctuelles [1]. » C'est, nous dit encore Winnicott, un mécanisme couramment utilisé pour ne s'intéresser qu'au bruit, à la lumière et à la fureur du monde extérieur, une fuite en avant frénétique dans des sentiments immédiats et superficiels consistant à dénier la réalité intérieure, le travail de deuil autour duquel le psychisme se fonde. Prosaïquement parlant, un tel mécanisme psychologique et social consiste à vivre au balcon pour ne pas voir ce qui se passe à l'intérieur.

Le *game* n'est pas la même chose que le *playing*, il est jeu mais jeu réglé, presque programmé par toutes sortes de contraintes et de stratégies dans lesquelles le sujet se débat pour en tirer le meilleur parti, s'affaire, parfois avec génie, pour réussir ses performances. Le *game* est l'introduction du monde de la guerre ou du champ de course dans l'espace du jeu, par l'exigence de compétition et de dépassement des performances. Il est plus proche d'un exercice virtuel que de l'expérience créatrice de l'art. Il devient le modèle de ces jeux de l'économie expérimentale qui organise l'art du gouvernement politique d'aujourd'hui, il appartient pleinement, dans sa nature et sa fonction, au domaine de la lutte, lutte contre soi, lutte contre l'autre, voire contre le hasard.

Ce qui ne veut pas dire bien évidemment que le *game* est à proscrire, puisque les deux formes du jeu se révèlent indispensables pour enrichir notre expérience du monde. Mais le

1. *Ibid.*, p. 32.

game est également un jeu intéressé par ses résultats et peut-être est-ce ce qui explique en partie la place privilégiée qu'il occupe dans le monde contemporain.

Seul le *playing* détient cette inutilité essentielle par laquelle le jeu humain localise culturellement l'expérience fondamentale qui le maintient à distance des risques majeurs que sont le rationalisme instrumental et formel comme l'expérience hallucinatoire [1]. Le *playing*, jeu spontané, s'inscrit dans un espace particulier, ni au-dedans, ni au-dehors, dit Winnicott, fait de confiance et d'abandon, au sein duquel nous manipulons les objets du monde extérieur en les affectant des valeurs psychiques du rêve. Mais à aucun moment, l'investissement paradoxal de ce qui est réalisé au cours du jeu ne doit être résolu, puisque c'est « pour rire et non pas pour de vrai ». Il ne faut surtout pas résoudre ce paradoxe dans lequel réalité et rêve sont en un temps confondus, sinon le jeu s'arrête, on tombe dans le monde pur du rêve ou dans celui de la réalité. C'est parfois ce qui se produit lorsqu'au cours du jeu les excitations sexuelles et agressives deviennent telles que le jeu s'arrête. Le *playing* est donc un mode d'exploration de soi-même et de la réalité, essentiel dans l'expérience vitale d'un sujet. Le *game* permet également l'exploration du monde, il peut se rapprocher du *playing*, mais il demeure, comme le dit Winnicott « avec ce qu'il comporte d'organisé, comme une tentative de tenir à distance l'aspect effrayant du jeu [*playing*] [2] ».

Autrement dit, non seulement du point de vue de la subjectivité, mais encore pour le vivre-ensemble de la collectivité, l'*expérience culturelle* seule peut éviter la monstruosité du

1. Cf. Roland Gori, *Le Corps et le signe dans l'acte de parole*, Paris, Dunod, 1978.

2. Donald W. Winnicott, 1975, *op. cit.*, p. 71.

rationalisme morbide, dont nous avons vu jusqu'où il pouvait aller, comme celle des idéologies hallucinées et hallucinantes qui finissent par faire l'éloge de la mort et la destruction du monde concret au nom d'un monde transcendant ou abstrait. Ce qui veut dire concrètement que les arts et les humanités, tout ce qui participe à la fabrique de l'homme ne doit en aucune manière être négligé au profit des enseignements et des formations plus techniques ou étroitement professionnels comme cela l'a été ces dernières années.

Mais il serait ridicule de promouvoir une programmatique, un mode d'emploi des humanités, lesquelles se verraient bafouées dans leur *genre* en se trouvant prescrites sur le mode des logiques instrumentales, de leurs rhétoriques de la quantification et de la formalisation, fécondes dans certains domaines mais totalement stériles et contre-productives dans d'autres [1]. Cette organisation sociale de la culture à la mode libérale s'est accélérée ces dernières années et comme une mauvaise herbe a envahi les ruines de « l'éducation populaire [2] ».

C'est aujourd'hui le pire danger qui guette les « humanités », celui de les voir *prescrites* dans des conditions qui les rendraient inoffensives et totalement dépourvues de force de transformation. Nous connaissions la culture marchandise, la culture spectacle, évitons d'avoir demain la culture compétence, une culture « normale »! On imagine l'expérience d'un « objet transitionnel » imposé, d'un « doudou » greffé à son expérience… Ce serait une intrusion de plus. Notre

1. Philippe-Joseph Salazar, « Rituels de complicité dans les procédures d'évaluation en Afrique du Sud. Althusser à la rescousse », <http://www.appeldesappels.org/tam-tam/philippe-joseph-salazar-2012-rituels-de-complicite-dans-les-procedures-drevaluation-en-afrique-du-sud-althusser-a-la-rescousse--1396.htm>.

2. Nicolas Roméas (dir.), 2005, *op. cit.*; Nicolas Roméas (dir.), 2012, *op. cit.*

postmodernité a tellement le génie des faux-vrais, des *storytellings* justifiant l'injustifiable !

Il convient de le dire à nouveau, il faut du *jeu* pour qu'adviennent les conditions minimales de création qui ne soient pas seulement, travail, besogne, productions automatiques où s'effacent le monde autant que le sujet. Il faut accepter cette « opinion », comme aurait dit Jacotot, ce postulat philosophique autant que politique selon lequel l'inutile peut se révéler essentiel. *Faute de quoi nous n'aurons plus que des innovations techniques, un monde sans humains* [1]. Il ne nous faut pas une culture normale, mais une vraie culture qui prend son temps, son rythme, ses mystères et dont on respecte l'espace spécifique où elle s'inscrit. Comme il est vraisemblable que le contexte international de la mondialisation n'autorise pas à multiplier à l'infini le budget de la culture, comme il est vraisemblable que dans ce même contexte nous ne puissions pas consacrer un crédit-temps substantiel aux arts et aux traditions qui permettent l'élaboration des expériences, il nous faudra inventer. Il nous faudra, comme Jacotot, faire apprendre ce que l'on ignore : une démocratie interminable qui se saisit de toutes les opportunités du *travail* pour chacun afin que que tous fabriquent une œuvre. Mais pour que chacun puisse fabriquer une œuvre encore faut-il que soit postulée, comme « opinion », écrit Jacotot, l'égalité des intelligences. Ce qui suppose que soit mis un terme à cette mise en ordre, à cette mise au pas, des systèmes qui classent, rangent, trient, moins pour permettre à chacun de créer que pour naturaliser l'ordre social dont il est le produit.

Pour cela, je propose que soient favorisés rapidement et intensément sur les lieux de vie privée et publique, à l'école

1. Philippe Borrel, *Un monde sans humains ?*, documentaire diffusé sur Arte le 23 octobre 2012.

et au travail, à l'hôpital et dans les laboratoires de recherche, dans les salles de rédaction et dans les tribunaux, des lieux de parole et d'écriture qui fassent témoignage des expériences de chacun. Bien évidemment, une telle expérience ne peut se faire que sur la base du volontariat et à condition que soit mis un terme aux évaluations formelles, à leurs dispositifs d'abrutissement, ou, au moins, instauré un moratoire. L'information est chose précieuse, mais elle ne suffit plus en régime démocratique si l'on veut impliquer subjectivement et politiquement le citoyen dans ce qu'il fait. Alors que le pouvoir de l'ancien régime, celui du sarkozysme, tendait à faire de tout artisan un besogneux, il s'agit aujourd'hui, du moins je l'espère, de faire de tout travailleur un artisan de son œuvre. J'ai, toutes ces dernières années, pu mesurer le besoin intérieur de *témoignages* de tous ceux qui ont participé aux journées nationales et régionales de l'Appel des appels [1]. Au-delà des doléances et des « chagrins d'honneur [2] » qui conduisent ces professionnels à s'exprimer, existent, j'en suis convaincu, le besoin de retrouver le sens de leurs expériences et le vif désir de les transmettre. Il convient politiquement de favoriser la mise en place de tels dispositifs de récits et de transmission de l'expérience, qui constituent l'arête vive de toute culture digne de ce nom.

De même, plutôt que de greffer l'enseignement de la philosophie, de la sociologie, des humanités, sur les pratiques professionnelles diverses et variées qui vont de celle du professeur d'école à celle du juge en passant par celles du médecin ou de l'infirmière, il convient d'extraire de leurs récits des problématiques philosophiques, sociologique et d'humanités.

1. http://www.appeldesappels.org/

2. Selon l'excellente expression de Sophie Peters; voir son blog de *La Tribune*, <http://www.latribune.fr/>.

Comme avec l'expérience de Jacotot, il s'agit de postuler une égalité des intelligences qui permet à chacun d'apprendre ce qu'il ignore. Aux professionnels d'apprendre la philosophie, la sociologie et les humanités qui *sont* leurs pratiques, et aux philosophes, aux sociologues et aux chercheurs en humanités d'apprendre qu'en faisant ce qu'ils font, ils pratiquent tout en l'ignorant les principes qui fondent les spécificités de chacune des professions concernées. À cette condition, on évitera de greffer des savoirs exogènes sur les pratiques professionnelles en ajoutant un supplément d'âme philosophique ou sociologique aux problèmes concrets que les professionnels rencontrent. Mais dans la confrontation avec des philosophes, des sociologues ou des psys, les praticiens seront mis en demeure d'extraire de leurs pratiques les problématiques philosophiques, sociologiques et psychologiques. Ma pratique dans ce domaine, et celle de Marie-José Del Volgo [1], m'a convaincu de l'intérêt d'une méthode impliquant le récit et le témoignage des pratiques de professionnels de toutes spécialités, médicales, juridiques, éducatives, sociales, etc. Cette méthode qui invite par la parole au partage des expériences évite de greffer, à la manière d'un faux soi ou d'une personnalité «*as if*», une prothèse au manque dont se plaignent les professionnels et les usagers.

Je ne pense pas qu'en ajoutant des enseignements de sciences humaines à ces spécialités, on parviendrait à combler le manque dont ces professionnels se plaignent et à humaniser leur formation comme leur pratique. Je pense plutôt qu'ils sont, comme les étudiants de Jacotot, capables d'apprendre par eux-mêmes, non en s'appropriant des modèles *exogènes*, mais en suivant leur propre chemin, capables de déchiffrer

1. Marie-José Del Volgo, *L'instant de dire* (1997), Toulouse, Érès, 2012.

dans leurs récits la langue de la philosophie, de la sociologie et des humanités.

Il suffit de travailler avec des équipes de soins palliatifs, de pédiatrie, de gynécologie, de dermatologie, de cancérologie, etc., pour se rendre compte que leur goût pour l'éthique [1] ou la psychanalyse [2] recouvre le désir très vif de partager des expériences, en particulier du fait des contraintes techniques dont ils pressentent le caractère éthique, sociologique, psychologique, politique, etc. Éthique : où commence et finit la vie ? Comment concilier les principes d'autonomie et de bienfaisance ? Psychologique : le patient est-il un consommateur à informer ou un sujet pour qui toute annonce de maladie fait sens ? Quelles significations prennent les discours du dialogue médical ? Accoucher et être enceinte est-ce pareil [3] ? Sociologique : alimentation et société ? Faut-il exiger une autorisation parentale préalable pour l'IVG des mineures [4] ? Politique : la tarification à l'activité et la conception managériale de l'hôpital sont-elles compatibles avec la logique des soins ? Artistique : l'introduction des pratiques artistiques fait-elle partie du traitement ? Comment ouvrir l'hôpital à la culture ?

Précisons que ces questions, non exhaustives loin de là, et valables dans bien d'autres secteurs de la vie sociale et professionnelle, doivent se déduire de l'expérience, de son récit, et non pas se trouver imposées par les modèles exogènes qui ont

1. Voir Pierre Le Coz, *Petit Traité de la décision médicale*, Paris, Seuil, 2007.

2. Voir Les colloques et ouvrages sous la direction de Danièle Brun, <http://www.medpsycha.org/>.

3. Sophie Marinopoulos, Israël Nisand, *Elles accouchent et ne sont pas enceintes*, Paris, Les Liens qui libèrent, 2011.

4. Israël Nisand, Brigitte Letombe et Sophie Marinopoulos, *Et si on parlait de sexe à nos ados ?*, Paris, Odile Jacob, 2012.

à leur manière déjà découpé des *patrons* de réponse qui sont « le malheur de la question ». On retrouve ici la problématique abordée précédemment sur les conditions d'appropriation subjective et culturelle des processus de créativité et celles qui l'inhibent, l'empêchent ou l'embarrassent comme dans la clinique des faux soi ou des personnalités « *as if* ».

Là encore psychanalyse et politique peuvent s'éclairer réciproquement par le témoignage des faits que chacune prend dans son dispositif spécifique. Mais toutes deux entretiennent avec le langage une relation privilégiée. Ce langage qui prend soin du « vulnérable » et de l'inachevé. C'est ce « levain de l'inachevé », comme dit Walter Benjamin, que nous devons protéger et qui conditionne notre avenir : « L'enfant apparaît au détour d'une comparaison comme le lieu d'un désir qui le pousse à attraper la lune telle une balle. Le geste n'est pas vain malgré les apparences, parce qu'il nourrit un élan de la main, du cœur, de la pensée, un élan propre à le grandir, en tout état de cause [1]. » Après avoir ainsi rappelé la fonction de progrès du jeu, il souligne l'inhibition de l'adaptation prématurée à la tâche : « Admettons que le jeune soit capable non seulement de saisir sa tâche, mais encore, selon les cas, d'agir en conformité avec elle. Sera-t-il encore *jeune* alors, gardera-t-il encore la naïve joie de vivre [2] ? » C'est ce champ des possibles qu'il nous faut retrouver, ce champ d'une créativité infinie de sens dont les mots et les figures du langage nous montrent le chemin. C'est de *politique* qu'il s'agit. Car je le répète, il faut des *conditions politiques et subjectives* particulières pour que la parole circule, que le récit se raconte, que l'histoire s'éprouve en se transmettant sans jamais prétendre se livrer dans sa totale

1. Walter Benjamin, 2011, *op. cit.*
2. *Ibid.*, p. 24.

vérité. Comment, dans notre culture, permettre aux lueurs des contre-pouvoirs d'assurer la « survivance des lucioles [1] » dont Pier Paolo Pasolini [2] se plaignait qu'elles aient disparu ? Par cette métaphore il déplorait le déclin anthropologique de notre culture.

Comment permettre aujourd'hui le retour des « lucioles [3] » revient à se demander à quelles conditions on pourrait aujourd'hui faire remonter le *cours de l'expérience* et revaloriser « l'art du récit [4] » , valeurs qui font objection au rationalisme moderne ? Le récit ressemble à ces « graines enfermées hermétiquement pendant des millénaires dans les chambres des pyramides et qui ont conservé jusqu'à aujourd'hui leur pouvoir germinatif [5] », dans la mesure où il détient cette capacité de nous faire rêver, d'inscrire les événements de vie comme des expériences, expériences de plaisir, de douleur et de joie, mais expériences vivantes d'un sujet qui a pu échapper au trauma de la réification auquel incitent notre civilisation et les contraintes normatives de son « rationalisme économique morbide [6] ».

1. Georges Didi-Huberman, 2009, *op. cit.*

2. Pier Paolo Pasolini, « La disparition des lucioles », in *Écrits corsaires*, *op. cit.*

3. Ou leur « survivance », pour reprendre l'excellente expression de Georges Didi-Huberman, 2009, *op. cit.*

4. Walter Benjamin, 1972, *op. cit.*

5. *Ibid.*, p. 125.

6. Roland Gori, Marie-José Del Volgo, 2008, *op. cit.* et Roland Gori, 2011, *op. cit.*

La ruse de la démocratie[1]

> *« Lorsque les hommes seront d'accord sur le sens de chaque mot, la poésie n'aura plus sa raison d'être*[2]. »

Aujourd'hui c'est indéniable, la confiance dans la démocratie décline de jour en jour. Toutes les enquêtes d'opinion vont dans ce sens. Ce déclin de la confiance dans le consensus démocratique n'a fait que s'amplifier avec les crises successives, la précarité sociale, l'accroissement des inégalités, les incertitudes économiques autant que politiques. Il ne s'agit pas seulement d'une crise du fonctionnement des institutions démocratiques, institutions dont il apparaît évident, tous les jours, qu'elles souffrent des mêmes maux que les industries culturelles, que les pratiques de la plupart des acteurs qui prennent soin du bien commun. La politique comme institution subit de plein fouet les effets de cette société du spectacle et de la marchandise, à un point tel que l'on a pu parler de « démocratie d'opinion » et que le rituel des élections s'en est trouvé parfois perverti. Non, ce dont je parle c'est de la démocratie comme esprit politique qui croit dans une « égalité des intelligences » pour gérer les affaires de la cité ou de la nation. Depuis son origine et tout au long de son histoire, cet esprit politique, cette vertu politique, a pu se métamorphoser selon les figures particulières, historiquement déterminées, localement constituées par des institutions différentes.

Mais, plus radicalement, la question paradoxale à laquelle nous nous trouvons aujourd'hui confrontés est celle de l'existence possible d'institutions démocratiques sans l'esprit

1. J'emprunte à Barbara Cassin cette expression développée dans son remarquable essai *L'Effet sophistique* (1995, *op. cit.*).
2. Edmond Jabès, 1990, *op. cit.*, p. 164.

démocratique qui a participé à leur fondation. En somme des institutions démocratiques sans démocratie. En somme, des comportements institutionnels de types démocratiques mais sans l'intention politique, sans la vertu démocratique. Si tel est le cas, nous pouvons comprendre que le déclin de la confiance des citoyens dans la démocratie soit aujourd'hui une grave maladie. Peut-être une maladie mortelle. Comme Jaurès s'évertuait à le dire et à le montrer, le pire ennemi de la démocratie, c'est le manque de confiance en elle-même, l'absence d'ambition vraie.

Je terminerai cet ouvrage par la thèse selon laquelle si la démocratie perd jour après jour son lendemain, si la fracture des élites et des peuples se trouve confortée par la mondialisation [1], cela provient du fait que la politique a perdu sa spécificité. Et si la politique a perdu sa spécificité, cela résulte en grande partie du fait que le langage du politique cherche ailleurs que dans le champ qui est le sien sa référence, sa signification et son fondement. Je précise.

Ce n'est pas seulement que l'économie s'est trouvée désencastrée du politique, comme l'a montré Polanyi [2]. Ce n'est pas seulement que les politiques courent après les marchés financiers et adoptent leurs normes pour mieux civiliser les populations à ces nouvelles cultures. Non, je pense plutôt que les politiques ne comprennent plus la spécificité du champ qui est le leur, qu'ils ont à l'instar de notre civilisation confondu les moyens et les fins, les moyens d'informations dont ils se sont dotés avec les raisons et les finalités de leur pouvoir. Ce pouvoir s'est réduit à un pouvoir de moyens, pouvoir oublieux des fins qui sont les siennes. Le langage du pouvoir s'est approprié le

1. Christopher Lasch, *La Révolte des élites et la Trahison de la démocratie* (1994), Paris, Flammarion, 2010.

2. Karl Polanyi, *La Grande Transformation* (1944), Paris, Gallimard, 1983.

code et les signes des autres champs, en particulier celui de la finance et du commerce, et s'est ainsi stérilisé dans sa nature et sa fonction.

Peut-être ont-ils, ces professionnels de la politique, bien avant d'autres artisans des métiers impossibles[1] du bien commun, été corrompus malgré eux par les valeurs du capitalisme financier ? Non pas qu'ils aient été corrompus par une complaisance toute personnelle à l'égard de l'argent et de l'état d'esprit de la finance, mais bien plutôt qu'ils ont progressivement abandonné l'autonomie de leur champ et la spécificité de leur langage en adoptant celui du marché ; comme auparavant certains d'entre eux avaient abandonné le langage de la politique pour celui de la biologie, de la philosophie de l'histoire ou de la religion. Si tel était le cas, on comprendrait leur complaisance à mettre en œuvre les nouvelles formes de management, déduites de cette culture-là, pour les autres professionnels, à les inciter à raisonner « entreprise » et « finance », parce qu'ils se les sont déjà eux-mêmes plus ou moins consciemment appropriés dans leur propre exercice.

Pourquoi ce champ du politique doit-il rester autonome ? Pourquoi le langage du politique doit-il demeurer spécifique ? Parce que c'est le propre de la démocratie et, sans cette autonomie, elle est trahie, elle renoue avec une subordination, une dépendance de son champ à celui d'un autre. C'est la société et l'individu qui sont alors assujettis par une police normative qui les prive de leur capacité de créer.

1. C'est en 1937, dans « Analyse terminée et analyse interminable », que Freud a formulé sa célèbre réflexion : « Il semble presque que psychanalyser soit le troisième de ces métiers impossibles dans lesquels on peut d'emblée être sûr d'un succès insuffisant. Les deux autres, connus depuis beaucoup plus longtemps, sont éduquer et gouverner. » (*Résultats, idées, problèmes, II,* Paris, Puf, 1985, p. 263.)

Ce déclin de l'autonomie du champ politique et de son langage spécifique n'est pas simplement la conséquence de sa subordination à l'économie, ou à la finance. Je pense au contraire que ce déclin est en partie la *cause* de cette subordination du politique à l'économique, faute d'avoir trouvé en lui-même la spécificité de son langage. Faute d'avoir su trouver dans le champ qui lui est propre les références et les significations qui auraient dû être les siennes, le langage politique s'est laissé coloniser par des valeurs qui n'étaient plus les normes de l'être-ensemble, mais des valeurs d'échange, des valeurs où le bien perd son caractère *commun* pour devenir une valeur marchandise comme une autre, échangeable au gré des convenances privées et des nécessités inhérentes au spectacle de l'opinion. Lorsque Michaël Walzer [1] oppose le « libéralisme civique » au « libéralisme financier », il revendique à sa manière l'autonomie et la spécificité du champ politique. Si « la possession d'un bien (l'argent, le pouvoir ou la réputation familiale) ne saurait entraîner les autres dans son sillage [2] », si l'État se doit d'être le garant et l'instrument de cette « égalité complexe », c'est bien en tant que le politique se doit de conserver un langage spécifique qui sauvegarde les frontières des différentes sphères sociales. Walzer montre que faute de cette « égalité complexe » qui empêche ceux qui ont de l'argent de le convertir sous d'autres formes de biens sociaux par le laisser-faire du politique, l'exclusion et l'injustice deviennent telles qu'elles menacent la démocratie elle-même. Que dire alors aujourd'hui de cet État entrepreneur qui s'est donné pour tache de faciliter la conversion de toutes les activités sociales au langage de la finance ? L'originalité de la pensée

1. Michaël Walzer, *La Soif du gain* (2008), Paris, l'Herne, 2010 ; Cécile Renouard, *Michaël Walzer ou l'Art libéral du civisme*, Paris, Temps présent, 2010.
2. Michaël Walzer, 2010, *op. cit.*, p. 30.

politique et morale de Welzer est dans la dénonciation de l'hypocrisie du politique qui critique la cupidité des banquiers, mais laisse l'ensemble du système libéral reposer sur la soif du profit. Comme il le remarque, une telle pratique politique reproduit les clivages de l'ancien régime d'avant les révolutions du XVIIIe siècle, fabriquant « les exclusions internes de l'ancien monde : certains membres de la communauté sont dominés, sans pouvoir, sans emploi, marginalisés [1] ».

Pourfendeur de la pensée néolibérale, Walzer valide mon hypothèse d'une fabrique du risque dans notre civilisation lorsqu'il écrit : « Quant aux enfants, ils héritent de l'exclusion. Les caractéristiques individuelles supposées la produire (et qui peuvent en légitimer l'existence) en sont le même produit [2]. » Si l'exclusion et l'injustice se trouvent ainsi légitimées, c'est bien parce que le politique a abandonné l'ambition qui était la sienne de favoriser le progrès et l'émancipation sociale par le développement d'un cadre institutionnel comme celui de l'école, de l'hôpital ou de la maison de retraite, sphères de protections sociales où se prend le pari du souci démocratique. Le renoncement à ce pari est d'abord et avant tout une désertion du champ du politique et un renoncement à tenir son propre langage.

Chaque langage porte avec lui le genre, la grammaire et les valeurs qui lui sont particuliers, mais dès l'origine l'essence de la démocratie est d'avoir cherché des critères de vérité qui soient propres au débat politique pour fonder la légitimité d'un gouvernement, et mobiliser les instruments, comme les lois ou la police, qui en assurent l'effectivité. Tant que la loi qui gouverne une cité ou une nation est fondée sur les textes

1. *Ibid.*, p. 31.
2. *Ibid.*, p. 39.

sacrés ou la tradition, on peut toujours discuter et se disputer à l'infini, mais peu importe, le politique s'inscrit dans une hétéronomie, il dépend d'une métaphysique, d'une religion ou d'une idéologie. À partir du moment où le fondement du politique met de côté toute révélation ou toute tradition, il s'ouvre sur le *paradoxe d'une liberté qui oblige.* Je veux dire par là que, comme l'a montré Cornelius Castoriadis [1], la spécificité et l'apport des Grecs au moment où ils ont fondé la démocratie, c'est d'avoir accepté de se confronter à une question : que devons-nous penser dès lors que nous refusons que quelqu'un nous dicte ce que nous devons penser et faire ? Comment trouver des critères de vérité et de justice pour décider ? Comment trouver des critères de jugement politique qui permettent aux citoyens de trouver le consensus au nom duquel un gouvernement des égaux et des libres est possible ?

La question dès lors n'est plus de savoir si ce que l'on pense ou ce que l'on fait est conforme aux prescriptions des lois religieuses ou morales, mais plutôt de soutenir l'angoisse devant la liberté, l'angoisse de l'autonomie d'un être qui avec ses égaux cherche les critères à même de fonder une vérité qui puisse donner un ordre au chaos. À partir de là, la démocratie surgit dans un champ proche de ceux de la philosophie et de la science, une tension constante entre elles se maintient tout au long de leur histoire. Les critères de vérité sont à l'interface des trois champs, mais chacun d'entre eux doit avoir sa logique particulière, sa grammaire spécifique.

Je poserais que c'est à condition que ces champs et leurs langages ne soient pas confondus que la démocratie, la philosophie comme la science peuvent se développer. Je poserais

1. Cornelius Castoriadis, « La Vérité dans l'effectivité social-historique » (1987), *Les Temps Modernes*, 2000, 609, p. 41-70.

que si les unes sont réciproquement les conditions des autres, souvent coextensives dans leurs progrès, elles n'existent chacune authentiquement qu'à condition d'être différenciées.

Lorsque la politique emprunte le langage de la science et que les principes de gouvernement se revendiquent de son champ, nous avons le totalitarisme des nazis par exemple, qui prétendaient ne faire que de la « biologie appliquée ». Lorsque la politique se confond avec la philosophie de l'histoire, nous avons d'autres utopies, d'autres idéologies, qui peuvent aller jusqu'au totalitarisme du stalinisme. Lorsque le langage politique se confond comme aujourd'hui avec le langage des « sciences économiques » qui n'ont rien de scientifique, cela s'appelle un totalitarisme culturel et cela compromet la démocratie. Pas davantage le langage de la psychanalyse, qui a été parfois le mien dans ce texte, ne saurait fonder une politique. Tous ces langages sont à la disposition du champ politique, il peut s'en informer, les utiliser dans les débats citoyens, s'en servir dans sa rhétorique, mais ils doivent demeurer indépendants de son champ et réciproquement. Faute de quoi ils ne seraient plus que des discours qui légitiment ce pouvoir et dont il se servirait comme instruments d'adaptation à un projet normatif esquivant le débat politique. Quant à une science qui se confond avec le politique, cela donne Lyssenko [1], avec la métaphysique, cela donne l'Inquisition.

Ce n'est qu'en retrouvant l'autonomie de son champ et la spécificité de son langage que le politique peut retrouver la légitimité et l'autorité nécessaires à rétablir la confiance dans la démocratie. Cette légitimité et cette autorité du politique,

1. Ingénieur agronome soviétique à l'origine d'une théorie génétique pseudo-scientifique qu'il parvint à imposer en URSS pendant la période stalinienne. Par complaisance idéologique il condamne la génétique mendélienne jugée réactionnaire. Il a forgé la notion de biologie de classe.

dès lors que nous restons dans un espace démocratique, supposent la mobilisation de tous les « pluriels singuliers » qui composent la cité, la nation ou la fédération. Si l'avenir n'est plus écrit dans les lois de la tradition ou dans la norme religieuse, il faut alors affronter l'angoisse d'un avenir qui n'est écrit nulle part, nulle part ailleurs que dans cet espace politique où les hommes prennent des décisions après en avoir débattu. Il faut alors faire mentir les fatalismes fabriqués avec les faits du passé. Ce fut Galilée, Valmy ou Semmelweis.

Lorsque, comme aujourd'hui, les décisions se prennent par une lecture plus ou moins corrigée de ces nouvelles normes religieuses que deviennent les chiffres et le langage de l'économie, on a quitté le champ de la démocratie, on a toutes les bonnes raisons pour se sentir des enfants trahis de la démocratie. Le pouvoir s'annule lui-même en devenant hétéronome à d'autres champs que le sien ; émancipé de la religion et de la tyrannie, il se jette dans les bras du marché et consomme avec lui les noces au cours desquelles l'individu perd, au nom des normes, toute liberté de décider, de créer, de choisir. Le jeu de la démocratie est bloqué, son invention n'est plus à faire. La raison politique se perd sur les rivages de la norme, normes qui retrouvent le vieux pouvoir de ses critères d'avant l'époque de la démocratie où les lois traditionnelles ou tyranniques dictaient la conduite des hommes, les épargnaient de la liberté d'avoir à trouver par eux-mêmes et, par consensus, les critères de pensée et d'action à partir desquels ils pouvaient s'accorder. Comment parvenir à un consensus ? Consensus sur la base duquel s'établit depuis son origine la démocratie.

Comme le remarque Barbara Cassin [1], le concept de consensus est au carrefour de trois domaines, celui de la logique, celui

1. Barbara Cassin, 1995, *op. cit.*

de l'éthique et celui du politique : la logique en tant que son langage est l'instrument par lequel s'obtient la raison communicationnelle ; l'éthique en tant que le consensus procède de la recherche d'un consentement sur les questions fondamentales du bien et du mal ; le politique enfin puisque le consensus en démocratie résulte d'un débat des opinions et du choix de solutions à même de permettre la paix à l'intérieur de la cité et entre les États.

Sans reprendre la présentation des corpus philosophiques, sur lesquels Barbara Cassin appuie sa démonstration rigoureuse – ceux des sophistes, de Platon et d'Aristote –, je souligne, avec elle et après Hannah Arendt, que le *logos*, que la langue et la parole sont préférentiellement concernés par le champ du politique : « Dès lors que le rôle du langage est en jeu, le problème devient politique par définition, puisque c'est le langage qui fait de l'homme un animal politique [1]. » Cette conception réaffirmée sans cesse par Hannah Arendt que le *logos* devient la vertu politique par excellence, que « la faculté de juger, que l'on peut appeler très justement la plus politique des facultés mentales de l'homme [2] », fonde le champ de l'espace politique et ne se confond pas avec la recherche de la vérité philosophique.

Barbara Cassin montre qu'*a contrario* de Platon, Arendt conteste au langage de la nature la prétention à servir de modèle à la cité, et aux philosophes celle de se prévaloir de leurs qualités pour la diriger. C'est plutôt la cité qui fournit à l'individu un modèle. De manière très rigoureuse et convaincante, Barbara Cassin montre les impasses des positions de

1. Paul Ricoeur, préface à Hannah Arendt, *Condition de l'homme moderne*, cité par Barbara Cassin, 1995, *op. cit.*, p. 251.

2. Hannah Arendt, *Considérations morales* (1971), Paris, Payot & Rivages, 1996, p. 72.

Platon et de Heidegger, qu'elle rapproche, et qui conduisent finalement à faire de la philosophie le guide d'un équipage politique, au risque de justifier des hiérarchies sociales établies sur la métaphore d'une cité organisée comme corps, ou de déraper sur les totalitarismes que l'histoire nous a fait connaître. Ce modèle de consensus et de « gouvernance » est une impasse politique pour une démocratie, car sa conception débouche sur la prétention d'un « philosophe roi », qui aura besoin tôt ou tard d'un roi pour être le philosophe timonier.

Barbara Cassin montre qu'Aristote propose un autre modèle de consensus, non fondé sur les hiérarchies fonctionnelles des parties du corps entre elles, ou des individus dans la cité, mais sur la métaphore du *pique-nique*, où la part de chacun, par sa diversité, optimalise la qualité du tous car, comme elle le dit, que serait un pique-nique où au lieu du « avec » on aurait un « même » et que tous apportent des tomates ? Alors la condition du politique devient l'amitié, amitié d'une diversité où la pluralité fonde la vertu de la démocratie. Ce n'est plus la qualité du pilote, du timonier, du berger ou du médecin qui, comme chez Platon, organise la hiérarchie des vertus par la division du travail, mais c'est le être-ensemble des citoyens qui dans leur *plethos*, dans leur pluralité, fonde l'unité de la cité : « Une pluralité de gens, qui un par un sont des hommes sans valeur politique, est néanmoins capable quand elle est rassemblée [...] d'être meilleure qu'une élite [...], non pas quand on les prend un par un, mais tous ensemble [...], comme les repas où chacun apporte son écot sont meilleurs que ceux où un seul régale. En effet, lorsqu'il y a pluralité [...], chaque partie possède une partie de vertu et de sagesse pratique, et quand la pluralité se rassemble [...], exactement comme la foule [...] devient un seul homme plein de pieds, plein de mains et plein de sensibilités, il en va de même pour les dispositions morales et intellectuelles [...]. C'est pourquoi la pluralité juge mieux les œuvres musicales et poétiques : chacun juge une partie et tous jugent le tout [1]. » Ce modèle aristotélicien qui emprunte, comme le montre Barbara Cassin, aux sophistes en posant le langage comme la vertu politique par excellence, fonde le consensus sur la force de la pluralité et de la diversité, pose la spécificité du politique en refusant de le subordonner, comme le font Platon ou Heidegger, à une philosophie qui finit par trouver dans le tyran ou le dictateur son protecteur.

Mais dès lors que le langage du politique noue avec la rhétorique un lien privilégié, qu'il s'inscrit dans l'espace des apparences, que « la politique est nécessairement politique de l'apparence, et le politique grec parle le langage de la sophistique qui en déploie toutes les conditions de possibilité : pluralité, espace des apparences, persuasion et jugement [2] », à partir de ce moment-là, la question essentielle qui se pose selon moi dans la question de l'« apparaître » qui se manifeste par la rhétorique du politique est : « Qu'est-ce qui apparaît ? » Si l'art de l'apparence, l'artefact du discours propre au politique, est référé à un champ de significations préalablement déterminé, celui de l'économie, de l'évolutionnisme biologique ou historique, la rhétorique politique n'est plus alors qu'un moyen de persuader et de tromper au service d'autres causes que celle de l'intérêt public. À l'époque qui est la nôtre, c'est faire du discours politique un simple service de marketing des intérêts privés de la finance ou de l'industrie. Si l'« apparaître » est au sens d'Hannah Arendt ce qui apparaît dans l'espace public, nous retrouvons alors la liberté et l'angoisse de la démocratie, du débat et des critères de jugement qui président aux déci-

1. Aristote traduit et cité par Barbara Cassin, 1995, *op. cit.*, p. 244-245.
2. Barbara Cassin, 1995, *op. cit.*, p. 263.

sions à prendre pour gérer les affaires de la cité. Apparaître n'est artefact que de l'artifice intérieur à tout discours lorsqu'il ne prétend pas à être le langage naturel et transparent des choses du monde. Mais l'apparaître n'est plus tromperie de la mascarade et de l'imposture, publicité qui « distrait les cerveaux de leur temps disponible » pour les convaincre, il est le moyen de faire émerger, grâce à la puissance de la multitude, de la diversité, et par le langage, un monde commun. La politique comme sophistique n'est plus alors condamnée à la flatterie et aux malheurs qu'elle produit, mais devient aptitude à se saisir de l'occasion, du moment opportun pour inventer. *Kairos* [1] plutôt que programme ou propositions.

Si nous voulons comprendre en quoi la crise que traverse notre démocratie aujourd'hui est d'abord et avant tout une crise des valeurs du politique autant qu'une crise dans son art de gouverner, il convient de garder à l'esprit cette exigence de la spécificité du langage et de l'autonomie du champ politique dès lors que l'on approche les usages contemporains de la rhétorique managériale, entrepreneuriale ou même normale. Ce à quoi je me permettrais d'inviter le politique. Au moment même où les normes reviennent tels les spectres des anciennes lois religieuses ou métaphysiques, qui épargnaient aux hommes la dure loi de la liberté, de l'angoisse de prendre en mains leur avenir, nécessités par où se sont inventées la démocratie et ses institutions, ce n'est rien d'autre que de réinvestir le champ qui est le sien et de s'appuyer sur la motivation des peuples, du *plethos* d'Aristote pour lui donner sa consistance. C'est une des méthodes de maniement particulier du langage, et non des moindres, que le politique a la charge de mettre en œuvre,

1. Mot qui désignait chez les Grecs le moment opportun, la contingence que saisissait la nécessité pour faire son œuvre.

celle d'ouvrir à la pluralité des significations. Significations que clôture justement chacun des discours qui composent la cité, des discours individuels bien sûr, mais aussi des discours particuliers à chacune des visions du monde que comportent les opinions et les connaissances diverses et variées. À cette condition chacun des langages et des savoirs pourrait valoir comme un écot par lequel ils contribuent au « pique-nique » collectif. Faute de quoi, à devoir s'aligner sur un seul de ces discours individuels ou collectifs on risquerait de ne consommer que des tomates... ou des betteraves. Cette monotonie menace plus que jamais notre civilisation moderne dont Lévi-Strauss disait : « L'humanité s'installe dans la monoculture ; elle s'apprête à produire la civilisation en masse, comme la betterave. Son ordinaire ne comportera plus que ce plat [1]. »

Les choses depuis n'ayant fait qu'empirer, je me permettrais d'inviter le politique à nous conduire, comme Jacotot avec ses étudiants hollandais, à apprendre ce qu'il ignore lui-même, avec la même confiance dans l'égalité des intelligences politiques, la même fermeté dans la dure loi des apprentissages et des appropriations, le même génie des contingences, afin qu'advienne cette « démocratie interminable ». Car la démocratie est un processus et non un modèle, et comme le disait encore Winnicott comparant la démocratie et la maturité, dans les deux cas la greffe ne suffit pas, l'adaptation peut être une soumission contre-productive, le désir de démocratie ne s'exporte pas comme une marchandise. Autrement dit : « Ni la démocratie, ni la maturité ne peuvent être inculquées à une société [2]. » Et pour cause, la démocratie n'est pas un modèle, un patron, un standard, une norme. Elle est un espoir, un

1. Claude Lévi-Strauss, *Tristes Tropiques*, Paris, Plon, 1955, p. 39.
2. Donald W. Winnicott, 1988, *op. cit.*, p. 378.

mouvement, un souffle qui porte au-delà des limites qu'elle rencontre sur le chemin de son histoire. La détermination est le nom politique de la création des «pluriels singuliers» qui veulent vivre ensemble, à distance des normes, des conformismes et des assignations à résidence sociale, religieuse, géographique. En quoi la démocratie est sans doute le nom d'une diversité conflictuelle autant que consensuelle, le nom d'un politique autant que d'une poétique du peuple, de son pouvoir autant que de son impotence.

Par ces contradictions mêmes, la démocratie invite à dépasser les barrières des races, des classes, des religions et des géographies, à créer, parfois tragiquement, de nouveaux imaginaires hors desquels elle s'assèche dans les conformismes et les soumissions aux normes. Aujourd'hui plus qu'hier, la démocratie à l'épreuve de la « mondialisation », meurtrie par la globalisation qu'elle implique, doit relever le défi de la « créolisation[1] » des valeurs et des cultures, de la raison comptable et de la vie artiste. Sinon, le tragique serait amené à se répéter et avec lui les murs à nouveau se dresseraient : « Les murs menacent tout le monde, de l'un et l'autre côté de leur obscurité. Ils achèvent de tarir ce qui s'est desséché sur ce versant du dénuement, ils achèvent d'aigrir ce qui s'est angoissé sur l'autre versant, de l'abondance[2]. »

L'imposture, la mascarade, l'hypocrisie, la fraude sont les symptômes réactionnels aux exigences sociales et aux comédies comme aux tragédies qu'elles suscitent. Ces symptômes s'apparentent à des fétiches qui viennent cacher les manques dont la révélation serait trop douloureuse. Substituts, artifices, objets magiques ou religieux, organes ou détails corporels surestimés, le fétiche

1. Cf. Édouard Glissant, Patrick Chamoiseau, 2009, *op. cit.*.
2. *Ibid.*, p. 17.

est traditionnellement en psychanalyse l'objet jeté devant une différence des sexes perçue comme dangereuse, menaçante, signe de castration. Dans tous les cas, le fétichisme procède du *déni* d'une réalité perçue comme insupportable et douloureuse. Une relation, passionnelle [1] par exemple, peut être jetée comme un voile sur l'extrême vulnérabilité de l'être, sur la nudité d'une existence, sur son dépouillement, sur ses manques, sur son manque à être. Il faut dans tous les cas cacher les preuves de ce qui démunit et, ce faisant les faire apparaître, voilées sous les formes même qui les recouvrent. Ainsi en va-t-il aujourd'hui de l'imposture.

Aujourd'hui, c'est tout le comportement, toute la forme de vie qui peut devenir fétiche jeté devant les insupportables prétentions des dispositifs normatifs qui dépouillent, fragilisent, passivent et en fin de compte mettent à mort les capacités de créer. Ce n'est plus face à la religion, face à la loi, face à la figure du dictateur que le sujet se préserve, c'est face aux normes. Face aux normes qui exigent son adaptation. Alors, face aux normes qui exigent son adaptation, le sujet produit, telle la patiente de Joan Rivière, une mascarade ; une mascarade qui vise à rassurer ses partenaires, et avant tout lui-même. Réfléchissons un instant à tous les comportements que nous avons pour satisfaire tous les jours les exigences normatives. Ne constatons-nous pas alors que la mascarade suit la norme comme son ombre ? Ne sommes-nous pas alors revenus à *L'Étudiant de Prague* et à son aliénation suprême après son pacte avec le diable auquel il a vendu son image ? Dans cette société-là il n'y a plus de transcendance, il n'y a plus même d'objets, il n'y a plus que leur ombre, leur marque, leur signe sur lesquels on spécule.

1. Roland Gori, 2002, *op. cit.*

Baudrillard commentant *L'Étudiant de Prague* démonte cette logique propre à nos sociétés : « Le sujet de la consommation, c'est l'ordre des signes [1]. » Des signes qui ont absorbé l'existence entière de l'individu de la consommation, comme du système sécuritaire, et auxquels il doit répondre par des signes pour être reconnu et éviter d'être stigmatisé, au sens fort du terme [2]. Or, qu'est ce que le fétiche si ce n'est un signe ? Qu'est-ce que la mascarade si ce n'est un jeu de signes exorcisant d'autres signes ? Le danger, souligné aussi par Baudrillard, c'est que tout « contre-discours », n'instituant aucune distance réelle, se trouve aussi immanent à cette civilisation. De même qu'un contre-torpilleur est aussi et d'abord un torpilleur, le discours critique de la société de consommation devient la résidence secondaire du pouvoir qu'elle détient pour mettre en servitude. Alors ? Alors si le réquisitoire fait partie du jeu, il convient de quitter le prétoire où s'agitent les signes et leurs cérémonies. Il s'agit de sortir de la plénitude apparente des normes derrière lesquelles se noue le vide des relations humaines que l'on a poussées à la réification. Il s'agit de sortir du règne d'un langage-signe pour retrouver le pouvoir symbolique du signifiant dont la catachrèse m'a semblé l'exemple le plus abouti. Alors le langage aurait-il cette valeur performative telle qu'un changement dans sa structure pourrait produire un changement dans nos comportements ? L'idéologie aujourd'hui ne va pas dans ce sens. Et pour cause, puisqu'elle tente, en vain, de réduire, tel le Dr Itard, le langage à une combinaison de signes et d'informations numérisées. C'est bien pourquoi plus que jamais l'acte révolutionnaire passe, selon moi, aussi, par le truchement du langage et de

1. Jean Baudrillard, 1970, *op. cit.*, p. 310.
2. Erving Goffman, 1963, *op. cit.*

sa performance, rappelant avec Gorgias que « le discours est un grand souverain qui, au moyen du plus petit et du plus inapparent des corps, parachève les actes les plus divins [1] ». Mais encore convient-il d'exiger que le langage ne soit pas lui-même adapté aux exigences des normes, à leur police, mis à mort dans une série de signes univoques que l'on aurait dépouillés autant de leur ambiguïté que de leur performance créatrice. Un langage qu'on a réduit à une fonction, dont on a fait un simple instrument, une pure combinaison de signes et de signaux, dépouillés de leur homonymie, est comme un individu classé, rangé et ordonné, un *simulacre* jeté sur le néant. C'est pourquoi je revendique le caractère révolutionnaire de la métaphore et de la catachrèse sans lesquelles il n'y a ni poésie, ni amour, ni politique.

Un dernier mot avec Hannah Arendt : « Les métaphores en ce sens mettent poétiquement en œuvre l'unité du monde. Ce qui est si difficile à comprendre au sujet de Benjamin est que, sans être poète, il *pensait poétiquement* et, par conséquent, était tenu de considérer la métaphore comme le plus grand don du langage [2]. »

Faute de pouvoir penser poétiquement le monde en rendant au langage et à la parole leur pouvoir symbolique, la polysémie qui fonde les véritables créations, on échouera à inventer une nouvelle politique. Une nouvelle politique qui n'esquive pas le traitement des conflits. La démocratie n'est pas l'absence de conflits, mais une manière politique et particulière de les traiter. Une manière qui n'a rien de « naturel » et de « normal », qui s'invente par la parole et le débat d'idées, comme par la foi

1. Barbara Cassin, 1995, *op. cit.*, p. 66.

2. Hannah Arendt, *Walter Benjamin 1892-1940* (1968), Paris, Allia, 2007, p. 35.

dans un principe de philosophie politique, celui de l'égalité[1]. S'il est vrai qu'aujourd'hui l'accroissement des inégalités sociales et économiques menace nos démocraties, cette menace est, selon moi, moins la cause d'un affaiblissement de l'idée de démocratie que sa conséquence. Autrement dit, c'est moins l'envolée des inégalités qui affaiblit l'idée de démocratie, mais c'est bien plutôt parce que l'idée de démocratie s'est affaiblie que ces inégalités sociales et économiques augmentent. La grande pauvreté aujourd'hui est aussi celle de notre manière monotone de voir le monde, de le dire et de le penser. La misère est autant matérielle que symbolique, son traitement aussi. Il faut rendre au langage, en politique comme ailleurs, la puissance symbolique, l'efficacité performative qui a fondé les démocraties en répondant à « l'impatience de l'égalité ». Il faut permettre au langage et à la parole politiques de troubler l'ordre « normal ». Laissons au poète le dernier mot : « Ce qui vient au monde pour ne rien troubler ne mérite ni égard ni patience[2]. »

1. Pierre Rosanvallon, *La Société des égaux*, Seuil, Paris, 2011.
2. René Char, *Commune présence*, Gallimard, Paris, 1978, p. 299.

Table

Du même auteur

R. Gori, *La Dignité de penser*, Les Liens qui libèrent, Paris, 2011.

A. Abelhauser, R. Gori, M. J. Sauret, *La folie évaluation*, Mille et une nuits, Paris, 2011.

R. Gori, *De quoi la psychanalyse est-elle le nom ? Démocratie et subjectivité*, Denoël, Paris, 2010.

R. Gori, B. Cassin, Ch. Laval (sous la dir. de), *L'Appel des appels. Pour un insurrection des consciences*, Mille et une nuits, Fayard, Paris, 2009.

R. Gori, M. J. Del Volgo, *Exilés de l'intime, La médecine et la psychiatrie au service du nouvel ordre économique*, Denoël, Paris, 2008.

R. Gori, *La Preuve par la parole*, Érès, Toulouse, réédition augmentée, 2008.

R. Gori, P. Le Coz, *L'Empire des coachs. Une nouvelle forme de contrôle social*, Albin Michel, Paris, 2008.

J. P. Caverni, R. Gori (ouvrage collectif sous la dir. de), *Le consentement. Droit nouveau du patient ou imposture ?*, In Press, Paris, 2006.

R. Gori, M. J. Del Volgo, *La santé totalitaire. Essai sur la médicalisation de l'existence*, Denoël, Paris, 2005 ; Flammarion-Poche, 2009.

Y. Clot, R. Gori, *Catachrèse : éloge du détournement*, PUN, Nancy, 2003, 27-50.

R. Gori, *Logique des passions*, Denoël, Paris, 2002 (traduit en portugais et en italien, traduction en cours en russe) ; Flammarion-Poche, 2005.

R. Gori, Ch. Hoffmann, *La science au risque de la psychanalyse*, Érès, Toulouse, 1999.

R. Gori, 2001, *La preuve par la parole. Sur la causalité en psychanalyse*, PUF, Paris, 1996 (traduit en portugais et en italien).

R. Gori (ouvrage collectif sous la dir. de), *L'unité de la psychologie ?*, Navarin, Paris, 1989.

R. Gori, *Le corps et le signe dans l'acte de parole*, Dunod, Paris, 1978, 274 p. (traduit en espagnol et portugais).

La mise en pages a été réalisée par Daniel Collet (In Folio)
La révision du texte a été assurée par Anne Bouclier

Achevé d'imprimer sur Roto-Page
en décembre 2012
par l'Imprimerie Floch à Mayenne
Dépôt légal : janvier 2013
N° d'imprimeur : 83745
Imprimé en France